JN268097

双書 ジェンダー分析 12

東アジアの良妻賢母論
創られた伝統

陳 姃湲

勁草書房

はしがき

　本書がこれから取り上げる「賢妻良母」とは,「良妻賢母」を間違えて書いたものではない。現代中国語では「良妻賢母」とは言わず,「賢妻良母(シェンチーリャンムー)」と言う。もっと面白いことに, 同じく漢字文化圏に属する韓国では, これを「賢母良妻(ヒョンモヤンチョ)」という。漢字を表記手段として共有してきた東アジア文化圏では, 国ごとに微妙に異なる形の漢字ことばが使われることがあり, この四字熟語もちょうどそのような一例にあたるのである。

　では, これらのことばのあいだに意味の違いはないのだろうか。さっそく辞書を引いてみると, 中国語の「賢妻良母」にせよ, 韓国語の「賢母良妻」にせよ, その辞書的定義として「夫に対してはよい妻であり, 子に対しては賢い母であること, またそのような人」という日本語の「良妻賢母」がもつ意味が共有されていることがわかる(小学館『国語大辞典』;三民書局『新辞典』;斗山東亜『東亜새国語辞典』)。辞書的な定義に限らず, さらにはこれらのことばが用いられる文脈をとりまく文化的, 歴史的ニュアンスについても, 同様のことが言える。

　たとえば,「家庭において家事, 育児に従事し, 外で働く夫に憩いの場を提供する」といった「女性の社会的役割についての伝統的考え方」を集約することばとして, 一般に「非常に古めかしい『死語』のごときものをイメージ」させるといった文化的含意は, 日本語の「良妻賢母」だけのものではなく, 中国語の「賢妻良母」や韓国語の「賢母良妻」からも容易に見いだすことができる。すなわち, 中国語のなかで「男尊女卑を前提とする伝統的な女子教育の目標」として一般に認識されている「賢妻良母」や, 韓国語のなかで「女性に対する前近代的偏見」の代表格のように扱われてきた「賢母良妻」は, いずれも「三従四徳」や「相夫教子」といった伝統的な儒教の女性規範と結びつけられ,「近代」の時代意識とは対立する女性像, あるいは「近代」が克服しようとし

た女性像といったイメージを，その意味の中核にすえているのである。

　以上を総括すれば，現代日本語の「良妻賢母」，現代中国語の「賢妻良母」，そして現代韓国語の「賢母良妻」は，いずれも「良き母，良き妻」という辞書的定義を共有するだけではなく，みな前近代からの伝統文化，あるいは伝統的徳目の遺産とみなされ，ひいては，それぞれの伝統文化が由来する中国の儒教文化を根拠にしていると思われてきた。そのために，互いに酷似しているこの三つのことばは，現在の語形に変化してきた過程が明らかにされることなしに，往々にして中国の儒教経典に一つの原形をもつと考えられたり，あるいは間違って伝承されたことと推測されたりするのである。

　さて，「良妻賢母」「賢妻良母」そして「賢母良妻」は，果たして一般に考えられているように，伝統的な儒教文化を起源とするものなのだろうか。実は，「良妻賢母」にせよ，「賢妻良母」にせよ，また「賢母良妻」にせよ，これらの熟語は，儒教経典や他の主な漢籍から典拠が見つからないだけではなく，文献資料から見られるもっとも早い使用例は，19世紀の最後の10年から20世紀初頭にかけてようやく確認されるにすぎず，実際にはわれわれの想像よりはるかに新しい——少なくとも「伝統的」と言えるほどの時間は経ていないことばなのである。

　いいかえれば，「良妻賢母」「賢妻良母」および「賢母良妻」が，それぞれ日本，中国，そして韓国において中国の儒教文化に基づく伝統的女性像を象徴している事実は，それらが実際に前近代中国の儒教文化に起源をもっている点を意味するわけではなく，今日という時点に立って日・中・韓の三ヵ国が，東アジアの儒教文化圏に属するという自己認識のもとで，それぞれどのように「伝統的」な女性像を理解，構成，あるいは想像しているかを物語っているといえよう。

　ここで注目に値する点は，この三ヵ国の女性史研究では往々にして，このような伝統的女性像やそれに基づく束縛的な女性規範を打破する試みとして，近代女子教育の振興や女権運動の貢献が論じられてきたことである。「良妻賢母」や「賢妻良母」，そして「賢母良妻」によって象徴される儒教的な女性像は，いずれも近代に始まった女子学校設立や女権運動の流れのなかで，ようやくくつがえされはじめたと考えられている。したがって，東アジアにおける「近代」

はしがき

女子教育は，「良妻賢母」「賢妻良母」そして「賢母良妻」のような，女性に対する「伝統」的な価値観を打破することを理念にしていること，また「近代」の女権概念は，「良妻賢母」「賢妻良母」そして「賢母良妻」のように，かつて伝統的に家庭のなかでのみ規定されてきた女性の地位や役割を高めることをめざしたと考えられてきた。

このような認識のなかには，「伝統」と断絶，あるいは「伝統」を克服しはじめる時点として，「近代」を「現在」の起点にみなす考えが潜んでいるといえよう。特に東アジアにおいては，その「伝統」は儒教的なものとして考えられ，「近代」とは儒教文化の限界を克服することが試みられた起点として，「伝統」よりは「現在」に連続していると，つまり「伝統」と断絶が始まった時期であると認識されているのである。

しかし，「近代」が克服しようとした，あるいはなくそうとした「伝統」の一つとみなされてきた，「良妻賢母」「賢妻良母」そして「賢母良妻」という女性像は，すでに指摘したとおり，その「近代」にようやく現れたものである。「良妻賢母」も「賢妻良母」も「賢母良妻」も「近代」になって克服されはじめたわけではなく，実際には100年ごろ前にようやく登場した，いわば「近代」が生み出した産物だったのである。

このおよそ100年のあいだに，「良妻賢母」「賢妻良母」そして「賢母良妻」には，いったい何が起きたのだろうか。本書は，東アジア三ヵ国をまたがり横たわっている，「近代」と「伝統」をめぐるこの謎解きに挑む。

iii

東アジアの良妻賢母論

目　次

はしがき

序　章　創造された伝統としての「良妻賢母」……1
1　時間軸と空間軸から「伝統」を見なおす……1
――本書のアプローチ――
2　「新女性」と「賢妻良母」……5
――研究史と本書の課題――
3　本書の構成……8

I　近代東アジアの女子教育思想と「良妻賢母」

第1章　東アジアの視座からみる「良妻賢母」の近代性……19
1　近代的女性像としての「良妻賢母」……20
2　日本の「良妻賢母」研究……26
――近代天皇制国家を支えるイデオロギー――
3　韓国の「賢母良妻」研究……35
――植民地支配と伝統的性差別からなる抑圧構造――
4　中国の「賢妻良母」研究……45
――伝統的な性役割の近代的変容――

第2章　近代東アジアの「良妻賢母」とその西欧的起源……60
――明治啓蒙思想の女性観と中村正直――
1　中村正直の洋学観とイギリス留学……62
2　中村正直の女子教育観……66
3　女子教育の体制化と「良妻賢母」の変容……74

4　明治啓蒙思想の女性論と近代中国 ……………………79
　　　　　──中村正直と梁啓超──

第3章　日本の「良妻賢母」像の中国伝播 ……………………86
　　　　──下田歌子と服部宇之吉──
　　　1　下田歌子の「良妻賢母主義」………………………………88
　　　2　近代中国女性史からみる服部宇之吉 ………………………98
　　　3　『礼記』に基づく服部宇之吉の中国女性観 ………………104
　　　4　服部宇之吉と予教女学堂 …………………………………110
　　　5　「良妻賢母」の中国伝播と変容 ……………………………116

　Ⅱ　五四新文化運動と「賢妻良母」の変容

第4章　五四新文化運動と女性論の旋回 ………………………131
　　　　──商務印書館と『婦女雑誌』──
　　　1　売られる商品としての『婦女雑誌』………………………131
　　　2　女性読者の形成と『婦女雑誌』の創刊 …………………133
　　　3　商務印書館の対応 …………………………………………141
　　　4　知識界の再編と女性論 ……………………………………148
　　　5　中国女性論と『婦女雑誌』…………………………………159
　　　　　──時間的な連続性，空間的な非連続性──

第5章　民国初期の新しい女性像「賢妻良母」
　　　　──1915年〜1919年── ……………………………………170
　　　1　新しい「賢妻良母」イメージの創出 ………………………170
　　　2　衛生観念と家庭経済の管理 ………………………………178

3　「賢妻良母」を支える名分 ································· 185
　　　　　――国家のために，民族のために――

第6章　新女性イメージの創出 ······································ 192
　　　――1920年～1925年――
　　　1　ノラと新女性イメージの創出 ································ 193
　　　2　『婦女雑誌』と「脱性化」する中国女性論 ···················· 199
　　　3　「賢妻良母」と旧女性イメージの創出 ························ 204

第7章　「賢妻良母」の伝統化 ······································ 217
　　　――1925年～1931年――
　　　1　新文化運動に対する牽制と反動 ······························ 218
　　　2　近代消費文化と女性 ······································ 223
　　　3　中国の伝統としての「賢妻良母」 ···························· 232

終　章　「賢妻良母」から編みなおす中国近代史 ······················ 246
　　　1　「婦女回家」論争と「新賢妻良母」 ·························· 247
　　　2　「賢妻良母」でつなぐ近代中国史の外延 ······················ 250
　　　3　「賢妻良母」で組みなおす近代中国史の内縁 ·················· 252
　　　4　中国における伝統化と儒教原理の変容 ························ 254

参考文献 ·· 258
あとがき ·· 283
索引 ·· 287

凡　例

1 本書では，現代日本語の「良妻賢母」に相当する韓国語の「賢母良妻」，中国語の「賢妻良母」はもちろん，「良母賢妻」にいたるまで，類似したことばが多く登場する。表記上の原則として，本書ではそれらの総称としては現代日本語の一般表記である「良妻賢母」を用いる。ただ引用に際しては原文の用法にしたがうほか，日本，韓国，中国の各国に対象を限定する場合には，それぞれの現代語に準じて，日本の場合には「良妻賢母」を，韓国には「賢母良妻」を，中国には「賢妻良母」を用いる。
2 日本語の「女性」「女」「婦人」や中国語の「婦女」「女性」「女子」などは，それぞれ異なるニュアンスを持つ。本書では，そのようなニュアンスがもたらす誤解を避けるために，引用文を除いては一般に「女性」を用いて議論を進めていく。
3 「女性の権利と社会的地位を向上させること」を指す日本語としては「婦人解放」「女権拡張」「ウーマンリブ」などがあり，時代，社会的位置，思想的背景などそれぞれ微妙に異なるニュアンスを持つ。議論の対象が中国のそれである場合に，本書では原則として「婦女解放」という中国語のことばをそのまま用い，日本語特有の歴史的文脈や意味あいと区別する。
4 文献表示は基本的に「ソシオロゴス方式」にしたがい，本文および文末脚注では，著者名［出版年（＝訳書の出版年）：ページ］のように記し，当該する文献は巻末の参考文献に掲載した。ただし，定期刊行物や新聞からの引用のなかで，著者名が明示されていなかったり，巻号が明記されていなかったりするなど，「ソシオロゴス方式」だけでは読者が該当する文献を確定することが難しい場合には，文末脚注のなかで典拠を示した。
5 固有名詞や文献表示の際に現れる中国語の簡体字および繁体字は，すべて現代日本語の常用漢字に改めた。また韓国語についても，日本語読者のために確認できるかぎり日本語常用漢字を用いて表示した。ただこれらはいずれも韓国語や中国語の本来の表記に即したものではないことを断っておく。
6 本文中に外国語文献から引用する場合には，現代日本語に訳することを原則と

した。また記事名は日本語に訳して記し脚注で原語を併記するが，書名の場合はそのまま原語で記し，必要に応じて（　）のなかに日本語で意味を説いた。文末脚注に現れる場合には，記事名でも原語のまま記したものもある。なお，中国で発刊された定期刊行物の巻号を表記する際には，様式の統一のために「期」に表記されているものも，すべて「号」に記した。

7　原則として日本以外の年号は用いず，すべて西暦で示したが，文末脚注で引用文献を表示する際には典拠の表示にしたがった。また日本の年号については，必要に応じてカッコのなかに西暦を付記したものもある。

8　人名については，その重要度に応じて初出のときにのみカッコのなかで生没年を付記した。

9　資料の引用に際しては，次のような基準を設ける。
　①　日本語以外の中国語，韓国語および英語の文献からの引用に際しては，すべて現代日本語に翻訳しなおした。なお，作者以外の翻訳者からの引用である場合には，その訳本を記した。
　②　中国語，日本語，韓国語を問わず，旧体字の漢字は原則として現行の日本語の常用漢字に改めた。ただし旧字を用いる日本人の人名については，そのままにする。
　③　中略は「……」で表した。
　④　間違いと思われる場合でも原文どおり引用した際には，適宜〔ママ〕を付した。
　⑤　原文にないことばや説明を補ったものは，引用者注として（　）のなかに示した。原文に（　）が付されている場合はそのままにした。

序　章

創造された伝統としての「良妻賢母」

1　時間軸と空間軸から「伝統」を見なおす
――本書のアプローチ――

「伝統」とはいつから伝統であったのだろうか。「伝統」は時間的に絶対的な，あるいは純粋な概念でないばかりではなく，つまり，時間とともに変化していくのみならず，意識的であるにせよ無意識であるにせよ，いつかの時点では「創造」という出発点をもっていたはずである。一般に「伝統」ということばは，あたかもその「創造」の起点や過程を忘れさせるほどの長い時間が経ている，という時間的含意を内在しているかのようである。

◇創り出された伝統

　もっとも，時間的長さは「伝統」という概念において，必ずしも絶対的な要素ではない。イギリスの歴史学者，ホブズボームが言うように，『伝統』とは長い年月を経たものと思われ，そう言われているものであるが，その実往々にしてごく最近成立したり，またときには捏造されたりしたものもある」(Hobsbawm［1983＝1992：9］)。もし「伝統」を創り出されたものとして再認識すれば，「伝統」がもつ歴史的過去との連続性は自明であるというより，むしろ架空のものということになる。新たに伝統が挿入された過去という時点は，われわれが想像するほどはるかな時間を遡る必要はなく，「創り出された伝統」は，「常に歴史的につじつまの合う過去との連続性を築こうとするものなのである」(ibid：10)。

　では，このような時間的な恒久性をともなわない「伝統」は，どのような社

会的条件のもとで創り出されるのだろうか。

　ホブズボームによれば，それは「急激でかつ大規模な社会的変化」にほかならない。既存の「伝統」，つまり十分な時間的恒久性をともなう「旧来」の伝統がそれ以上適応しなくなったり，通用できないほどの急激でかつ全面的変動が社会にあったりする場合に，新しい「伝統」はそれに替わるべく創出されていくと考えられる（ibid：14）。むろん旧来の「伝統的な」やり方や考え方が故意に断絶させられたために，つまり，かつては当然とされた社会的絆や権威の絆が体系的に禁じられた結果，制度や慣行，観念や意識上にできあがってしまったすき間を埋めるべく，新たに伝統が創出される必要があったとも考えられよう（ibid：18-19）。

　ここで注目したい点は，ホブズボームが，新たな伝統が集中的に形式化をなしとげていく時期として，19世紀以降の200年という時間を提示し，「伝統」とされる観念や制度，慣行が定着するのは，「いわゆる『伝統』社会にのみ限定されるのではなく，なんらかの形で『近代』社会にも存在」すると暗示したことである（ibid：15）。

　なるほど，もし「近代」に創出された「伝統」があるとすれば，そのような「伝統」はわれわれが想像するほど「旧い」ものにはならない。「伝統」の概念を構成する最も中心的要素と思われがちな「旧い」という時間的長さは絶対的なものではないのである。すなわち，時間的な恒久性が何かを「伝統」と成らしめる必要条件なのではなく，むしろ「伝統」であることが，人々に何かを「旧いもの」と認識させる必要条件だと言わなければならない。

　一方，「近代」という変革の時代を「伝統」が創出される時代として捉えなおすホブズボームの議論は，問題意識こそ地域や学問領域を超えるものであるとはいえ，議論そのものはイギリスを中心とするヨーロッパ社会の近代史に基づいている[1]。では，必ずしもヨーロッパと同じ時代的課題を抱えていたとは限らない近代中国においても[2]，「伝統」は創り出されたのだろうか。創り出されたとすれば，その過程から見いだされる近代中国特有の歴史的意味，あるいは時代的特質はどのように読み取ることができるのだろうか。

　本書は，以上のような問題意識をふまえて，「賢妻良母」ということばが中国でたどってきたおよそ100年の道のりを手がかりに，近代中国社会におい

序　章　創造された伝統としての「良妻賢母」

て新たな「伝統」が創り出されていく過程を提示してみようとするものである。

◆近代中国史のなかの「賢妻良母」

　一見長い歴史をもつ四字熟語のように思われがちな「賢妻良母」は、実際には 100 年前までも、中国人にとってほとんどなじみのない真新しいことばだった[3]。それだけではない。100 年前に中国に初めて登場したときに、このことばは新時代の理想的女性像を意味していた。しかし、それから 1 世紀あまりの時間がすぎただけの現在では、その起源を何倍も前に遡及させられて、「伝統」と化している。ここで中国語における「賢妻良母」ということばの 100 年の歴史を簡単に振り返ってみることにしよう[4]。

　繰り返すが、「賢妻良母」は、紀元前 400 年ごろ作られたという儒教経典に典拠をおく古いことばではない[5]。このことばが文献上に初めて現れたのは、実際にはわずか 100 年を遡っただけの 1900 年代初頭のことで、男性知識人たちが女子学校教育の重要性を訴えるスローガンとして用いたのが確認できる最初のものである。国家存亡の危機に直面させられ、富国強兵の方策を模索していた近代中国の知識人たちは、従来教育を受けられなかったためにもっぱら男性に依存して生活するしかなかった伝統的な女性像を批判し、女性も学校教育を受けて、国家に寄与できるだけの知識と教養を身につけた「賢妻良母」に生まれかわらなければならないと主張した。

　教育を受けた新しい女性像の代名詞として、「賢妻良母」がもっていた肯定的なイメージに変化が訪れたのは、儒教を根幹とする中国の伝統文化全般に対する徹底的な批判が行なわれた五四新文化運動に際してである。自由主義と科学精神による新しい文化の創造を提唱する青年知識人たちは、個人を抑圧する伝統的な家族制度の打破を新たな文化創造の基本とみなし、その延長線上で婦女解放は五四新文化運動の重要な一環となり、女性をめぐる議論も多様化する。かつて 1900 年代初頭「賢妻良母」を賞揚していた知識人たちが、もっぱら女子学校教育や纏足問題だけを議論しあっていたのに対し、五四新文化運動の時期には、職業問題、自由結婚、自由離婚、男女共学、産児制限、貞操問題など多様な文脈のなかで論じられる「賢妻良母」の意味は、自由な決定権をもたず、男性や家庭に依存するような女性像に変化していったのである。

もっとも，変化はそれだけではなかった。五四新文化運動がもたらした「肯定的」な女性像から「否定的」な女性像への変化は，同時代的には容易に認識されなかったとはいえ，「賢妻良母」の意味あいに，より根強いもう一つの変化をともなっていた。つまり，「新」から「旧」への変化である。男性の「寄生虫」や「付属品」として罵倒される羽目になった「賢妻良母」は[6]，五四新文化運動が批判し，克服しようとした「伝統」の一部として，そのシニフィエを置き換えられた「賢妻良母」だった。

　五四新文化運動を主導した青年知識人たちによって，もっぱら否定的なイメージのレッテルを貼られてしまった「賢妻良母」は，1930年代半ばから徐々にその悪名を払拭しつつあったように見える。ファシズムの影響が日々強まっていた当時，国民党による新生活運動をはじめとする社会の復古主義的な雰囲気のもとで，「賢妻良母」はいわゆる「婦女回家」論争を経て[7]，「家庭を健全に守る」女性として再び肯定的な意味に解釈しなおされたのである。しかし，ここで注目せねばならない点は，五四新文化運動が「賢妻良母」の意味にもたらした二つの変化——「新」から「旧」へ，「肯定」から「否定」へ——のなかで時間軸における逆行，すなわち「新」から「旧」という変化は，1930年代にも，さらには現在にいたるまで最初の意味に戻ることはなかった点である。実際に，「賢妻良母」の是非をめぐる知識人の論争そのものは，抗戦期の1940年代，中華人民共和国を樹立した直後である1950年代，そして文化大革命の最中であった1970年代を経て現在にいたるまで，郭沫若（1892〜1978），柳亜子（1887〜1958），林語堂（1895〜1976），周恩来（1898〜1976）など，当時の著名人によって繰り返されてきた[8]。時代背景を異にするこの数回の論争において，「賢妻良母」はその存在価値を否定されるにせよ，理想的女性像として認められるにせよ，常に中国の伝統を引き継ぐ旧いものであるという前提でその価値を問われてきたのである。

　「新賢妻良母」という1930年代中盤からの流行語が示唆するように，「賢妻良母」はなんとか肯定的イメージを取り戻すことはできても，「新」の意味を取り戻すことは二度となかった。伝統的な女性であるという意味が定着した「賢妻良母」そのものだけでは，「旧」や「伝統」がともなう否定的イメージを拭いきれず，わざわざ「新」の接頭語をつけて「旧い」「賢妻良母」と距離

序　章　創造された伝統としての「良妻賢母」

保たなければならなかったのである。

　1900年代初頭の近代中国に，新時代に相応しい理想的な女性像を意味するスローガンとして登場した「賢妻良母」は，それからわずか30〜40年もたたないうちに旧い儒教的価値観が想定する伝統的な女性像——それが復古主義のもとでの古き良き「伝統」であるにせよ，あるいは五四新文化運動を担った青年知識人たちが思っていたように，取り払うべき古くさい「伝統」であるにせよ——へと変身をなしとげた。「賢妻良母」の例は，現在のわれわれが「伝統」とみなしているものの一部は，その概念が象徴するほどの長い時間をかけて創造されたとは限らない点を示唆する。

　それだけではない。「賢妻良母」のイメージが「未来」から「伝統」へと変貌をとげた時期が，ちょうど五四新文化運動のただなかであった点は，自由主義と科学的精神による新しい文化の創造が提唱されていく裏で，実際には「旧い伝統」の内容も同時に創出されていた点をも物語る。中国の新しい未来像を模索していた青年知識人たちは，たとえ意識することはほとんどなかったにせよ，その未来像を創造すると同時に，対を成す「伝統像」をも想像しだしていたのである。

2　「新女性」と「賢妻良母」
　　——研究史と本書の課題——

　「賢妻良母」は，日本の研究成果にも触発されて，1990年代から中国女性史の分野でも大いに注目されるようになり，それが儒教的な女性規範を受け継いだ女性像ではなく，近代的な意義をもった概念であったことが，少なくとも女性史研究者のあいだでは広く認知されるようになった[9]。ただし，中国史のなかで「賢妻良母」そのものをテーマとして取り上げる研究成果はまだほとんど存在しておらず，清末から民国初期までの女子教育の特徴を叙述するキーワードのように扱われてきたために，より可変的であった「賢妻良母」の意味や性格はあまり注目されてこなかった。

◆中国教育史と中国女性史からみる「賢妻良母」

　たとえば，中国教育史の研究では「賢妻良母」を清末の学制が表象する女子教育理念とみなし，当時の女子教育の特徴を「賢妻良母主義の教育」として定義したり（盧燕貞［1989：29］；雷良波・陳陽鳳・熊賢軍［1993：294-298］；杜学元［1995：338-341］），また中国女性史では，近代以来の理想とされる女性像の変遷を追っていくなかで，清末から五四新文化運動までを代表する女性像として，「賢妻良母」を位置づけたりしている（姚毅［1997］；許慧琦［2003］）。両者を総合すれば，「賢妻良母」は清末から民国初期までという特定の時代を代表する女性像として扱われたために，五四新文化運動のときに「ノラ」に代表される「新女性」像が台頭するや[10]，それにとってかわられたとみなされているといえよう。

　しかし，教育史にせよ，女性史にせよ，「賢妻良母」を清末から民国初期までを代表する――いうならば，一時的な女性像とみなす共通の認識は，それ以降も繰り返して登場してくる「賢妻良母」をめぐる論争と関連して，より肝心な点を見落としている。このような認識から出発するかぎり，五四新文化運動が終息した後，1930年代以降も議論の争点となりつづけてきた「賢妻良母」は，清末に議論されていた「賢妻良母」に絶えず還元させられ，儒教経典ほど古くはないにせよ，相変わらず過去の遺産，あるいは「伝統」とみなされてしまう。たとえ儒教的な女性像と区別される意味での「賢妻良母」の近代性こそはいったん認められたにせよ，「ノラ」や「鉄姑娘」「女強人」など[11]，さらに後の時代を代表するそれぞれの女性像と比較すれば，「清末」に固定された概念である「賢妻良母」は，「旧い」女性像であることに変わりはなくなる。

　本書では，以上の「賢妻良母」をめぐる既存の視角に二つの疑問を提出する。
　第一に，1900年代以降絶えず中国言論界を賑わしてきた「賢妻良母」をめぐる論争のなかで，それが意味する女性像は必ずしも同一ではなく，「賢妻良母」ということばに盛られた内容はそれぞれ異なっていた点である。1900年代当初の「賢妻良母」が女子教育の必要性を訴えるスローガンとして，教育された賢い女性を意味する肯定的な意味だったとすれば，五四新文化運動の影響のもとでは，人格的，経済的に自立できる女性の反対語として，男性の「寄生虫」や「付属品」といった，否定的な女性像を意味している。さらに，1935

序　章　創造された伝統としての「良妻賢母」

年前後に言論界を大きく賑わせた，いわゆる「婦女回家」論争の渦中では，当時の復古主義や経済的不況を反映し，「賢妻良母」は家庭経済を堅実に切り盛りできる専業主婦のあり方を象徴している。

　このように，近代中国における「賢妻良母」は異なる時期の異なる歴史文脈を反映しつつ，強調される内容を変えながら，常に変化しつづけている。「旧時代」の女性像という否定的なレッテルを貼られた五四新文化運動の「賢妻良母」は，清末の女子学校教育のスローガンとして掲げられた「賢妻良母」と同じ意味ではない。そして，五四新文化運動の影響が薄められてからも，「賢妻良母」の意味は，絶えず時代の文脈に沿って意味を変えつづける。もし五四新文化運動以降の「賢妻良母」の意味に連続する部分があったとすれば，それは「伝統的」であるというニュアンスだけだったのである。

　第二に指摘できる点は，それぞれ異なる時期に議論された「賢妻良母」は，それぞれ違う外来文化に触発されていたことである。20世紀初頭の「賢妻良母」が，明治日本に成立した「良妻賢母主義」の教育理念を引き継いだ部分が多かったとすれば，五四新文化運動のときには，エレン・ケイ（1849～1926）やベーベル（1840～1913）など急進的な西洋の女性論に大きく影響されており，1930年代半ばのいわゆる「婦女回家」論争のもとで言いまわされた「賢妻良母」は，当時を風靡していたイタリアとドイツの「専業主婦」像の別名にすぎない[12]。異なる文化圏からの異なる思想的影響が，各時期「賢妻良母」論の方向性や意味あいに大いに影響した点に注目すれば，「賢妻良母」というシニフィアンに盛られた女性像は，時代を通して連続的であるというよりは，むしろそれぞれ断絶されていたと言える。

　この不連続性に注目すれば，五四新文化運動を経てからも，「賢妻良母」は伝統的女性像として同じ内容を維持していたわけではなく，違う外来文化に出会うたびに，それに逆照射されて流動的に内容を変えていたことが察せられよう。「賢妻良母」の意味に起きた変化は，「新しい女性像」から「旧い女性像」へという時間的逆行だけに限られるものではなく，いったん「伝統」と化した後も，その「伝統」の内実は常に変化を重ねていた。「伝統的女性像」としての「賢妻良母」の意味はなんら固定されたものではなく，中国に影響力を発揮した外来文化や思想が「新しい女性像」を提示してくるたびに，そこから反射

されて作られる「旧い女性像」として，常に流動的だったのである。

◇創り出される伝統・可変的な「賢妻良母」

本書は，既存の研究成果に対する以上の問題意識をふまえて，近代中国における「賢妻良母」を分析するために，以下の二つの視座を提示する。

第一に，創出された「伝統」としての「賢妻良母」である。今日われわれが伝統的女性像とみなしている「賢妻良母」は，実際に悠久な時間を経てきたものではなく，その歴史はおよそ100年を遡るだけである。さらに，20世紀初頭に中国に登場した当初の「賢妻良母」は，時間的に旧い時代の女性を意味していたわけでもなければ，空間的にも中国固有のものではなく，外来の女性像として創出されていた。このように「新しい女性像」として登場した「賢妻良母」は，五四新文化運動という思想的，文化的な激動の時期をへて，ようやく中国古来の旧い「伝統的な女性像」へと変身をとげたのである。

第二に，不変で固定的な「伝統」ではなく，可変的でかつ流動的な「伝統」としての「賢妻良母」である。今まで中国女性史のなかで「賢妻良母」は，清末に女子学校教育の振興に努めていた知識人たちによって賞揚されてから，五四新文化運動のときに「新女性」の登場とともに淘汰させられた女性像——清末から民国初期までという時期に限られた女性像——とみなされがちだった。「賢妻良母」の原形はこのような見方によって清末，民国初期の言論のなかに限定させられてしまったために，30年代，40年代，さらにはつい最近の「賢妻良母」についてまで，清末や民国初期の「賢妻良母」との連続性に重点をおいて理解されてきたきらいがある。しかし，「賢妻良母」の意味する内実を決定したのは，清末や民国初期に盛られた最初の意味よりは，時代ごとに変化しつづける「新しい女性像」である。だからこそ，いったん「伝統」と化した後も「賢妻良母」の本質は常に可変的だったのである。

3　本書の構成

以上の二つの視座をふまえたうえで，本書は「賢妻良母」が中国の「伝統」と化していく変化の様相を，資料のなかから再度編み上げていく。もちろん

「賢妻良母」の変化はすでにとまっているわけではなく，議論される文脈に沿って，中国女性の現状や懸案と密接に関わりながら，今日も変化を続けており，それが死語となってしまわないかぎりこれからも変化を重ねていくに違いない。ただ，本書は中国に「賢妻良母」が初めて登場してから今まで，およそ100年におよぶ歴史を概括するものではない。本書は「近代的な女性像」を象徴させられて現れた「賢妻良母」のことばが，五四新文化運動を契機に「伝統的女性像」という意味に変わるまで，つまり，五四新文化運動が終息を告げると同時に，それに対する反動的傾向が現れはじめる1920年代後半までを議論の時間的下限にし，そのような変化の背後にある歴史的文脈を探るものである。

分析の方法や資料の紹介をかねて，次章以下の構成を簡単に示しておこう。本書は清末に新しい女性像として「賢妻良母」が中国に登場するまでを取り上げる第Ⅰ部（第1章～第3章）と，五四新文化運動を契機に伝統的な女性像にその意味を逆行させられていく過程を追った第Ⅱ部（第4章～第7章）に大きく分かれる。

第Ⅰ部では，「賢妻良母」が中国に登場した意義を吟味するうえで，中国だけではなく，日本や韓国にも時期をちょうど同じくして，類似することばが登場していたことに注目する。そこで，視野を中国に局限せず，東アジア全体における近代的現象として「良妻賢母」を再考する。19世紀末から20世紀初頭にかけて，東漸する西欧帝国主義を目前にしていた東アジアの知識人たちは，澎湃する国家存亡の危機感のもとで，男性だけではなく女性も富国強兵に寄与できるように，実力を備えなければならないと考えるようになった。「良妻賢母」は，かつて儒教文化のもとでは教育されることを必ずしも必要とされなかった女性たちを，学校という教育の場につれだすためのスローガンとして，東アジアそれぞれの国に女子学校教育とともに登場したのである。中国に登場した当時の「賢妻良母」の性格は，近代東アジア全体のなかでそれを捉えなおすことで，時間軸においては未来性を，そして，空間軸においては外来性を特徴としていたこと，つまり，西欧の女性像をモデルにした，未来の理想的女性像であったことが明らかにされよう。また，20世紀初頭に「良妻賢母」が東アジアの各国に登場してきたとはいえ，それが東アジアに広まっていく過程では，日本というチャンネルが大きく作用していたことにも注目し，明治日本の女子

教育思想の内容，そして，女子学校教育をめぐる日中両国の接点についても取り上げる。

第1章では，視野を中国史に限らず，同時代の朝鮮史や日本史にまで広げて，清末の女子教育理念として登場した「賢妻良母」の性格および意義を，中国，日本，韓国における先行研究をふりかえながら，東アジア近代史という視座から照射する。「良妻賢母」が登場する背景には，東アジア全域を巻き込む共通の時代的要求が存在していた点を指摘し，東アジア的現象として当時の「良妻賢母」がもっていた「新しい女性像」という意味──「伝統」や「儒教」とは区別される「近代的」な意味──を考察する。

「新しい女性像」として登場した近代東アジアの「良妻賢母」は，それゆえに伝統的女性像──自文化のなかの女性像とは区別される必要があった。近代東アジア各国の「良妻賢母」像は，いずれも自国より先進的な外国の女性像を原形としていたのである。朝鮮や中国が日本の女性像をモデルとして「良妻賢母」像を創造したとすれば，日本はさらに欧米の先進国からその原形を求めていた。第2章では中国の「賢妻良母」がモデルにしたとされる日本の「良妻賢母」の意味を吟味するために，その創案者とされる明治の啓蒙思想家，中村正直（1832〜1891）を取り上げ，日本の，ひいてはそれに影響された東アジア全体の最初の「良妻賢母」論が，近代西欧の女性論にどのように触発されていたかを考える。

さて，中国に清末の女子教育のスローガンとして「賢妻良母」が登場するまで，日本が多く関わっていたことは，思想的な影響のレベルに限られたものではない。第3章では，中国に「賢妻良母」が登場するうえで日本の果たした役割を，下田歌子（1854〜1936）と服部宇之吉（1867〜1939）を取り上げて，より具体的に描いていく。『大漢和辞典』の編集を担当するなど，一般には漢学者として知られる服部宇之吉は，1902年当時，中国の最高学府であった京師大学堂の総教習として北京に招かれるや，女子教育を通して東アジア全体を連携するという下田歌子の構想を引き継いで，本務のかたわら，遅れていた中国女子学校教育を振興させるべく予教女学堂を創立した。本章では，明治中盤以降に保守化した「良妻賢母主義」の女子教育を代表する教育家として名を知られる下田歌子が，その理念を東アジア全体に広めようと画策していたことを

明らかにすると同時に，その理念を引き継いだ服部の予教女学堂をめぐる女子教育活動を振り返り，教育実務者として清朝に対して大きい影響力をもっていた服部のもとで再解釈された下田の「良妻賢母」論が，清末学制の女子教育理念にどのように影響していたかを考察する。

　第Ⅰ部で東アジア全体へと広げられた視野は，第Ⅱ部では中国へと戻され，さらには一メディアの誌面上，『婦女雑誌』へとズームインされて，「賢妻良母」が五四新文化運動を契機に，未来の理想的女性像から中国の伝統的女性像へと一気に変身をとげていく様相を追う。ここで取り上げる『婦女雑誌』は，1915年から1931年まで，ちょうど五四新文化運動をあいだにはさんで刊行された，近代中国のもっとも代表的な女性向け月刊誌として知られる。ただし，『婦女雑誌』誌上の言説をもって，近代中国という時空に起きた「賢妻良母」の変容を分析するためには，そのメディアが中国社会全体のなかでどのような位置や立場にあった人々の考えを代弁するものだったかをまず吟味しなければならないだろう。

　このような問題意識をふまえて，第4章では『婦女雑誌』に対する概観をもかねて，同誌が五四新文化運動という思想的変革にどのように応変していったか，また同誌をめぐる社会的関係はどのように変化させられていったかについて考える。『婦女雑誌』は五四新文化運動と前後して2回の編集陣更迭を経験したことを直接的なきっかけに，誌面内容だけではなくその背後の思想的・社会的文脈も大きい変化を経験した。このようにメディア全体が経た変化をふまえて，次章からは，1915年創刊から1919年まで（第5章），1920年から1925年まで（第6章），続いて1926年から1931年停刊まで（第7章）と分け，「賢妻良母」のイメージがそれぞれどのように異なるかを吟味すると同時に，その背景には中国歴史のなかで女性論が論じられる社会的，思想的文脈が経た変化の過程があった点をも明らかにする。

　第5章では，創刊当時から1919年，つまり五四新文化運動の勢力が影響を及ぼしはじめる直前までを対象に，同誌が編集方針として賞揚していた「賢妻良母」の内実を追い，民国初期の中国で「賢妻良母」がどのような女性像を意味していたかを分析する。本章は，『婦女雑誌』の誌上で描かれる「賢妻良母」が，中国古来の女性像とは区別されていたと同時に，新しい女性として生まれ

かわるために，経済管理の能力と衛生知識を身につけることが女性たちに要求されていたことを明らかにする。また，このような「賢妻良母」イメージの背後に，清末ナショナリズムが色濃く影響していたことも論じる。

　ここで1915年から1919年までを対象に再構成した「賢妻良母」は，それが20世紀初頭に中国に登場したときの意味と内実を基本的に継承しているといえよう。一方，「賢妻良母」が新しい女性像としての含意を奪われ，代わりに伝統的でかつ中国固有の女性像という意味をもたされるきっかけとなったのは，五四新文化運動が試みた破壊と建設である。第6章では，1920年から1925年までの『婦女雑誌』を対象に，そのような変化を追っていく。注目しなければならない点は，この時期に『婦女雑誌』というメディアそのものが，新文化運動の影響を受けて，婦女解放を訴える進歩的メディアに変身していた点である。五四新文化運動が「賢妻良母」に及ぼした変化は，『婦女雑誌』とそれをとりまく中国言論界に起きた地殻変動の延長線上で起きたのである。このように言論界における新旧勢力交替をふまえたうえで，本章では前代と断絶させられた男性知識人たちが新女性像を創出する過程が，旧女性像という副産物をもともなわざるをえなかったジェンダー構造を検証すると同時に，そこには旧女性像の代名詞として「賢妻良母」が選ばれる必然性が横たわっていた点をも指摘する。

　最後に，第7章では，五四新文化運動の機運が徐々に鎮まると同時に，中国社会の各界で反動的な傾向が現れつつあった1920年代後半を経て，「賢妻良母」が伝統的な女性像として中国に定着していく過程を追う。1925年以降『婦女雑誌』はたしかに五四新文化運動や婦女解放論に対して反動的な態度を示す。ただし，知識界から一線を画してソフトな読み物へと変身を遂げた同誌が，五四新文化運動の成果に対して真正面から批判を行なったわけではない。「反動復古主義」とは，むしろ五四新文化運動の創出した女性論の内実を巧妙に変形させることを通して体現させられたのである。本章ではそのような意味の変形と再生産のさなかで，「伝統」や「旧い」というイメージが「賢妻良母」の揺るぎない含意として固定されていく過程を示す。

　以上の分析を通して本書は，国家存亡の危機を打破する方法を模索していた20世紀初頭の中国に登場した「賢妻良母」が，西欧や日本などの先進列強の

女性をモデルとして創造された「新しい女性像」であったとすれば，五四新文化運動を契機に中国固有の「伝統的な女性像」へと変身させられた「賢妻良母」も，さらなる外来思想の影響のもとで作り出された，いわば「創出された伝統」であったことを提示する。また，近代中国における「賢妻良母」の登場と変遷の過程を通して，外延的には東アジアとの交流という，そして内在的にはメディア史という二つの歴史的文脈から，近代中国知識界の多面的姿をも照射していきたい。

注
1）ホブズボームの論ずる「創り出される伝統」とは，自由主義や産業革命の勃興から近代国民国家の登場までという，19世紀以降ヨーロッパの一連の社会的状況に基づいて，近代的概念，特に近代の「国家」や「国民」概念の歴史的連続性自体が，構築，あるいは創り出された部分を含んでいることを指摘するものである（Hobsbawm［1983＝1992：26］）。
2）いうまでもなく，ヨーロッパ近代史と，中国を初めとする近代東アジアの歴史の違いとして，ここでもっとも重視する点は，その儒教的伝統との断絶である。
3）前近代中国の主な漢籍を網羅した台湾中央研究院のデータベース，「中央研究院漢籍電子文献」(http://www.sinica.edu.tw/ftms-bin/ftmsw3) を検索してみても，「賢妻」や「良母」など，二文字の漢字熟語がいくつか見つかるだけで，四文字を組み合わせた形は見当たらない。
4）本書と見解を異にする論著ではあるが，近代中国における「賢妻良母」論については，呂美頤［1995］が整理を試みている。
5）「賢妻良母」が中国の儒教古典に典拠を置いていることばではなかった点が注目されるようになってから，その語形の変遷から，このことばが伝播されていく過程における各国の歴史文化的な意味あいを読み解こうとする試みも現れるようになった。たとえば，趙恵貞［1988］は日韓の近代家族構造を比較検討するうえで，韓国の「賢母良妻」ということばは，儒教文化を引き継ぐものではなく，日本語の「良妻賢母」を輸入したものが語源であるとし，「賢母」と「良妻」の語順が変わってしまった点に着眼して，日本の家族構造で夫婦関係が重要視されたことと比べて，韓国社会においては母子関係がより重んじられたという結論を見いだした。ただ詳細は次章で後述するが，少なくとも文献上から確認する限りでは，韓国だけではなく，日本や中国においても，もっとも早く使われていた語形はいずれも「賢母良妻」である。また，それが現在の語形に定着するまでは，いずれの国においても「良妻賢母」「賢妻良母」さらには「良母賢妻」にいたるまで，あらゆる組み合わせが混用されており，その変化の軌跡を確定することや，そこから歴史的，あるいは文化的意味あいを見いだすことは容易ではない。語形が変化していく過程そのものを明らかにすることは，今後の社会言語学的なアプ

ローチの成果を期待することにして，本書ではこのことばが登場した当初はいずれも「賢母良妻」がもっとも一般的であった点だけを指摘することに止めておきたい。
6）「寄生虫」および「付属品」は，従属的な女性の立場を比喩するうえで，五四新文化運動の時期に実際に頻繁に使用されたことばである。
7）いわゆる「婦女回家」論争とは，女性の社会的活動の是非をめぐって，かつて1930年代半ば，1940年代初期，そして1980年代末から1990年代初期にかけて，少なくとも3回にわたって繰り広げられた論争をいう（臧建［1994］；呂美頤［1995］；楊志［1995=1998］）。それぞれの時期の歴史的文脈はすべて同一ではなかったが，中国経済の不況によって男性の失業問題が深刻化するや，女性の社会進出の是非が問われるようになり，「婦女回家」，つまり「女性は家に帰れ」というモットーのもとで，社会性別の役割分担に対する一大論争が広範囲に言論メディアを賑わした。特に数回の「婦女回家」論争が，いずれも「賢妻良母」「新賢良主義」「新賢妻良母」ということばをキーワードとして，中国社会の経済的不況を背景に，「家庭主婦」としての女性の役割を経済活動とどのように調和させるか，またマルクス主義的な観点から促進されてきた女性の社会労働参加を家庭労働とどのように併存させるかといった問題を取り上げていたことは，中国語圏における「賢妻良母」のことばが経てきた歴史的な文脈と関連して，多くを示唆する。
8）たとえば，郭沫若［1937］；柳亜子［1936a］；［1936b］；「本報特写：幽黙大師林語堂夫婦訪問記」『婦女専刊（申報副刊）』第4号，1936年2月8日；「本報特写：幽黙大師林語堂夫婦訪問記」『婦女専刊（申報副刊）』第6号，1936年2月22日；周恩来［1942］。なお，1930年代後半に社会各界から多くの反響を招いた林語堂の言説については，前山［1993a］およびLien［2001］が詳しく述べている。
9）その試金石的な研究成果としては，東アジア全体を研究対象としている瀬地山・木原［1989］を挙げなければならない。その後，中国については姚毅［1999］が，韓国については洪良姫［1997］が研究を深化させてきた。
10）イプセン（1828〜1906）の『人形の家』のヒロインである「ノラ」は，1918年に雑誌『新青年』の「イプセン特集号」を通して中国に紹介されて以来，西欧の自由主義や女性解放思想の潮流に沿って，五四新文化運動の知識人たちの創出した新時代の女性像，つまり「新女性」像のモチーフとなってきた（前山［1993b］；許慧琦［2003］）。
11）「鉄姑娘」とは，「男性と同様，いやそれ以上に鋼鉄のような身体と意志を持つ，困難と過酷な労働環境と戦うたくましい女性」という意味で，中華人民共和国成立以降，いわゆる毛沢東時代に賞揚された女性像の代名詞である。しかし，70年代以降に中国社会全般に変動をもたらした改革・開放路線は，もはや女性論にも影響し，「鉄姑娘」の女性像も否定されるようになった。以来「鉄姑娘」に代わって中国語圏に流布するようになった「女強人」は，性差を超えた存在に

描かれている点においては「鉄姑娘」の意味を引き継いでいるものの、より厳密には「体制によって作り上げられたイメージではなく、自己意識により家庭の外に自己実現を持つ」女性を意味しており、少数のエリート女性集団のなかのスーパーウーマン的存在を想定していたと考えられる（姚毅［1997：45-58］）。

12）1930 年代中盤以降、日本の満州侵略を機に中国の知識人の多くは、敗戦の経験を克服して新たな強国として浮上したドイツおよびイタリアのファシズムに注目するようになった。それまでおおむね西欧の自由主義を基調とする五四新文化運動の持続的な影響力のもとにおかれていた中国の言論界は、それ以降徐々に善意的でかつ能率的な独裁政治を理想とするイタリアとドイツのファシズムに傾倒していく。このような傾向は中国の女性論にも大きい変化をもたらし、五四新文化運動の自由思想を基調として創出された「新女性」像は、もはや「摩登狗児（モダンガール）」「花瓶」などと罵倒されるようになる。代わりに、国民党政府は、「新賢妻良母」——単に「賢妻良母」ではなく——というモットーを掲げて、ドイツやイタリアでヒトラーやムッソリーニが戦争時の失業対策の一環として「母性愛」を口実に多くの職業女性を家庭主婦に戻させたことに倣い、女性の社会進出を制限する政策にのりだした。このような国民党の女性政策に対して、中国言論界ではいわゆる「婦女回家」論争、あるいは「新賢良主義」論争が巻き起こされ、再度「賢妻良母」が論争の的に浮上する。ただ国民党勢力を背後にしていた女性向け雑誌『婦女共鳴』が、1935 年 11 月に第 4 巻第 11 号を「賢良問題」特集号として編集したことからも察せられるように、五四新文化運動のときと比べてみれば、この時期の「賢妻良母」論は明らかに政治的文脈のなかに組み込まれていた（許慧琦［2003：288-296］；池賢淑［2003：21-24］；前山［1993 a］）。

I

近代東アジアの女子教育思想と「良妻賢母」

2004年の師走に伝えられた故蔣経国総統夫人の蔣方良女史（1916～2004）の訃報を受けて，その翌日に台湾のある朝刊に掲載された下記の記事は，現代中国語文化圏で「賢妻良母」ということばが，一般にどのようなイメージで認識されているかをよく物語っている。

　　蔣方良女史が亡くなられた，心よりご冥福をお祈りする。かつては高きファースト・レディーの位にいた彼女だが，我々は一度も女史が贅沢をしたり，自分をひけらかしたりするところを見たことがなく，常に寡黙でかつ素朴な賢妻良母として，家庭主婦の職責を果たされるだけであった。女史は政治に意見を言うこともなかっただけでなく，ましてや干渉することもなかった。蔣経国が健在であったときもそうであったし，蔣経国が他界してからはさらにその寡黙さを増していき，まるで外の世界と完全に隔離されているかのようであった。彼女は西洋人でありながら，東洋の女性よりも東洋の美徳を持ち備えていた。言うならば，蔣方良女史は顔のつくりが東洋のものではなかっただけで，彼女の生活，ことば，そして品性は完全に東洋の，いや，もっと言えば，台湾のものだった[1]。

　ロシア出身の蔣方良女史の「素朴な賢妻良母」ぶりは，西洋人でありながら「東洋の女性よりも東洋の美徳をもった」女性として，人々の目に映っていた。彼女が見せた控え目でかつ物静かな人となりは，青い目の西洋人の外貌と対照されつつ，そのまま「東洋女性の美徳」である「賢妻良母」を人々に連想させていたのである。
　今やこのように「東洋女性の美徳」の象徴と化している「賢妻良母」だが，100年ほど時間を遡ればどうだろうか。そのときも「賢妻良母」は「東洋女性の美徳」だったのだろうか。また蔣方良女史が連想させるような，寡黙で静かな物腰の専業主婦を意味していたのだろうか。
　第Ⅰ部では，中国だけではなく東アジア全体に視野を広げて，このような疑問に対する答えを求める。近代東アジアという時空から「良妻賢母」の意義を再度吟味していくと同時に，特に日本との関連性に注目して，近代東アジア的現象としての「良妻賢母」が中国に登場してきた歴史的文脈をも検証していく。

第 1 章

東アジアの視座からみる「良妻賢母」の近代性

　日本語の「良妻賢母」のニュアンスが「非常に古めかしい死語のごときものをイメージ」させがちであるように（小山 [1991：i]），今日の中国語のなかで「賢妻良母」が連想させるイメージも，儒教的価値観に基づく伝統的な女性のそれである。一般的な使い方だけではなく，研究の領域のなかにおいても，ごく最近まで「良妻賢母」「賢妻良母」や「賢母良妻」は，儒教的な女性観との関連性や連続性を強調させられ，復古的でかつ封建的，前近代的な女性像の意味として使われてきた。
　もっとも「良妻賢母」や「賢妻良母」「賢母良妻」ということばは，儒教経典はもちろん，古い女子用書物にも登場せず，そのことばの歴史はわずか100年を遡るだけである。では，この類の女性像が登場した当初には，どのような意味を託されていたのだろうか。また，今日「賢妻良母」の女性像を儒教の伝統とみなす認識は，どのように裏づけられてきたのだろうか。
　本章では，以上の問いに答えるために，第一に，中国だけではなく，日本や韓国など東アジアの隣国にも同じ時期に同じ類のことばが使われはじめていた点に着眼し，東アジアという視野から当時の「賢妻良母」がもっていた近代性を考えなおす。20世紀初期の歴史的文脈をふまえたときに，中国の「賢妻良母」の原意は，近代東アジア的現象としての「良妻賢母」出現の延長線上から吟味されなければならないと考えるからである。
　一方，「良妻賢母」を伝統的な儒教の女性像とみなす先入観は，検証を経ずに歴史研究の領域にもそのまま移されたために，研究が蓄積されるにつれ，各国の研究史の流れに沿って歴史的文脈を獲得してきたきらいがある。そこで，第二に，研究史を整理しつつ，日本語の「良妻賢母」，中国語の「賢妻良母」，そして韓国語の「賢母良妻」など，それぞれ異なる語形が定着した今日，これ

らのことばが各国の自国史研究，とりわけ女性史研究の流れのなかで，どのように「伝統」に結びつけられるようになったかをふりかえる。

1　近代的女性像としての「良妻賢母」

日本語の「良妻賢母」がそうであるように，中国語の「賢妻良母」も伝統的でかつ復古的な女性像をイメージさせるために，一般には儒教思想の一部として，儒教経典に典拠をおくことばであると考えられてきた。しかし，儒教経典をはじめとする前近代の主な漢籍に，「賢妻良母」はもちろん，日本語の「良妻賢母」や韓国語の「賢母良妻」もみな見当たらず[2]，ただ「良妻」「賢母」「賢妻」などの二文字の熟語が使われているだけである[3]。

◇近代東アジア各国における「良妻賢母」の出現
「良妻賢母」のように，四文字の形が東アジア各国の文献で初めて確認されるのは，日本では明治維新後の1890年代，朝鮮や中国は1905年ごろ，つまりそれぞれの国が西欧帝国主義との接触を経験し，資本主義的な世界秩序に編入を余儀なくされた時期のことであった。では，そのことばの意味は，「良妻」や「賢母」など，かつて存在していた熟語の意味の単純な足し算だったのだろうか，あるいは新たな意味が託されていたのだろうか[4]。日本，中国，朝鮮の文献から所見のかぎり最も早い時期の用例を挙げて，その意味を考察してみよう。

女鑑は，貞操節義なる日本女子の特性を啓発し，以て世の良妻賢母たるものを育成するを主旨とす。而して之に副ふるに，学芸，技工の端緒を以てし，以て幹枝の両全を期せんとす。誠にこれ邦家進運の本源，功遠くして事大なり。冀くは満腔の誠心以てこれに従はん[5]。

秦漢以降，宮廷内や権門勢家では女子教育が存在したところもあり，偉大な皇后や賢明な妃たちの著作がそれを明確に伝えて，名門の尚宮が経典としてあわせてきた。ただし，もはや士族たちのあいだですら広まらなくなってし

まった。果たして一般民衆に普及され、彼女たちが国家のために国民を鋳造する責任を担い、賢母良妻の義務を果たすことが期待できるだろうか[6]。

華族および士庶の女子を募集し、維新の学問、女工の精芸、および婦徳順哲を教育する。以って賢母良妻の資質を養成、完備させ、出類抜萃し共に文明世界を歩み、勧精進就し他人に遅れを取らせない。これを以って本塾設立の主旨とする[7]。〔ママ〕

最初に挙げた日本での初出の用例は、女性向け雑誌の『女鑑』の創刊の辞の一部であるが[8]、これから国が必要とする女性像という意味で「良妻賢母」ということばを使っている。それから10年あまりを経て、1905年ごろには中国の文献にも「賢母良妻」ということばが現れるが[9]、上記に挙げた用例にもみられるように、日本語のそれと同様に、「国家のために国民を鋳造する責任を担う」女性を意味していた。

中国は当時日清戦争（1894年）の敗北を経て、知識人のあいだでは資本主義列強による半植民地化に対する危機感が増すと同時に、日本や欧米諸国に対する見聞の機会もふえていた。そのなかで、梁啓超（1873～1929）の「女子教育を論ず」（梁啓超［1926：38-40］）に代表されるように、国家の富強や民族の繁栄に結びつけて女子教育の必要性を主張する言説が、影響力のあるメディアに多く掲載されるようになった。

このような知識界のもとで、1907年に清朝の公布した「女子師範学堂章程」および「女子小学堂章程」でも明言されているように、国家と民族の富強と繁栄に結びつけられて、女子教育の必要性が認められ（姚毅［1999：120-122］）、当時全国的に428校の女子学校で、15498名の女子学生が学んでいたほど成長をなしとげた（学部総務司編［1907］）。「賢妻良母」は、このようにちょうど展開されていく過程にあった女子学校教育が賞揚するモットーとして登場し、学校教育が養成していく女性像、つまり「国家のために国民を鋳造する責任を担う」女性を意味させられていたのである。

つづいて朝鮮で初出する「賢母良妻」は、1906年に「女子教育会」を主軸にして設立された女子初等学校「養閨義塾」の教育目標を論じるなかで使われ

ている。当時の朝鮮は，1905年11月締結された「日韓協商条約」によって，日本の実質的な植民地に転落しており，知識人のあいだでは国権回復と近代国家建設のためには，民衆を啓蒙しなければならないという認識が広まり，その一環として女子教育の必要性がひろく認識されるようになった（韓国女性研究会女性史分科編［1992：29-31］）。このような当時の朝鮮における時代的要求を背景に設立された女子初等学校「養閨義塾」は，学校設立の意義として「賢母良妻を養成する」ことを標榜した[10]。

　以上を総合すれば，「良妻」や「賢母」ではなく，四字熟語の形で近代東アジアに登場した「良妻賢母」「賢妻良母」そして「賢母良妻」などのことばは，語形こそ完全に同じではなかったにせよ，それが登場した時代的文脈や含意に多くの共通点が認められる。ともに東アジアの儒教的伝統を共有していた日本，中国，朝鮮は，それぞれ近代世界の資本主義秩序に加わろうとしていたときに，かつて儒教的規範が想定していた女性とは区別し，近代国家の建設に貢献できる新たな女性像として，「良妻賢母」の女性像を賞揚したのである。富強な近代的国家を建設しなければ，資本主義の世界秩序から淘汰されてしまうという危機感のなかで，日本，中国，朝鮮の知識人たちは，まずは愚昧な民衆を優秀な国民に生まれかわらせなければならないと考え，そのような流れのなかで女子教育の必要性も改めて認識するようになった。近代東アジアの知識人たちは，かつて儒教的社会が堅持してきた「女は才能がないことが徳」といった女性規範を批判し[11]，人口の半分を占める女性をも近代国家建設に動員すると同時に，優秀な未来の国民を産み育てる母性として養成しなおすことを目的に，新たに「良妻賢母」という女性像を創出したのである。

◇ 近代ナショナリズムと「良妻賢母」

　このように女子教育を富国への近道とみなす見方は，近代東アジアの知識人たちのあいだに普遍的に共有されていた。たとえば，近代中国の知識人たちは，「天下が弱まる根本は，女性が学ばないところから始まる」（梁啓超［1926：38-40］）とみなし，「女子教育が衰えれば，家庭教育が失われ，愚民は増加し，知識人は減少」（夏東元編［1982：288］）するので，「国を強くしたければ，必ず女子教育から始めなければならない」（梁啓超［1926：38-40］）と説いてい

た。同じような論法は，女子教育制度が整備されようとする時期の日本や朝鮮にも同様に見つかる。

　女子教育の主眼とする所を要言せば，人の良妻となり賢母となり一家を整理し子弟を薫陶するに足る気質才能を養成するに在り。女子教育にして宜しきを得ざる内は教育の全体鞏固ならざるなり。国家富強の根本は教育に在り，教育の根本は女子教育に在り，女子教育の興否は国家の安否に関係するを忘るべからず[12]。

　このように，女子は男子を産んで育てる根本である。根本を正さずして，文明基礎がどのように図りえるだろうか。東洋が微弱して振興できないことは，実に女子教育が無いためである。女子が無学なのに，そこから生まれる男性が明晰になることを望めるだろうか。東洋保全に努める君主は，みな女子教育について深く注意しなければならない[13]。

　以上のように，日・中・韓を問わず，近代東アジア各国の知識人たちの言説のなかで，女子教育の最大の意義は国家や民族のレベルで求められていた。近代東アジアの女子教育は基本的に国家の富国強兵策の一環として始められたという点をふまえれば，当時の東アジア各国の女子学校や女子教育制度が共通して掲げていた「良妻賢母」というモットーが何を意味していたかが理解できよう。それは，富強な近代国家建設に寄与できる女性像であると同時に，かつて国家建設に貢献していなかった女性たち，つまり従来の儒教的規範が規定する女性とは区別される新しい女性像でもあったのである。
　「良妻賢母」にせよ，「賢妻良母」にせよ，「賢母良妻」にせよ，この類の熟語が東アジア各国に登場してきた背景には，近代ナショナリズムに後押しされて，女子教育の必要性が認識されていく過程があった。そして，このような近代女子教育の開始という文脈から見るかぎり，「良妻賢母」は伝統的な儒教経典の説いていた「良妻」と「賢母」との単純な合計ではなく，むしろそのような伝統的女性像を批判し克服する意味をもたせられ，儒教や伝統とは断絶させられた新しい女性像だったと言える。

◆伝統的な女性規範と「良妻賢母」

　「良妻賢母」という女性像が，儒教規範を体現する伝統的女性像と区別される点は，そのことばが登場してくる歴史的文脈だけではなく，それが内容としている規範や徳目からも確認できる。

　東アジア各国の伝統社会では，たとえば，日本の『女訓抄』『鑑草』『女子訓』『女大学宝箱』，中国の『女四書』[14]，そして韓国の『内訓』や『戒女書』など[15]，女性だけを読者とする書物が伝承されていた。これらの女子用書物は，儒教規範を主軸とする東アジア社会の旧価値観が定める女性規範や徳目，すなわち「婦徳，婦言，婦容，婦功」を主な内容としている。このような伝統社会の女子用書物が体現している女性像と比較してみれば，「良妻賢母」が近代的な社会像を反映して創出された女性像であると同時に，伝統的な儒教の女性規範の克服を目的にしていた概念であることがより明らかになる。「良妻賢母」が儒教社会の規定する伝統的な女性規範と区別される違いを，次の2点にまとめておこう。

　第一に，それぞれの女性観が背景にする原理の相違をあげることができる。妻や母として女性の役割だけを強調する「良妻賢母」の女性像も，「男は外を主とし，女は内を主とする」儒教規範が規定する女性像も，基本的に女性の活動は家庭のなかに限定させられる。しかし，そのような性別的分業論を支えている原理まで，両者に共通しているわけではない。儒教規範の「男は外を主とし，女は内を主とする」という性別分業論を正当化している理念が陰陽五行説であるとすれば（末次［1999：96］），「良妻賢母」の女性観の背後には近代人権思想に基づく男女平等観と近代ナショナリズムがあった。現実社会における適用の様相はさておくにせよ，儒教の女性観が基本的に陰陽五行説に基づく「男尊女卑」論を主軸としていたとすれば（汪兵［2001］；末次［1999：96-97］），「良妻賢母」の女性観のなかでは男女は基本的に平等な存在であった。つまり，男女を問わず，国民である個人の役割はすべて平等に富強な国家建設に対する貢献に収斂されるという，人権思想と近代ナショナリズムのもとで，女性が「良妻賢母」として家庭のなかで行なう活動も，男子が社会で行なう生産活動と同等な価値をもつとみなされたのである。女性の「良妻賢母」としての役割

は，儒教理念を離れて，国家の富国強兵を最終的な目的とする近代ナショナリズムと結びつくや，性別による差別ではなく，性別による分業論として存在しえたのである。

　第二に，儒教理念が想定する女性規範と「良妻賢母」の女性観が，同じく女性の活動の領域として設定している「家」の意味が，同質ではなかった点が挙げられよう。「孝」の実践を絶対的倫理として，ヨコのつながりよりはタテのつながりが重視された儒教社会の家庭において，女性は「良妻」や「賢母」である以上に，父母や舅姑に対して良き娘と良き嫁を務めること，つまり「孝婦」と「烈女」になることを求められていた（洪良姫［1997：19］）。一方，良き妻と良き母としての役割を要求する「良妻賢母」は，妻と母に対して夫と子女が存在するだけの核家族を想定した女性観である。究極的に「孝」の実践を要求する儒教的女性観が農業社会の大家族制度に基づいていたとすれば，「良妻賢母」の女性観は，核家族制度への改編を経て，子女と夫婦によって構成される近代産業社会の家庭像を想定した規範だったのである。

表1-1　「良妻賢母」の女性規範と儒教女性観の比較[16]

	儒教の女性観	良妻賢母
基本原理	陰陽五行説	近代人権思想・近代ナショナリズム
男女の関係	男尊女卑	男女同等（≠男女同権）
夫婦関係の理念	夫婦有別	天職論
嫁の役割	比較的強調される	論じられない
妻の責任	相夫	内助
母の役割	生育＞養育＞教育	教育＝養育＝胎教＞生育
女子教育の方向	教化	知識の伝授
背景となる社会構造	王朝社会・農業社会	国家社会・産業社会
家族制度	父母－夫婦－子女；大家族制度	夫婦－子女；核家族制度
中心道徳	孝順	信義
理想の女性像	孝婦/烈女	賢母/良妻
性別による役割分担の正当化	両性間の支配－被支配関係	医学的・生理的・心理的な性差

出典　洪良姫［1997］；小山［1991：50-60］

「良妻賢母」と儒教の女性像は，それぞれ異なる社会的条件のもとで，異なる原理から抽出されたために，両者が規定する具体的な徳目も，表1-1から見るように同一ではなかった。「良妻賢母」は，前近代社会の指導原理として儒教を共有していた東アジア各国の社会が，近代資本主義社会に編入されていく時期に登場した女性像である。「良妻賢母」は儒教的伝統を引き継ぐ女性像でなかっただけではなく，むしろ儒教の女性規範の限界を克服するために提示された，言うならば儒教の女性観の否定を出発点とする近代的な女性規範だったのである。

　では，およそ1世紀の時間を経た今日，当初は同様に近代的女性像として出発したはずの「良妻賢母」「賢母良妻」そして「賢妻良母」は，それぞれどのような歴史的文脈のなかに組み込まれているのだろうか。

2　日本の「良妻賢母」研究
―――近代天皇制国家を支えるイデオロギー―――

　日本の「良妻賢母」に対する研究は，1966年に刊行された深谷昌志『良妻賢母主義の教育』を皮切りに，70年代以降質・量ともにかなりの研究成果が蓄積された。たとえ「良妻賢母」が一般には相変わらず古めかしい伝統的な女性像を連想させているにせよ，少なくとも研究の領域においては，歴史的文脈をふまえて日本近代教育制度が掲げてきた教育理念として理解されるようになった（舘［1984：184］；小山［1991：2］）。日本における「良妻賢母」研究の特徴ともいうべき点は，近代日本の体制イデオロギーや産業化との関連性を前提に，主に近代女子教育史の領域で行なわれてきたことであろう。たとえば，「国体観念に代表される体制イデオロギーの女子教育版」（深谷［1966→1998：11］）であるとか，「家族国家観の女子教育版」（久木［1980：232］；中嶌［1981］；窪田［1978］）など，天皇制の国家イデオロギーが定着していく戦前の日本に特徴的な女子教育理念の「良妻賢母主義」として理解する流れである。

　これに対して，「近代国民国家の形成や近代家族の成立との不可分の思想として」（小山［1991：7］），戦前日本の女子教育理念である「良妻賢母」思想を，戦後日本や欧米世界にも連続しうる「近代」の思想として捉えなおそうとする

流れや,「資本の要求にそって女子労働力を供給し,かつそのことによる家制度の弱体化をふせぐ」(舘［1984：19］)イデオロギーとして経済的な条件をふまえて良妻賢母主義を理解する論者もいる。いずれにせよ,近代日本の国家体制との関連性をどのように解明するかが研究の前提,あるいは枠組みを提供してきたといえよう。ここでは,40年あまりの研究史を概観し[17],多様化していった研究方向と論点を紹介すると同時に,これまで研究史の流れのなかで,日本の「良妻賢母」がどのような歴史の枠組みのなかに組み込まれてきたかを考えてみたい。

◇近代化が生みだした歴史的複合体

1966年に初版が刊行された深谷昌志『良妻賢母主義の教育』は,「良妻賢母」を本格的にひもといたものとして,以後「良妻賢母」研究の出発点となった。同書は「日本特有の近代化の過程が生みだした歴史的複合体」であると同時に,「国体観念に代表される体制イデオロギーの女子教育版」として「良妻賢母」を定義したうえで(深谷［1966→1998：11］),思想と行動規範の二つの側面から,体制イデオロギーが公認する教育思想として「良妻賢母主義」が完成される明治30年代までの過程と,その後「良妻賢母」の規範が公教育制度のパイプを通じて一般に伝播・浸透し,女性の行動様式を規制していく様相を論じている。特に前者の「良妻賢母主義」の思想が完成される過程と関連して,「ナショナリズムの台頭を背景に,儒教的なものを土台にしながら,民衆の女性像からの規制を受けつつ,西欧の女性像を屈折して吸収した複合思想」であるとし(ibid),近代西欧世界の女性像からの影響とともに,儒教的観念の継承という二つの相反する価値観の影響を認めている。

儒教的女性観は,両性間の支配―被支配関係を明確にし,女性の視野を家庭内に限定している。この点で,支配の主体を隠蔽し,女性の国家的な貢献を重視する良妻賢母といちじるしい対比を示している。また,女性の社会的(国家的)な役割を認めたのは,日本在来の女性像に欠けるところであり,西欧思想の影響が感じられるが,欧米では血縁集団内での感情と国家に対する忠誠とは明確に識別され,両者の融合は考えられない。……わが国のナシ

ョナリズムが，ウルトラと呼ばれ，欧米や東洋のナショナリズムとは異質のものであるように，良妻賢母も，日本の近代化が生んだ特異な思想なのである（ibid：13-14）。

以上で，良妻賢母主義が形成されていく過程と関連して深谷が提示した，儒教的伝統と欧米からの影響，そして，その両者を融合させた主体である日本的特殊性という三つの要素は，以降の「良妻賢母」をめぐる日本の研究に対し，大きな枠組みを提供してきた。後続して繰り広げられる「良妻賢母」をめぐる議論は，この三つの要因をそれぞれどのように捉えるか，あるいは，その相互関係をどのように解釈するかを，最終的な争点としてきたといっても過言ではない。ここでも，この3点を軸に論点を整理していこう。

◎儒教的で伝統的な道徳規範か，近代的で普遍的な女性観か

第一に，「良妻賢母」と儒教的な伝統的女性規範との連続性を強調する論者としては，中嶌邦が挙げられよう[18]。中嶌は「良妻賢母主義」を明治20年代以降の儒教的女子教育観の流れのなかに位置づけて，天皇制のナショナリズムや家父長制の家制度と関連づけて説明する。それによれば，明治啓蒙期に西欧の影響で近代的な意味の良妻賢母教育が登場したが，明治10年代に儒教的立場からの発言力が強まるや，明治20年代には保守化の傾向のなかで復古的な女子教育観が広がり，ついに明治30年代には体制化された良妻賢母主義として定着したとされる（中嶌［1981］）。したがって，明治30年代以降体制イデオロギーのなかに定着した良妻賢母主義の内容は，いわゆる四行（婦徳，婦言，婦容，婦功），和順，堪忍，慎み，質素倹約，勤労，貞淑，貞節，孝，忠などの儒教的徳目が含まれており，両者のあいだには連続性が確認されるのだと分析する（中嶌［1984］）。

第二に，良妻賢母主義のもつ儒教的でかつ封建的女性観との関連性，あるいは連続性を強調する以上の流れに対して，西欧的，あるいは近代的性格により注目しようとする論者として，ひろたまさきと小山静子が挙げられる（ひろた［1982］；小山［1991］）。しかし，両者が言う「西欧的」あるいは「近代的」ということばは，特定の西欧近代思想が直接的に日本の良妻賢母主義の形成や

第1章　東アジアの視座からみる「良妻賢母」の近代性

内容に影響を及ぼしていたとか，あるいは良妻賢母主義の内容から，特定の西欧近代思想の影響が読みとれるという意味であるよりは，理論的に近代ナショナリズムをその成立条件とする「近代家族」と関連づけて「良妻賢母」を捉えるという意味に近い。つまり，「『近代』において女は何を期待されていたのか，換言すれば，あたかも国家とは無縁の存在であるかのような，家族という私的関係性のなかを生きている女たちが，近代国家を構成する国民の一員としてどのような形でとらえられ，国家へと統合されていったか，という大きな枠組みに立って」（小山［1991：8］），「戦前日本の特殊な女性観」ではなく，空間的にも時間的にもより普遍的な概念として，「良妻賢母」を把握する試みなのである。

　このような理論的枠組みとしての「近代」や「西欧」のほかに，より歴史的文脈に沿って良妻賢母主義のもつ「西欧」および「近代」との関連性としては，日本初の近代教育制度が定めていた「賢母の育成」という女子教育の目標が[19]，近代西欧思想を積極的に受け入れていた啓蒙思想家たちの女性論を引き継いでいた点があげられよう。たとえば，中村正直は「善良ナル母ヲ造ル説」という論説のなかで，「絶好ノ母ヲ得レバ絶好ノ子ヲ得」られるので，「善キ母ヲ造ランニハ女子ヲ教ルニ如カズ」（中村［1875］）と主張していた。また，森有礼（1847〜1889）も「女子ハ素ト情ニ富ミ愛淵深キ者ナリ然ルニ少時学バズ既ニ母ト成リ子ヲ育スルニ方リテ其愛力ヲ利用スルノ法ヲ知ラズ屡子ヲ其淵ニ溺ラス者アリ故ニ女子ハ先ヅ学術物理ノ大体ヲ得其智界ヲ大ニシテ能ク其愛財ノ用法ヲ通知セザル可ラズ然レバ則其深淵ノ愛愈加リ之ニ従フ所ノ徳沢愈大ナルヲ得ベシ」（森［1874］）といい，次世代を担う優秀な国民を養成する主体として女性を捉え，そのような女性の役割に役立つ内容を教えることを女子教育の目的として掲げた。国家の盛衰に直接つながる要因として，家庭における女性の役割，特に子女の教育と養育という役割を挙げていた明治初期の啓蒙思想家たちの共通した認識には，近代西欧思想からの影響が色濃く存在すると同時に，欧米の文明社会に対する強い羨望も内包されていたことはいうまでもない。

　一方，明治初期の啓蒙主義的な女性論のなかの「良妻賢母」を，日清戦争を経て1899年「高等女学校令」（三井編［1977：262-263］）が公布されたことを境に，日本の高等女学校制度を支える理念となった「良妻賢母」と区別して

29

論じる見解は（深谷［1966→1998：94-137］；窪田［1978］；中嶌［1980］；小山［1991：35-41］），ほとんどの論者に共通する[20]。明治初期の啓蒙思想家たちの女性論は，近代西欧思想に由来する男女平等論をふまえていたために[21]，女性の活動を家庭に限定したり，女子教育の内容を家事など実用的なものに限定するべきだと考えていたりしたわけではなく，どちらかといえば，女性も男性と同様に一般教養を学び，自立できる能力を備えられるように教育しなければならないと考えていた（中嶌［1984：115］）。このように「西欧志向的」（深谷［1966→1998：98］）な明治初期の女性論の文脈をふまえて，近代欧米社会にモデルをおく女性像を意味していた「良妻賢母」は，明治20年代以降，中等女子教育の理念として「女性に対してはそれ以外の生き方も教育もないかのように強要」（脇田・林・永原［1987：206］）する「良妻賢母」とは異なる方向性と含意をもっていたのである[22]。

◇女子教育の制度化とイデオロギー化する「良妻賢母」

明治30，40年代にかけて公教育体制のなかで，近代日本の女子教育理念となった「良妻賢母」は，西欧的でかつ近代的な女性像としての「良妻賢母」とも，儒教的でかつ復古的な女性像としての「良妻賢母」とも，異なる意味をもつものであった。第三の——そして，おそらく議論のもっとも中心である——争点は，女性が近代日本の公教育体制のなかにどのように組み込まれていたか，また公教育体制と女性はどのようなイデオロギーによって関連づけられたかという問題と関連して，近代日本特有の女性規範となった「良妻賢母」のもつ内容や意義を問うものである。

1891年12月，中学校令の改正とともに，「女子に須要なる高等普通教育」を行なう中等教育機関として法的に位置づけされた高等女学校は，「男女の生理的差異をもとに，その役割の違いと固有の性能を固定化して強調」（永原［1982：158］）するという構想に基づき，1895年の「高等女学校規定」の制定，1899年の「高等女学校令」の公布，1901年の同施行規則の制定を経て，国家制度として体現されるようになった[23]。その高等女学校が持ち出した教育イデオロギーこそが，「良妻賢母」だったのである。「高等女学校令」が発布された翌年に開かれた全国女学校長会議にて，文部大臣の菊池大麓（1855～

第 1 章　東アジアの視座からみる「良妻賢母」の近代性

1917）は次のように訓示し,「良妻賢母」を養成することが女子教育の方針であると明言する。

　日本では此の婦女子と云ふものは将来結婚して妻になり母になる者である……善良なる家庭の多い邦は栄へ,不良なる家庭の多い国は衰ふ,即ち家庭は一国の根本である,……我邦に於ては女子の職と云ふものは独立して事を執るのではない,結婚して良妻賢母となると云ふことが将来大多数の仕事であるから女子教育と云ふものは此の任に適せしむると云ふことを以て目的とせねばならぬのである,……一家の主婦となつて良妻賢母たる事が,即ち,女子の天職である,女子教育は主として此の天職を充たす為に必要なる教育を授くべきものである[24]。

同じような教育方針は,1908 年の全国高等女学校長会議においても再確認されていた。

　女子ノ教育ハ主トシテ良妻賢母ヲ作ルニ在リテ忠孝ノ道ヲ弁ヘ婦道ヲ修メ常識ヲ養成シ家政ヲ料理スルニ適セシムルヲ以テ最要ノ目的トスルヘク特別ノ事情アル者ヲ除キテハ漫ニ都会ニ遊学シ高尚ノ学芸ヲ修ムルノ必要ヲ認メス[25]。

　このように,日本近代史における「良妻賢母」は,少なくとも明治 30 年代以降は,良妻賢母主義というイデオロギーとして,公教育体制のなかで機能してきたのであり,中等教育にとどまらず,初等教育と高等教育はもちろん,社会教育や家庭教育にいたる女子教育全般を,第二次世界大戦敗戦まで形作ってきた（総合女性史研究会編［2000：144］）。いいかえれば,近代日本の「良妻賢母」は,必然的に公教育体制の整備や再編に沿って論じられてきた。
　もっとも,日本の公教育体制のなかになぜ「良妻賢母」というイデオロギーが必要とされたか,また公教育体制がイデオロギーとしての「良妻賢母」にどのような意味を付与していたかという問いを吟味するためには,その公教育体制の性格や内容を決定する,より大きい歴史的文脈を参照する必要があろう。

公教育体制のなかで機能する良妻賢母主義の意義や内容については，そのような歴史的条件として，天皇を頂点とする家族国家観の体制化に着目する流れがある。小山静子『良妻賢母という規範』に代表されるように，そこで良妻賢母主義は家族国家観を媒介として天皇制の国家イデオロギーを支える理念であると理解される。つまり，国体の頂点に位置する天皇を理論的に支える装置であった家族国家観の構造の底辺で，女性は「良妻賢母」というイデオロギーによって，国体の最小単位である個々の家を管理する責任をもたされる存在として意味づけされ，家族国家観の構造のなかに埋め込まれた。家族国家観という文脈から照らしてみれば，「良妻賢母」思想は，「女性と国家との関連性を論理的に明確化」できると同時に，「高等女学校の教育が国家の発展と密接に関わりあう」と認める教育イデオロギーの一部として，意義づけされるのである（小山［1991：48］）。

　深谷，中嶌，そして小山にいたるまでの「良妻賢母」研究の系譜は，たとえ相互に異なる結論を導き出してはいたものの，基本的に「良妻賢母」と国体観念，あるいは体制イデオロギーとの関連性を究明するという問題意識を共有する。他方に，経済的な時代背景や条件をふまえて公教育体制と良妻賢母イデオロギーの意味を理解しようとする流れもある。たとえば，舘かおるは「資本の要求にそって女子労働力を供給し，かつそのことによる家制度の弱体化をふせぐためには，現実を観念によって秩序化するイデオロギーが必要であった。それが良妻賢母主義思想である」（舘［1984：194-195］）といい，女性労働力の市場参与という視点から，良妻賢母主義が登場する歴史的背景および性格を論じている。一方，永原は，特に大正期以降の「良妻賢母主義」の再編を分析するに当たって，「従来良妻賢母主義教育に関する研究においては，これが家父長制的家制度や天皇制国家のイデオロギーの一環としてもった意味について多くの関心が寄せられてきた。しかしそれと同時に，資本の側からの期待と要求とがどのようなものであったのかということも見落とすことができない」（永原［1982：150］）と指摘し，資本主義と産業化のただなかであった大正期の良妻賢母主義は，職業をもち労働力市場に積極的に参加しようとする女性に対して「家事天職論」を提示し，女性の労働市場参入を阻止するイデオロギーへと再編されていったと分析する。明治の良妻賢母主義が「家父長への従順，忍

耐などを目標として」公教育体制のなかに組み込まれたとすれば，大正期の良妻賢母主義は，都市部の中間層の主婦に対し「家事天職論」を展開するものとして理解されている。

　特に，資本主義の展開という経済的文脈をふまえる観点は，国家イデオロギーとの関連性だけに着眼した場合と比べて，「良妻賢母」の理念がなぜ女性たちに二重の矛盾した——すなわち，女性に対し社会への参与を促しながら，一方でその活動範囲を家のなかに限定する——働きをしたかを，より歴史的な文脈に沿って説明することを可能にする。近代日本の公教育体制との関連性をふまえるだけでは，「近代社会における性別役割分業を支える」「良妻賢母」イデオロギーが，「歴史的状況の変化に応じて，女性の欲求をも吸収しながら，その内実を変化させていった」（小山［1991：236］）ことはせいぜい認識されても，具体的にどのような「歴史的状況の変化」が「女子教育振興の論拠として使われ，女子教育の普及を促」した「良妻賢母」を，「教育内容の限定をももたら」す方向に変化させたかまでは説明できない。資本主義の展開という経済的背景をも軸にしてはじめて，明治時代には女子教育の必要性を訴えるスローガンとして，かつて家庭のなかに制限されていた女性の活動領域を社会や学校にまで拡大させる役割を果たした「良妻賢母」が，なぜ産業化と都市化の進む大正期には，学校を出た女性たちをかえって家庭内に留めておくために，職業や政治活動など社会活動を制限する規範と化したか，つまりいわゆる「成立期」であった明治時代の良妻賢母主義と，「再編期」であった大正期の良妻賢母主義とが，なぜ相反する規範として女性に機能したかが説明できるのである。

◆日本史の枠組みでの良妻賢母論

　以上の日本の「良妻賢母」をめぐる議論を総括すれば，日本国家体制の特殊な女性規範とみなすにせよ，あるいは普遍的な近代女性規範とみなすにせよ，また天皇制や家族国家観など国家イデオロギーの副産物として考えるにせよ，資本主義の労働力市場の均衡を維持する経済的条件の産物であるとみるにせよ，さらには，儒教的でかつ封建的概念とみなすにせよ，あるいは近代的でかつ欧米的思想とみなすにせよ，その議論や問題関心は近代日本史の主な争点に沿って，実質的にはその領域のなかで行なわれてきたといえよう。たとえば，「良

妻賢母を日本特有の近代化の過程が生みだした歴史的複合体」(深谷［1966→1998：11］)とみなす流れを批判して,「先行研究の個別的批判を行い」, 総合的に「今後の論争の土台を提供した」(友野［1993：59］) 小山は, 次のように過去の研究を批判している。

> これまでの研究においては, 良妻賢母思想を特殊な戦前日本の女性規範, 女性観として把握し, 国体観念や家族国家観, あるいは儒教との関連で考察してきた結果, 良妻賢母思想は「保守的」「反動的」な思想ととらえられてきた。……かたや女性を抑圧する体制思想であり, かたやその抑圧された状況から女性を解き放っていく思想であると。しかしながら, ……両者は決して真っ向から対立し合っている, まったく相い入れない思想とはいえないのではないだろうか。……従来の研究が行ってきた総括では, 良妻賢母思想の反動性や抑圧性を言挙げすることはできても, その本質を見誤ってしまうのではないだろうか (小山［1991：236-237］)。

小山は以上の反省から, 日本史の領域に限って「良妻賢母思想を特殊な日本的思想として把握する」(ibid：233) 代わりに,「戦後の日本社会や欧米の近代国家における期待される女性像との共通点・連続性をもつ,『近代』の思想として」(ibid：7) とらえる必要性を提示する。しかし, このような視点は果たして「良妻賢母」が語られる文脈を「戦前日本」から「近代以降」に広げたといえるだろうか。実際に欧米諸国や東アジア隣国まで研究対象を広げることなしに, 抽象的でかつ理論的な枠組みとして「普遍的近代」のなかに「良妻賢母」を位置づけた小山は,「良妻賢母」思想を日本特有の産物とみなす過去の研究に疑問を提出することに成功したかもしれないが, 普遍的な女性像として「良妻賢母」を実質的に検証できたとは言いがたい。研究対象を「戦前日本」以外にまで広げることなしに,「近代」というあたかも普遍的であるような概念を用いて「良妻賢母」を論じた小山は, むしろ研究方向を理論化, あるいは概念化に転換させたといわなければならないだろう[26]。

理論化や概念化という方法ではなく, 実際により広範囲の歴史的文脈のなかに「良妻賢母」を位置づけようとする試みは, 瀬地山・木原［1989］を皮切

りにようやく始まった[27]。この試みが「良妻賢母」研究全体に与えた影響は，単なる研究視野と範囲の拡大以上を意味する。なぜなら，「良妻賢母」が果たして日本特有のものであるかどうかという，これまで研究史の中心となってきた争点から，「近代」という普遍的性格を論じることまで，これらはすべて東アジア儒教文化圏（もちろん将来的には欧米諸国も含めて）との比較と総合的考察をふまえてはじめて有意義かつ実証的な議論となりうるからである。東アジアという視野から「良妻賢母」を論じることは，単に研究対象となる地域や範囲の拡大にとどまらず，言うならば問題意識や議論の枠組みそのものに対する働きかけでもあった。

　一方，瀬地山らの研究は，韓国の「賢母良妻」および中国の「賢妻良母」を研究テーマとして本格的に浮かび上がらせる直接的な契機をも提供した。1995年前後を起点にしている中国と韓国における研究は，ここから触発された部分が少なからず認められる（洪良姫［1997：3］；姚毅［1997：9］）。このような研究の観点は，必然的に韓国や中国の研究を日本寄りに方向づけしたきらいがあり，研究が始まった当初は，日韓および日中の比較史的な観点や，日本からの影響を分析する流れが研究の中心になっていた。ただし，今日韓国の「賢母良妻」研究が基本的に日本帝国主義の植民地支配と関連して，植民地女性史の一部として進められている点や，中国の「賢妻良母」が数回繰り返されてきた論争をめぐって論じられている点は，日本と同様に中国や韓国の「良妻賢母」も，自国史の領域のなかで，その争点を反映しつつ議論され，結果的に自国史との文脈を獲得した点を示唆するといえよう[28]。

3　韓国の「賢母良妻」研究
――植民地支配と伝統的性差別からなる抑圧構造――

　日本の「良妻賢母」研究がすでに半世紀に近い研究史を通して，主要な研究課題として常に注目されつつ，活発な議論を導き出してきた点と比べれば，韓国の「賢母良妻」は本格的な研究が始まってからまだ日が浅いだけではなく，多様な研究の可能性が十分に認識されているとも言いがたい[29]。このような状況は単に十分ではない研究史の長さだけに起因するものだろうか。研究史，

あるいは韓国近代史の文脈そのものからある内在的な要因を見いだすことはできないのだろうか。本節では，このような問題意識をふまえたうえで，韓国近代史のなかで「賢母良妻」がどのように扱われているかを考えたい。

一方，韓国の「賢母良妻」は，それを具体的にどのように性格づけるかにかかわらず，基本的には日本帝国主義の女子教育政策という枠組みのなかで論じられてきた。ここで，研究史の考察に入る前に，植民地朝鮮における女子教育制度の整備と変遷を，簡略に概観しておくことにしたい。

◇植民地朝鮮の女子教育の制度化と「賢母良妻」

日本の植民地統治が始まる前の朝鮮では近代的な学制の整備にともない，1908年「高等女学校令」発布のもとで[30]，初の官立女子教育機関として漢城高等女学校がソウルに設立された。民間ではこれより20年あまり早い1886年に初の近代的女子学校として，メソジスト宣教師による梨花学堂が設立され，1910年「日韓併合条約」が締結された当時には，全国で私立の女子学校の総数が49校を数えるなど，まだ萌芽的な段階ではあったにせよ，朝鮮にも近代的な女子教育がもはや展開されようとしていた（梨花女子大学校韓国女性史編纂委員会編［1972：133-136］）。しかし，日韓併合と同時に，それまで宣教師によるキリスト教的な女性論，東学農民運動の男女平等論，また愛国啓蒙運動などによって後押しされてきた自発的な近代女子教育の命脈はすべて絶たれ（李効再［1987］），朝鮮の女子教育は日本の植民地教育政策の一環として再編されていくことになる。

日本の植民地教育政策は日本帝国自体の内外的情勢に従ってその細部を変えていたが，一般に「日本に忠誠的な国民を養成するとともに，国語（日本語——引用者注）を習得させる」（韓国女性研究会女性史分科編［1992：59]）という二つの基本的路線だけは，時期や場所，さらには教育部門を問わず一貫しており，朝鮮の女子教育制度ももちろん例外ではなかった。女子教育の学制や教育目標などの詳細は，1911年8月に公布された「朝鮮教育令」によって定められたが，植民地政策の路線変更によって，1922年と1938年の2回にわたる改正が行なわれ，女子教育もその目標や内容などにおいて修正が施された。

1911年の「朝鮮教育令」および1922年の「第二次朝鮮教育令」では，と

もに女子教育機関として「女子高等普通学校」を設けて,「婦徳を涵養」させるとともに「知識技能を教える」ことを教育目標として掲げていた[31]。第二次朝鮮教育令の改正は,三一独立運動など,抑圧的な統治に対する植民地の反抗を緩和することを目的に展開された,いわゆる「文化政治」の方針を背景にしており,女子教育についても「身体の発達」という教育目的を加えられた以外には,形式的には日本本土と同様な規定が定められた[32]。

もっとも大きい変化は,従来の女子高等普通学校制が高等女学校制に改編された 1938 年の「第三次朝鮮教育令」改定とともに訪れた。「第三次朝鮮教育令」の発布は,1937 年 7 月の日中全面戦争勃発にともない,戦時体制に突入した日本帝国主義が,植民地朝鮮においていわゆる「内鮮一体」「国体明徴」「忍苦鍛錬」の三大綱領に基づいた皇民化教育の実施に乗り出したことを背景にする(朴慶植［1973：64］)。また,「第三次朝鮮教育令」とともに発布された「高等女学校規程」の第 1 条では,「高等女学校ハ女子ニ須要ナル高等普通教育ヲ為スヲ以テ目的トシ特ニ国民道徳ノ養成ニ力メ婦徳ノ涵養ニ留意シテ良妻賢母タルノ資質ヲ得シメ以テ忠良至醇ナル皇国女性ヲ育成スヘキモノトス」(渡辺・阿部編［1987］)としており,「良妻賢母」はここで初めて「皇国女性」の資質として明文化され,1945 年の終戦まで朝鮮女子教育の方針として賞揚されたのである。

一方,日本の植民地支配が終わるや,「賢母良妻」は「皇国国民の資質」とはかかわらなくなった代わりに,語られる文脈を問わず,儒教や伝統に由来する女性像とみなされるようになった。それは,終戦をきっかけに韓国で本格的に始まった自国史研究や,1970 年代以降ようやく注目されるようになった女性史研究の領域においても[33],例外ではない。次にいくつか代表的な例を挙げてみよう。

> 儒教精神に立脚した教育的人間像は「女有四行」の行動規範を守りつつ,貞淑,順従,勤倹節約する,心の厳格さと深度ある慈愛,和睦,温雅を兼備した良き妻と良き母としての家庭主婦になりうる賢母良妻を理想とする,教育的人間像であったといえよう(金仁子［1973：219］)。

近代学校が成立する以前の女性教育観は，賢母良妻を指向しており，書籍中心であるというよりは，徳行としてのみ意識されていた実践躬行の教育だったといえよう（洪淳淑［1985：8］）。

　ここに見られるように，韓国近代女性史では儒教的女性観や伝統的女性観の同義語として「賢母良妻」を扱い，その延長線上から「賢母良妻」の克服こそが近代的な女子教育の前提であると考えてきた。「賢母良妻」の否定こそが近代的な女性像の起点とみなされたために，近代女子教育の性格や本質をどのような文脈にそって分析するかにかかわらず，「賢母良妻」の意味は常に「儒教」や「伝統」へと回帰されて論じられてきたのである[34]。

　「賢母良妻」に対する先入観に初めて疑問を提示したのは，趙恵貞［1988］である。趙は社会学的な分析方法を用い，「賢母良妻」とは，植民地時代に日本の「良妻賢母主義」の影響のもとで登場した新しい女性像であるとし，その「賢母良妻」の意味から近代韓国の家族関係の特質を見いだそうとした。趙は日本の「良妻賢母」ということばが，韓国では「賢母良妻」に語順を変えて定着した点に着目し，西洋や日本の近代資本主義のもとで登場した近代的な女性像が夫婦中心の家族関係に基づいていたとすれば，伝統的に母子関係をより重視していた朝鮮の社会的条件のもとでは，子女を中心とする家族制度を反映して，近代的女性像の内容も夫婦関係よりは母子関係に重きをおくように変容されたと分析する（趙恵貞［1988：100-105］）。

　趙の研究は，日本から朝鮮へと良妻賢母の女性観が輸入される歴史的文脈に対する説明が不十分であるだけでなく[35]，朝鮮における「賢母良妻」の女性像が実際にどのような近代的性格をもっていたかについても十分な分析を行なっているとは言いがたい。ただし，「賢母良妻」を「伝統」の一部とみなす根強い先入観に疑問を提示して，社会学的なアプローチから「近代」という時代の産物として新たに位置づけを行ない，さらなる研究の可能性を開いた点は高く評価されよう。

◇日本帝国主義の女性規範としての「賢母良妻」
　歴史的なアプローチからの本格的な研究は，1997年に著者の修士論文とし

第 1 章　東アジアの視座からみる「良妻賢母」の近代性

て提出された洪良姫［1997］をその皮切りとする[36]。洪は第一に，韓国伝統社会に継承される女子用書物のなかにみられる女性像と「賢母良妻」がそれぞれ体現する規範を比較することで，もっぱら「前近代的でかつ儒教的な女性観」とみなされてきた「賢母良妻」の「近代的な性格を明らかにし」，第二にその本質を「日本植民地主義の女子教育政策」から求めて，日本の良妻賢母主義の女性規範が植民地朝鮮に導入，伝播される過程を考察した（洪良姫［1997：4］）。つまり，近代韓国の「賢母良妻」が体現している特殊性を形成した歴史的条件として，特に日本帝国主義による植民地支配に注目し，普遍的な近代的女性像でありながら，同時に日本帝国主義の植民地女子教育が賞揚する特殊な女性像として，近代朝鮮の「賢母良妻」の性格を定義した。

　洪は，韓国の「賢母良妻」の女性観は，基本的に日本の「良妻賢母主義」を原形としているという前提のもとで，近代日本でそれが天皇制による国家統合や産業化を指向する女子教育規範として必要とされたのに対し，植民地となった朝鮮においては，日本の統治手段として機能したと分析する。日本が良妻賢母主義を朝鮮に移植し，女性たちに注入した理由として挙げられるのは，次の2点である。

　　一つは，朝鮮の賢母良妻教育とは，朝鮮の女性を日本帝国の国民として統合することを意図していた。家族と親族を最優先し，「孝」を最高の価値とみなす朝鮮の伝統的な家族制度は，「忠」のもとで朝鮮人を植民地の国民として結束させようとした日本帝国主義からみれば非常に大きい障害物であった。したがって，朝鮮人をして天皇を頂点とする日本帝国主義に忠誠を誓わせるためには，その伝統的な家族制度を破壊することが最大の急務だったのである。……もう一つに，日本帝国主義が，賢母良妻の女性観を西欧思想に対する対抗イデオロギーとして要求していた点を挙げられよう。すなわち，賢母良妻の女性観は，自由主義や社会主義が朝鮮女性に広まることを予防できる最もよい手段であった。なぜなら，これらの思想はともに平等観をその基本としているからである（ibid：46-47）。

　ここで「賢母良妻」は，統治者によって意図的に移植された女性規範である

という認識のもとで，内部的には朝鮮の伝統を断絶させると同時に，外来の西洋先進思潮の影響をも牽制させるという，朝鮮の女性を日本国民へと統合する植民地統治の装置として機能したとされている (ibid：4)。

洪は「賢母良妻」に対する先入観をくつがえし，「賢母良妻」の女性像を伝統的な儒教規範と区別することに成功した。ただし，「賢母良妻」の性格を近代思想としての普遍性と植民地規範としての特殊性の二つの軸から分析するという研究意図は，それを左右した歴史的条件として日本帝国主義による植民地支配だけを強調したために，実質的には後者に対する論証しか行なわれておらず，前者の近代性までが分析されているとは言えない。詳しくは後述するが，植民地の女性規範としての「賢母良妻」がもつ近代性をどのように説明するかについては，その後ももっとも大きい争点として議論が続くことになる。

続いて，川本［1999ａ］；［1999ｂ］は，洪の論旨に対する反省と批判に基づいて，朝鮮の植民地時期に相当する19世紀後半から1940年代までを対象に，朝鮮半島で実施された植民地女子教育と日本内地における良妻賢母主義の女子教育に対する比較史的な分析を試みたものである。川本は，実質的に唯一の先行研究である洪に対する反論として，以下の３点を挙げる。第一に，「賢母良妻」の規範は朝鮮人の知識人たちによっても支持されているなど，日本帝国主義によってだけ強いられたとは言いがたい。第二に，日本が「賢母良妻」の思想を朝鮮の女性に注入しようとしたのは，朝鮮人の抵抗に対抗するためであった。第三に，実際の歴史に照らしてみれば，「賢母良妻」の性格は近代的であるとか，前近代的であるといったように，一律に固定できるものではなく，時代や状況によって内容や強調される文脈を変えられる柔軟な女性観であったといわなければならない（洪良姫［2001：221-222]）。

川本は近代日本における「良妻賢母主義」の発達および実践の様相との比較を通して，両者はともに「社会的状況や国家の目的によって女性の役割を調整する道具」（川本［1999ｂ：64]）であったという結論を導きだすと同時に，朝鮮の「賢母良妻」教育政策と日本の「良妻賢母主義」が異なる様相を呈した理由は，統治主体の直面したさまざまな状況の要請にしたがって，伝統的文脈を強調するか，あるいは近代的文脈を強調するかが変わってくるためであると説明する (ibid)。このような視点は，日本の「良妻賢母主義」と朝鮮の「賢母

第1章　東アジアの視座からみる「良妻賢母」の近代性

良妻」の規範は，西欧の影響を受けて成立した近代的思想である点において基本的に同一であるという認識を基本に据えており，その延長線上から「良妻賢母」という一つの近代的規範が，異なる状況のもとでどのような発展の様相を示すかを考察しているといえよう。洪が「日本の植民地政策を明らかにする一環として」（洪良姫［1997：4］），日本帝国主義の植民地支配政策こそを「賢母良妻」の性格を決定した要因に挙げてその特殊性を論じたとすれば，川本はその普遍性に着眼し，「良妻賢母」という同じ近代の思想が，両国の異なる状況のもとで変容していく様相を分析したのである。

　一方，川本が日本の「良妻賢母主義」と朝鮮の「賢母良妻」の規範から見いだしている普遍性の本質は，そのなかに混在する伝統性と近代性の割合を決定する「国家権力の要請」という要素にこそあった。国家権力の女性に対する要請が変われば，「良妻賢母」の規範のなかで強調される内容も変化するという点において，「良妻賢母主義」も「賢母良妻」も，すべて「国家の目的」にしたがって伝統性と近代性とを共存させている複合思想だったという。つづいて「良妻賢母」は，近代化の推進力として良好な母親の役割が重視された日本と朝鮮で，同様に新しい女性像として登場し，「女性を伝統社会の束縛から解放する手段として用いられた」が，日本の植民地統治が始まった1910年代以降は，両国の「良妻賢母」は異なる歴史的文脈にしたがって異なる発展の様相を呈するようになったという。特に，日本が総力戦に乗り出した1930年代後半

表1-2　日本の「良妻賢母主義」と朝鮮の「賢母良妻」規範の比較

年代	国家	適用の目的	要求された女性像
19世紀末から1930年代後半まで	日本	近代化，戦争遂行	良妻賢母・産み育てる母性
	朝鮮	近代化，国権回復，後進性の克服	良妻賢母
1930年代後半より1940年代前半まで	日本	総動員体制のもとの人材育成	産み育てる母性
	朝鮮	民族主義陣営：後進性の克服	産み育てる母性・良妻賢母
		支配勢力：皇民化	良妻賢母

出典　川本［1999b：63］

から、「良妻賢母」は「日本では、戦争に動員される人的資源を確保するために母性主義に変容したが、朝鮮では朝鮮人たちの反感を鎮める皇民化政策の一環として利用された」（ibid：64-65）と結論づける。

　比較史的な方法を試みた川本が研究史に貢献している点は、洪が日本より輸入された思想として韓国の賢母良妻の思想を扱いつつ、そのもととなる日本の良妻賢母主義をあたかも一枚岩のごとく把握した点に比べて、川本は両国の歴史的変化をふまえて、両方を変容するものとして捉えた部分にあるといえる。ただし、総力戦体制のもとで日本の良妻賢母主義の変容した結果が、果たして「母性主義」であったかどうか、また、1930年代後半を境にする時代区分が、両国で同様に有効であるかどうかなど、今後さらなる分析と考察を待たなければならない部分も多い。

　一方、「賢母良妻」を伝統性と近代性とが共存する複合思想とみなし、その割合や内容を決定する要素として国家権力の関与を指摘する川本の論旨に対しては、洪が再度反論を提示する（洪良姫［2001］）。それによれば、「賢母良妻」の伝統性や近代性に対する考察は、日本帝国主義の「不変たる教育目標」であった「賢母良妻の養成」が、朝鮮の女性を「女性として」養成するよりは、「皇国の臣民として」育成すること、つまり忠誠たる「植民地の臣民づくり」により焦点をおく教育理念であったという認識をふまえなければならない。そして、川本が「賢母良妻」の伝統的文脈として指摘した婦徳、母性、孝、貞操などの徳目に対して、それが儒教的な用語を表面的に借用したかもしれないが、実際には「植民地の臣民づくり」という教育目的のもとで、日本帝国主義に対する「忠」へと収斂されており、その点において伝統的徳目とは決定的に異なっていたと述べる（ibid：264-256）。さらに、「賢母良妻」が日本帝国主義の植民地統治の装置として機能していたという論点は、「賢母良妻」が儒教や伝統と結びつけられた必然性として、次のように展開される。

　　日本帝国主義が「賢母良妻」を伝統的用語で潤色したのは、伝統を継承した結果であるというよりは、新たな価値観を導入する際に予想される衝撃を吸収する装置として考えなければならない。……予想される伝統の抵抗、特に朝鮮の場合は、民族的な抵抗として飛躍されてしまうことを事前に防ぐと同

時に，賢母良妻の教育を拡散させるためには，朝鮮の悠久な儒教的伝統との連続性を積極的に利用する必要があった。……ここにこそ，「賢母良妻」が，日本帝国主義によって意図的に創りだされた「伝統」という仮面を被された，女性を改造するイデオロギーであったと主張できる所以がある（ibid：256）。

洪は，今日韓国の伝統的女性像として考えられている「賢母良妻」の起点を植民地時期に求めて，それを日本帝国主義によって意図的に置き換えられた伝統，あるいは「創り出された伝統」であったと把握する。

結論の方向性こそ異なっているにせよ，洪と川本が，同様に男性と女性というジェンダー関係よりは，統治者と植民地の関係により着目したとすれば，申栄淑［2000］は「賢母良妻」のジェンダー的な意味あいの分析を試みる。申は制度史的な資料だけではなく，植民地時代の新聞や雑誌のなかに現れる「賢母良妻」に対する言説をも視野に入れ[37]，良妻賢母論がそれぞれ日本と朝鮮の女子教育制度の理念として定着していく過程を比較する。そして，「社会的な支配論理として女性を道具化する賢母良妻のイデオロギーが，どのように両国の女性の生き方を形づくったか，また女性たちは賢母良妻として実際にどのように生きていったか」（ibid：101）という疑問に対して，次のような結論を提出する。

第一に，植民地時期の賢母良妻論は，ほとんどが男性を中心に形成された。第二に，それは国家により主導され，女性自らがその抑圧を自覚することができないほどにまで内面化された。第三に，保守的な賢母良妻論に対して進歩的な女性解放論からの抵抗も存在したものの，日本帝国主義の総力戦体制が強化されるにつれ，「賢母良妻」のなかの保守性はさらに強調され，女性に対する統制を深化させていった（ibid：120）。

川本や洪が，いずれも日本帝国主義の植民地支配の性格を論じることにより重点をおいていたとすれば，申はむしろ植民地的条件のなかでジェンダー関係がどのように表出されていたかを究明することに焦点を当てて，日本帝国主義の統治者に対しては被統治者の朝鮮人であり，男性に対しては女性であるとい

う二重の権力構造のもとで，近代朝鮮の女性たちに要求された規範として「賢母良妻」を位置づけたといえよう。

　以上の韓国の賢母良妻をめぐる研究を総括すれば，その方向性や結論いかんにかかわらず，日本帝国主義による植民地支配という歴史的文脈が，研究全体の枠組みとして一貫して有効だった点を指摘できる。第一に，「賢母良妻」を伝統や儒教とは区別される女性観とみなす観点に立つ研究は，それを近代的性格の女性観とみなすにせよ，あるいは伝統的要素と近代性が複合している女性観とみなすにせよ，日本の植民地統治の特徴や本質の延長線上から，植民地統治の女性規範として「賢母良妻」の性格を見いだしている。第二に，それゆえに近代朝鮮だけに限られる特殊性にせよ，近代的女性思想としての普遍性にせよ，「賢母良妻」の性格や歴史的意味は日本の「良妻賢母主義」という原形をバロメーターとして議論されてきた。朝鮮の「賢母良妻」規範が日本の「良妻賢母主義」の植民地的な変形であったとすれば，日本の「良妻賢母主義」そのものが果たして近代的な女性思想として普遍的なものであったか，もしくは，近代日本の特殊な女性観であったかをめぐって，まだ議論の余地が残されている点はともかく，日韓の比較研究だけではその性格を明らかにすることはできない。なぜなら，日韓の比較を通して明らかになるのは，植民地としての朝鮮の特殊性や，支配側としての日本の特殊性ではあっても，そのような「支配者――植民地」という現実全体を形成した近代性ではないからである。

　もっとも，「賢母良妻」をめぐって現時点で議論されている問題は，それが韓国の伝統と連続しているかどうか，あるいは，植民地統治の産物であるかどうかという点ではあっても，「賢母良妻」が果たして近代的な女性観であるかどうかということではない。たとえば，洪が韓国に伝来する女子用書物の女性規範との比較分析を通して明白にしたのは，「賢母良妻」が「儒教的」でかつ「伝統的」な女性像と連続しないという点だが，それだけで「賢母良妻」の近代性が立証されうるとは言いがたい。また，1930年代の日本の良妻賢母主義と比較して，朝鮮の「賢母良妻」論が「母性主義」に変容しなかった点を究明した川本が論じていることは，植民地の女性規範としての特殊性であっても，「母性主義」そのものが近代的かどうかという問題ではない。「伝統的」ではないということは，何かを「近代的」にならしめる十分条件になりえないことは

言うまでもない。同時に「被植民地の規範」であったという点だけで,「近代性」が立証されるわけでもない。

　韓国における「賢母良妻」の研究は,韓国近代史研究が近代性を論じるうえで,植民地としての経験がどのような限界として作用するか,換言すれば,日本帝国主義の植民地統治の本質を究明するといった問題意識自体が,支配者の側に立つにせよ,あるいは植民地の側に立つにせよ,実際には植民地統治という歴史的経験によって方向づけられ,さらにはそれによって制限させられがちであった点を示唆しているといえよう。

4　中国の「賢妻良母」研究
――伝統的な性役割の近代的変容――

　韓国の「賢母良妻」とは対照的に,中国の「賢妻良母」は近年になってようやく歴史記述のなかに浮かび上がってきたわけではない。たとえば,それぞれ1920年代と1930年代に初版が出版された,陳東原『中国婦女生活史』と梁甌第・梁甌霓『近代中国女子教育』では,女子教育理念の一種として「賢妻良母」を扱いつつ,その起源や由来について次のように述べている。

　この意見(梁啓超の「変法通議」の「女子教育を論ず」章――引用者注)は,女子教育を通して良妻を作り出そうと主張しており,中国の「良妻賢母」の女性観はここでようやく始められたのである!かつては「慈母」があっただけで,どこに「賢母」なるものがあっただろうか。……かつての「良妻」は,今の「良妻」ほど豊富な意味を内包していたわけではなかった。かつて中国の女性に対する価値観は,単に従順な嫁役が務まるかどうかにあって,知識豊富で情の深い賢妻となることを求めてはいなかった!……つまり女子教育を振興させる目的は,良き母を養成することにこそある(陳東原［1928→1994：323］)。

　新しい「賢母良妻」の教育思想についていえば,私は少なくとも次の二つの相違点があると思う。新しい「賢母良妻」の思想は,実利的なものであり,

外来の影響を受けている。そして，新しい「賢母良妻」の思想は，未来志向のものである。つまり，家庭を前提として，強国強種を達成しようとする目的をもっている（梁甌第・梁甌霓［1936：17-18］）。〔ママ〕

以上で「賢妻良母」は，せいぜい「慈母」となることを要求するだけだった過去の女子教育理念とは区別される「新しい教育思想」の一部であると述べられている。陳東原［1928→1994］と梁甌第・梁甌霓［1936］はみな近代中国の女子教育を論じるうえで，女子教育の意義と必要性を論じた梁啓超をあげて，彼の「女子教育を論ず」（梁啓超［1926：38-40］）は「最終的には強国保種を目的として，この目的に到達するために女性は，経済的に独立すると同時に，「良妻賢母」になるように要求された」（陳東原［1928→1994：324］）とし，中国の「賢妻良母」の女子教育論はここに起源をおくと言う。〔ママ〕

上記の二書が著された1930年代まで，少なくとも研究の領域においては「賢妻良母」は伝統的な女性像に見られていたわけではなく，知識人の国家存亡の危機感をその根底におく清末の女子教育理念として理解されていたのである。このような「賢妻良母」は，伝統的な儒教の女性観という意味に変化してしまった現代中国語の「賢妻良母」とは区別される。いいかえれば，「賢妻良母」のことばの意味に生じた変化が定着し，新時代を代表する女性像として使われていたことが完全に忘却されたのは，少なくとも1930年代以降になる[38]。

伝統的でかつ儒教的な女性像の代名詞に意味を変えてから長いあいだ，「賢妻良母」はそれ自体が考察の対象となって，研究の領域で取り上げられることはなくなり，むしろ述語的に近代以降に出現した女性像を説明するうえで，その対立項である伝統的女性像を形象化するために用いられるだけとなった。「賢妻良母」が再び研究対象として扱われるようになったのは，1990年代後半になってからである。ただし，そこで取り上げられる「賢妻良母」が，陳東原，梁甌第，梁甌霓によって述べられていたような1920，30年代的な内容を維持していたわけではない。1990年代以降の「賢妻良母」は，中国伝統の儒教的女性像として意味を改められているか，あるいは少なくとも一般にはそのように考えられている点をふまえて議論されたのである[39]。

1990年代以降の研究は，その方向性をおおむね三つに分けることができる。

第1章　東アジアの視座からみる「良妻賢母」の近代性

一つは「賢妻良母」はその起原を中国伝統の儒教文化においているという一般の見方をそのまま受け継いで，その延長線上から近代以降に「賢妻良母」という伝統的女性像に対する評価と批判がどのように変遷していったかを分析するものである。第二には，「賢妻良母」を伝統的な女性像とみなす見解を否定し，近代以降に中国に輸入された外来思想であるという前提のもとで，日本の「良妻賢母」との関連性や比較を試みるものである。最後に，中国伝統の儒教規範に由来しているか，それとも外来思想であるかといったその起源をめぐる議論に深入りするかわりに，「賢妻良母」ということばで体現されている女性像の内容を，異なる時代的条件と結びつけて分析する流れもある。

◇伝統的な儒教の女性規範としての「賢妻良母」

「賢妻良母」を中国の伝統的な女性観とみなす研究では，その思想的根拠は中国古来の儒教規範にあるという前提のもとで，外来思想との関連性など交流史的な文脈に注目するよりは，近代以降の中国社会の内在的な変動にしたがって異なってきた評価や批判，あるいは「賢妻良母」そのものに起きた含意や意味あいの変化を取り上げる。たとえば，呂美頤［1995］は「賢妻良母」という女性像が近代以降に新たな意味をもたされた部分を認めながらも，その原点は古代の先秦時代までさかのぼるといい，古典のなかから「賢母」「賢女」および「良母」などの用例を引きつつ，清末の啓蒙思想家たちがこのような伝統的女性像の概念をどのような時代精神のもとで再構成し，「新式の賢妻良母」として作り上げたかを論じる[40]。

さらに，呂は清末以降も，「賢妻良母」は五四新文化運動の際に起きた「超賢妻良母主義」をめぐる論争や，日中戦争時のいわゆる「婦女回家」論争という二度の大規模な論争を経て，そのつど当時の政治経済的文脈を反映しつつ繰り返し再度意味づけられ，ときにはもっとも望ましい理想的女性像として称えられたり，あるいは正反対に女性解放を阻害する奴隷的女性像を意味させられたりしたのだという。そして，清末の「新式賢妻良母」論の段階，五四新文化運動に際しての「超賢妻良母」論の段階，また日中戦争中の「新賢良主義」の段階を経て，今日に「賢妻良母」が近代中国史でもつ意義について，次のように整理する。

「賢妻良母」そのものは，すでに時代遅れの概念となって久しい。歴史が変化するにつれ，「賢妻良母」はすでにある特定な文化的，時代的意味に限定させられてしまった。賢妻良母とは，基本的に中国の封建時代，あるいは半封建半植民地時代に作られた女性規範である。賢妻と良母ということばは，たとえそのなかに中国女性の伝統的美徳に対する賞賛を含んでいるとはいえ，所詮は伝統文化の産物として，ゴミかすと精華をともに含んでいるのである（ibid：79）。

このような見解は，一つの系統をもつ女性規範として歴史的に「賢妻良母」を追ったというよりは，「賢妻良母」という表現を冠して繰り広げられた数回の論争を分析対象として，異なる時代的背景のもとで中国社会が女性にどのような役割を要求していたかを分析したものであるというべきであろう。

このような視点は，林吉玲［2001 a］；［2001 b］にも基本的に受けつがれる。呂が近代以降に限って分析を試みていたことと比べれば，林は古代から現在にいたるまでを視野に入れて，封建的女性像を意味していた伝統時代，意味の再解釈が行なわれた近代以降，さらに現代的な意味が加えられるようになった今日の「賢妻良母」と区別して説明する。ただし，林が実質的に分析対象としているのは，文献資料上から検証される「賢妻良母」ではなく，職業をもっていない女性を指す比喩的表現として「賢妻良母」を用いているにすぎず，実質的には中国の歴史に沿って変化してきた主婦像を，特に職業の有無と関連させて論じているものだといえよう。

林と呂は，どちらも「賢妻良母」の女性像が近代以降に経てきた変化の様相を分析しており，歴史的背景をふまえてその変化を解釈している点においては，日本の「良妻賢母」研究や韓国の「賢母良妻」研究とその文脈を共有している。ただ，より根本的な点において，両者は日韓の研究とは異なる認識を据えているといわなければならない。

第一に，伝統的女性像との関係に対する異なる見解が指摘できる。日韓の研究は明治期の啓蒙家たちが心酔していた西欧近代思想や，植民地時代の日本帝国主義など，外来からの影響を重視しつつ，いずれも伝統時代の封建的女性像

第1章　東アジアの視座からみる「良妻賢母」の近代性

と断絶される近代的概念として「賢妻良母」を捉えなおしている。他方，呂と林は「賢妻良母」が中国古来の伝統的女性像を継承して，たとえ時代ごとに変容を繰り返していたとはいえ，基本的には伝統と連続していたという立場をとっている。

　第二に，日本と韓国の研究がいずれも近代的な女子教育の制度化と関連して，主に教育史の領域で「賢妻良母」に取り組んできたとすれば，呂と林が分析する「賢妻良母」は，女子教育にかぎらず，さまざまな焦点のもとで繰り広げられた言説を対象にしているという点が挙げられる。とりわけ，主に女子教育と関連して用いられることばだった日韓の「良妻賢母」や「賢母良妻」とは違って，中国の「賢妻良母」が教育の範疇に限られず，より広範囲な問題とかかわって言論メディアを賑わしてきた点を想起すれば，このような論争こそが「賢妻良母」に伝統との連続性を獲得させた可能性が示唆されると同時に，呂と林の研究そのものをも「賢妻良母」論争の延長線上に位置づけることもできよう。

◆ **近代日本から輸入されてきた外来思想としての「賢妻良母」**

　呂と林の研究が同様に「賢妻良母」の起源を中国伝統から見いだしているとすれば，それが中国伝統とは断絶される外来思想である可能性に着目し，特に日本女性史の研究成果をふまえつつ，明治啓蒙家の女子教育思想や大正期の良妻賢母主義との関連性を指摘する一連の研究が，1990年代後半より出現しはじめた[41]。「賢妻良母」と中国伝統思想との連続性を強調する従来の研究に比べて，これらの研究成果は以下の3点の論点を提示する。

　第一に「賢妻良母」の原形を伝統的な儒教思想から見いだす代わりに，日中交流史の文脈に基づいて，直接間接を問わず日本の良妻賢母主義がその形成に大きくかかわっていた可能性を示唆している[42]。次に指摘できる点は，これらの研究が概念的に日本女性史の成果を引き受けているだけではなく，研究方法や対象においても日本の「良妻賢母」研究と同様に，「賢妻良母」を女子教育の制度化過程と関連し，近代的教育制度の女性規範を「賢妻良母」とみなし，分析を試みていることである[43]。たとえば，日本で「良妻賢母」が主に近代女子教育と関連づけられて研究されてきたのと同様に，女子教育の制度化という枠組みのなかで「賢妻良母」を位置づけし，女子教育理念としてどのような

49

女性像を意味していたか，どのように教育法令のなかに組み込まれていたか，教育の現場ではどのような教育課程で実践されたか，などを検討するのである。第三に指摘できる点は，呂と林が，往々に時代や空間を超えて女性が行なう活動や役割全般を指すことばとして「賢妻良母」を用いているとすれば，姚毅［1997］を筆頭とするこれらの研究成果は，「賢妻良母」を近代という時代に固定された女性像としてその意味を明確に制限している点である。

◇近代中国史の文脈のなかの「賢妻良母」

以上の二つの流れの研究がともに「賢妻良母」の由来や起原を究明することを議論の中心としているとすれば，第三に，語意や語源など「賢妻良母」の起源を検討する代わりに，より歴史的な文脈に沿って実際に「賢妻良母」がどのように近代中国史の文脈のなかで存在してきたかを探求する研究が，ごく最近現れはじめている[44]。これらの研究は，「賢妻良母」の功罪を議論するよりは，教育制度史以外の部分にまで視野を広げて，「賢妻良母」という女性像をめぐる異なる時代像や歴史的文脈を強調する。たとえば，1930年代の南京国民党政府の女性教育政策を研究対象とする，池賢姫［2003］；［2000］は，教育現場を通して体現される「賢妻良母」の内容と意味について，教育を施す側だけではなく，教育を受ける側までを視野に入れ，前者は教科書の分析を通して，後者は女子学生の作文などを通して，多角的な分析を試みている。一方，連玲玲は上海のキャリアウーマンを分析していくうえで（Lien［2001：141-196］），1935年を前後して上海文壇を賑わしたいわゆる「新賢良主義論争」を分析し，女性の本格的な社会活動が始まろうとしていた当時に，家庭内で女性の役割を評価していた「賢妻良母」の規範はどのように変容されていったかを討論する。また，呂美頤［2002］と劉晶輝［2002］は，日中戦争中だった1930年代後半から1940年代までの華北地方の占領地区における日本の対女性政策の性格を究明するうえで，その宣伝理念として「賢妻良母」を取り上げている。両者はともに，華北占領地区における「賢妻良母主義の流行」は日本軍による復古主義的な女性政策の結果であるとみなし，それによって「中国の婦女解放運動は大幅な退歩」（呂美頤［2002：180］）を強いられたと結論づけている。

以上の一連の研究は，「賢妻良母」が20世紀になって初めて中国に登場し

第 1 章　東アジアの視座からみる「良妻賢母」の近代性

た概念であるという認識をふまえつつも，その儒教的伝統との非連続性や日本の良妻賢母主義との関連性に研究の焦点をおく代わりに，1930 年代以降を中心に実際どのような歴史的文脈に基づいて女性論のなかへと融解させられていったか，また具体的にどのような女性像を意味していたかを議論しており，異なる時代的背景を反映して変容されていくものとして「賢妻良母」を捉えている。このような研究に基づけば，1930 年代の「賢妻良母」は，儒教経典のなかに現れる「賢母」や「良妻」の単純な足し算を意味しないだけではなく，20 世紀初に日本よりもちこまれた「賢妻良母」とも区別されるものだといえよう。「『賢妻良母主義』にいたるまでの複雑な再定義の過程は，社会や文化における大きい変化を反映したものとして，過去への単純な回帰でもなければ，文化的に日本から借用された概念でもない。新女性をめぐる弁証法的イメージとしての『賢妻良母主義』は，むしろカオス的な社会をどのように改革していくかをめぐる議論を内包して作り出されていった」（Lien［2001：195-196］）のである。異なる時代意識や時代要求を反映する可変的でかつ流動的な概念として「賢妻良母」を把握するこのような試みは，1930 年代の中国に限らず，時空を超えて変容されていく概念として「賢妻良母」の可能性を示唆すると言えよう。

◇「良妻賢母」からみる東アジア三ヵ国の近代化経験

　今までみてきたとおり，近代東アジア儒教文化圏の日本，韓国，中国の知識人たちは，いずれも当時を国家存亡の危機に立たされている状況として認識しており，共通してそのような現状を打破できる富国強兵の方策を模索していた。ここで東アジアの女性をめぐる議論や認識も従来から大きく転換し，家庭のなかで男性に仕えるといった女性像から，男性とともに富国強兵に寄与しうる女性へと脱皮することが求められた。近代東アジア三ヵ国における「良妻賢母」言説は，それぞれが経ていく変化の方向性は異なっていたにせよ，その始点においては，いずれも国家存亡の危機意識を背景に創出された女性像である。日本の「良妻賢母」も，中国の「賢妻良母」も，そして韓国の「賢母良妻」も，みな東アジア知識人の共通する時代認識を反映する概念として，かつては「近代の産物」だったのである。「良妻賢母」の女性観を生みだした近代東アジア

の共通する時代認識とは，西欧列強からの脅威を目前に国家の存亡が危うくなっているという危機意識のもとで，現状を打破するために，儒教に代表される東アジア伝統文化や旧習慣の克服，ないしは否定が試みられていたという点に要約できよう。このような近代東アジアの歴史的文脈をふまえて「良妻賢母」という女性像を再考すれば，それが伝統的な女性像ではなかっただけではなく，むしろ伝統を克服する女性像として賞揚されていた点が明らかになる。

伝統的な女性像が儒教という東アジア文化の内部に由来するとすれば，それを克服する女性像は，伝統が由来するとされる自文化を離れて，外来文化（もちろん自文化より先進的であるとみなされる外来文化）よりそのモデルを求めなければならない。中国と韓国の近代啓蒙思想が多かれ少なかれ日本の明治維新をモデルとしていた点を想起すれば，近代日本の「良妻賢母」の女性像が——より具体的には，「明治30年代の『国家主義的』『家父長的』『儒教的』良妻賢母」よりは，「明治啓蒙期の『近代的』『開明的』良妻賢母」（小山 [1991：1]）の方であるが——，両国にとってそのようなモデルとしての役割を果たしただろうことは，容易に察せられる。

中国の「賢妻良母」と韓国の「賢母良妻」に多くの影響を及ぼしたと同時に，近代東アジアの危機認識の産物でもあった明治啓蒙期の「良妻賢母」は，どのような外来の女性像をモデルにして，どのような内容をもたされて抽出されたのだろうか。次章からは，20世紀初頭に東アジア全体を風靡した女性像として「良妻賢母」「賢妻良母」そして「賢母良妻」の意味を再考すると同時に，その延長線上に中国の「賢妻良母」を位置づけする前段階として，明治啓蒙期の日本「良妻賢母」の西欧的起源について考えることにしたい。

最後に，近代以降に東アジア各国で進められてきた歴史研究を反省する意味をもかねて，自国史研究という枠組みに沿って，東アジア三ヵ国でそれぞれ行なわれてきた「良妻賢母」の研究史を再度概観しておきたい。

日・中・韓のそれぞれの研究を総括すれば，出発時点においては，危機的状況から国を救い出すという国民としての任務を，男性だけではなく女性にも割り当てたという意味で，同様に近代的な女子教育理念だった「良妻賢母」が，日本では帝国主義の家族国家観の底辺を支える「良妻賢母主義」へと，朝鮮では植民地女性を皇国の国民として育てる植民地統治者の教育理念として，さら

第 1 章　東アジアの視座からみる「良妻賢母」の近代性

に中国では社会主義国家を建設するうえで打破しなければならない旧女性像の象徴へと，それぞれ異なる方向に向かって展開していったということになりかねない。では，同じ出発点をもつ「良妻賢母」がそれぞれ異なる方向に向かって歩みだしたのは，以上のように各国の自国史研究の成果を単純に並列することで得られる結果のごとく，果たしてそれぞれの近代史の経験が異なるからであろうか。あるいは，このような歴史的文脈自体が，それぞれ異なる歴史観や歴史的課題のもとで進められてきた各国の自国史研究の産物である可能性はないのだろうか。

　問題を東アジア各国の自国史研究という異なるレベルに置き換えてみれば，1990 年代以降，日・中・韓で始められるようになったそれぞれの「良妻賢母」研究が，たとえば，韓国の「賢母良妻」が植民地時代史研究の枠組みのなかで研究されてきたり，日本の「良妻賢母」研究が帝国主義の国家構造を解明する流れのもとにおかれてきたりするなど，自国の近代的経験を考察する一定の歴史観や枠組みのなかで行なわれてきたことがわかる。日・中・韓の「良妻賢母」の歴史がそれぞれ異なる方向性を示しているのは，実際にそれぞれ歩んできた近代史の道のりが異なっているためである以上に，異なる歴史観によって，研究に固有の方向性を与えられたからでもある。現在東アジア各国の自国史研究は互いに異なる課題を抱えて進められており，東アジア近代史研究を通して定立を要求されている歴史観もそれぞれ同一ではない。日・中・韓の「良妻賢母」を比較分析することは，女性史研究の領域だけではなく，よりマクロな視野から言えば，現在の東アジア各国が異なる歴史観のもとで進めている研究がどのように歴史的文脈を自生していくかを考える切り口ともなるのである。

注
1 ）林麗恵「民意論壇：追思蔣方良――簡樸，比東方還東方」『聯合報』，2004 年 12 月 16 日，15 面。
2 ）たとえば，『二五史』と『一三経』のほかにも，戯曲や小説など文学作品にいたるまで，主な漢籍類を幅広く集めたテキスト・データベースである中央研究院漢籍電子文献を検索してみても，「良妻賢母」「賢母良妻」「賢妻良母」および「良母賢妻」などの四字熟語は一つも見つからない。中央研究院漢籍電子文献（http://www.sinica.edu.tw/ftms-bin/ftmsw 3）参照。
3 ）「良妻」や「賢母」などの二文字を組み合わせた用例は，早くは先秦時代まで

さかのぼる。たとえば、『戦国策・趙策』には「それは賢母といわれるに足る」とあり、『史記・魏世家』にも「家が貧しければ良妻を思い、国が乱れれば良相を思う」などの語句が見つかる（呂美頤［1995：73］）。
4)「両班」という厳格な身分秩序を維持していた前近代の朝鮮で、「良妻」は、「良き妻」という意味よりは、「賤民の妻」や「両班（貴族）の妻」と区別して、「良民の妻」を指す意味で使われる場合が多かった（洪良姫［1997：2］）。このように現代韓国語の「賢母良妻」のなかの「良妻」と、前近代の文献上の「良妻」とが意味的に非連続している点は、このことばが外来語である可能性を強く示唆するといえよう。
5)「『女鑑』第一号発行の趣旨」『女鑑』第 1 号、1891 年 8 月。日本語における「良妻賢母」ということばの語源に関しては、異説が多く存在する。たとえば、1888 年森有礼が「良妻」と「賢母」を合体させて初めて「賢母良妻」という表現を使ったとする論者もいるが（友野［1993：60］）、実際には当の演説文「中国地方学事巡視に際しての説示（1887 年）」および「東京高等女学校卒業証書授与式の祝辞（1888 年）」には、「今夫れ女子教育の主眼とする所を要言せば。人の良妻となり人の賢母となり一家を整理し子弟を薫陶するに足るの気質才能を養成するに在り」と言っているだけで、「賢母良妻」という表現は現れない（三井編［1977：214-215］）。また、中村正直が『明六雑誌』誌上で初めて「賢母良妻」ということばを使ったという説も（深谷［1966→1998：156］）、該当する「善良ナル母ヲ造ル説」には、ただ「英国の詩人ボルンス嘗テ良妻ノ事ヲ論ジテ」とあるだけである（三井編［1977：207-209］）。さらには、中村正直がミル（1806〜1873）の『自由論』を翻訳するなかで、「良妻賢母」ということばを使ったというが（劉肖雲［2001：4］）、『自由之理』にそのようなことばは見当たらない（Mill［1870=1872］）。ほかに典拠は示されていないが、「良妻賢母」ということばの発案者として、中村正直を取り上げて回顧するものもいる（山川［1956→1972：34］）。所見のかぎりでは、文献資料上から確認される「良妻賢母」の用例は、1891 年の『女鑑』がもっとも早い。
6)「論女子教育為興国之本」『順天時報』、光緒 31 年 7 月 13 日。
7)「養閨義塾設立趣旨文」『大韓毎日申報』、1906 年 5 月 9 日。
8)『女鑑』は、1891 年 8 月に国光社によって創刊された女性向け雑誌である。同誌は、家庭における女子の知育と徳育を啓蒙しようとする「女大学」主義を標榜していた（清水［1996］）。
9) 中国語に「賢妻良母」のことばが登場したことと関連しては、日本の影響が存在した可能性が指摘されている（瀬地山・木原［1989］；姚毅［1999］など）。この点と関連して、当時このことばが日本人によって経営されていた（呉文星［1978］）『順天時報』の誌上にもっとも頻繁に現れたり、より直接的には日本人を話者として発せられたりした点を付言しておきたい（服部［1906 c］）。所見のかぎり、前述の「論女子教育為興国之本」のほかに、『順天時報』では次の記事で「賢母良妻」ということばが見られる。「予教女学堂慶賀万寿並週年紀念会演

説」『順天時報』，光緒32年10月12日，14日；「論女子教育宜定宗旨」『順天時報』，光緒32年4月20日；「続論女子教育宜定宗旨」『順天時報』，光緒32年4月22日。
10)「養閨義塾」および「女子教育会」は，いずれも親日的な人士を主軸にしていた。「女子教育会」は1906年5月朝鮮初の女性団体として，秦学新，秦学宵，金雲谷などの親日派人士を中心に，「養閨義塾」の財政的後援を目的に結成された（『婦人開明（論説）』『万歳報』，1906年7月8日）。ただし，同会が結成当初から過多な資金運用など社会的に疑惑を巻き起こしたために，「養閨義塾」は開校から1年を待たず，同年12月に閉校されてしまった（金景姫［1985：22］）。「養閨義塾」や「女子教育会」が親日的人士によって運営されていたという点は，「賢母良妻」という韓国語の語源が，日本語のそれにある可能性を示唆するといえよう。
11)「女は才能がないことが徳」という中国語の言い回しは，前近代中国で女子教育が好まれなかったことを象徴的に示している。むろん中国だけではなく，前近代の東アジア社会は一般に女性の読書や学問に否定的であった。女子教育に反対的な意見の一例を，前近代の日本と韓国の言説からそれぞれ挙げておく。「女子はすべて文盲になるをよしとす，女の才あるは大いに害をなす」松平定信「修身録」（江間編［1893：37］）；「本を読んで意味を極めることは，夫の仕事である。女性が朝晩と寒暑に供えて，鬼神と賓客に仕えていれば，どこに暇があって，本を朗読できるだろうか。……小学や内訓などはすべて夫のいうとおりを聞いて事あるごとに戒めて教え導くがよろしい。」李瀷「星湖僿説」（河炫綱［1976：9］）。
12) 森有礼「中国地方学事巡視中の説示（1888年）」（木村編［1899：194］）。ほかにも，細川［1895］など。
13)「女子教育論」『帝国新聞』，1901年4月5日。ほかにも，「女学宜興論」『大韓毎日新報』，1905年12月8日など。
14)『女四書』とは，前近代中国で女子教育のために用いられていた『女誡』『内訓』『女論語』『女範捷録』の書物の総称である。なお，この四書が中国だけではなく，日本や朝鮮にも広く流通していた点は，日・中・韓の三ヵ国の伝統的女性観が共通の基盤をもっていたことを示唆する。
15)『内訓』とは，李氏朝鮮王朝の第9代成宗の母親である昭恵王后（1437〜1504）により，中国の『列女伝』『明鑑』『女教』『小学』の内容をもとに書かれた，朝鮮初の家庭教育用の女性向け書物である。『戒女書』は，朝鮮を代表する儒教思想家である宋時烈（1607〜1689）が，その娘が嫁ぐ際に渡したという，20項目からなる女子修身書である。
16) ほかに，洪は儒教の女性観と「良妻賢母」のあいだには，婦徳，順従，貞淑，倹約および勤勉など，類似する徳目も存在すると指摘する（洪良姫［1997：2］）。
17) 日本史方面では長い研究史とともに，研究成果も非常に多数蓄積されている。その詳細については，女性史総合研究会編［1983］；［1988］；［1994］；［2003］

に紹介されている文献目録などを参照されたい。
18）ほかにも，中嶌と相通ずる研究としては，樋口［1968］；千住［1967］；窪田［1978］；芳賀［1990］が挙げられる。
19）日本の近代教育制度は，一般に1872年の「学制」に始まるとされる。「学制」が正式に発布される前に，文部省内でまとめていた「学制施行に関する当面の計画」（三井編［1977：145-146］）によれば，「賢母を養成する」ことが女子教育の教育目標として掲げられていた。当時女子教育の内容を決定する基準は，女性本人のためになるかどうかではなく，将来に子どもを産み育てるうえで有用であるかどうかだったのである（総合女性史研究会編［2000：134-135］）。
20）ひいては，明治初期の啓蒙的な女性論を「賢母論」の段階として捉え，儒教的でかつ復古的性格に傾いた明治20年代以降のそれに限って，「良妻賢母思想」，あるいは「良妻賢母主義」とみなす論者もいる（中嶌［1984］；小山［1991：35-40］）。
21）たとえば，1877年にはスペンサー（1820～1903）の *Social Statics* が尾崎行雄によって『権理提綱』に，翌年にはミルの *The Subjection of Women* が深間内基によって『男女同権論』に翻訳されるなど，日本在来の女性論には欠けていた男女平等論が，この時期の知識人たちの女性論に大きく影響していた（深谷［1966→1998：98-99］）。
22）一方，明治初期の啓蒙思想家たちがモデルにしていた近代西欧の女性像が，具体的にどのような内容と特色をもっていたのか，西洋における女性論の歴史的文脈をもふまえたうえで論じる研究は，これまであまり存在してこなかった点をも指摘しておこう。
23）高等女学校の具体的な教育内容に関しては詳細な言及を省くが，同年発布された「高等女学校令施行規則」からその性格を知ることができる。たとえば，授業時間数をみると3年生で理科，科学が各2時間であるのに対して，家事2時間，裁縫4時間となっており，教育の中心は知識や学問の探求ではなく，家庭生活のなかですぐに役立つ実用的家事技術の習得に重点がおかれていた。また，修身には数学と同じ授業時間が割り当てられており，教育勅語の趣旨に基づき，「中等以上ノ社会ニ於ケル女子ニ必要ナル品格」を養うことを目標に，女性に「家族，社会及国家ニ対スル責務」を教えていたのである（三井編［1977：267-273］）。
24）菊池大麓「高等女学校長会議での演説（明治35年5月1日）」『教育時論』，明治35年5月5日。
25）「全国高等女学校長会議における小松原文相の訓示」（ibid：285-287）。
26）ただし，小山も比較女性史の必要性を指摘し，「良妻賢母という期待される女性像一つをとってみても，日本が『近代化』を学んだ欧米諸国，あるいは日本に『近代化』を学んだ中国や朝鮮における女性像との比較検討が必要」（小山［1991：243］）だとしている。
27）瀬地山・木原は韓国語や中国語のなかにも，日本語の「良妻賢母」と類似し

ているものの,完全に同一ではないことばが存在していることに着眼し,語彙の起源と変遷をたどることを手がかりにして次の二つの問題意識を示唆した。第一に,西力東漸する近代に,東アジア儒教文化圏の国々は,いずれも「良妻賢母」を新しい理想的女性像として賞揚した。第二に,朝鮮や中国における「良妻賢母」女性像は,大いに明治時代の日本の「良妻賢母」から影響を受けていたという両点である(瀬地山・木原［1989］；瀬地山［1996：126-152］)。

28) たとえば,2002年3月に韓国梨花女子大学校にて開かれた「良妻賢母と新女性——日・中・韓の比較研究」シンポジウムや,2004年12月に京都橘女子大学女性歴史文化研究所主催で開かれた「女性歴史文化研究所国際シンポジウム:アジアにおける良妻賢母主義——その歴史と現在」などの共同研究も,このような流れに沿っている(姫岡［2004］；洪良姫［2004］；ひろた［2004］；程郁［2004］)。

29) 所見の限り,韓国の「賢母良妻」に関する研究成果としては次が挙げられる。洪良姫［1997］；［2000］；［2001］；［2004］；川本［1999a］；［1999b］；申栄淑［2000］；金恵水［2000］；金真淑［2003］；다니에나가코［2003］；朴宣美［2004］；［2005：133-166］。ちなみに,脱稿までに最新の日本語による3編の研究成果,金真淑［2003］および朴宣美［2004］；［2005：133-166］を入手できなかったために,本節では韓国国内の研究成果だけを対象にした点を断っておく。

30) 高等女学校は「女子に須要なる高等普通教育及び技芸を教え」(「高等女学校令(隆熙2年4月2日)」第1条(李能和［1927：173］))ると同時に,「家庭教育に資させる」(「高等女学校施行規則(隆熙2年4月7日)」第5条(ibid：177))ことを教育目的として掲げていた。

31) 「女子高等普通学校ハ女子ニ高等ノ普通教育ヲ為ス所ニシテ婦徳ヲ養ヒ国民タルノ性格ヲ陶冶シ其ノ生活ニ有用ナル知識技能ヲ授ク」「朝鮮教育令(明治44年8月24日)」第2章学校第15条。「女子高等普通学校ハ女生徒ノ身体ノ発達及婦徳ノ涵養ニ留意シテ之ニ徳育ヲ施シ生活ニ有用ナル普通ノ知識技能ヲ授ケ国民タルノ性格ヲ養成シ国語ニ熟達セシムルコトヲ目的トス」「朝鮮教育令(大正11年)」。

32) 洪はこの点をあげて,第一次世界大戦の後に総力戦体制に入った日本が,植民地女性に対して特化した要求を想定して,教育を実施したと把握している(洪良姫［1997：30］)。ただし,実際には1919年に改正された日本内地の「高等女学校令」も,「更ニ適切ニ女子教育ノ本旨ヲ顕彰スル」という方向性のもとで調整されていた(小山［1991：188-190］)。

33) 韓国女性史の概説書的な著作の出版状況を追ってみると,植民地時代であった1927年に出版された李能和の『朝鮮女俗考』を除けば,その草分け的存在として梨花女子大学校韓国女性史編纂委員会による『韓国女性史』全3巻が1972年にようやく出版されたほど,研究史的に長い空白が存在する。

34) 韓国女性史の主な研究業績のなかで,同様な立場を堅持しているものとしては,孫仁鉄［1977］；朴容玉［1984］などが挙げられる。

35) 趙は単に異なる現代日本語と現代韓国語の語形に着眼しているだけで、分析の対象となる19世紀末から20世紀初にかけて、実際には「良妻賢母」と「賢母良妻」だけではなく、「賢妻良母」や「良母賢妻」まで混用されているなど、語形が安定しておらず、さらには日韓両国だけではなく、同じ漢字文化圏にある中国語にも同じようなことばが登場していた点などは考慮していない。
36) 本稿は、後日洪良姫［2000］；［2001］として再度まとめられた。
37) メディア上に現れる「賢母良妻」の言説と、統治者の定める法令や学制のなかで現れる「賢母良妻」の規範を区別して考える見方は、川本によってすでに用いられたことがある。ただし、川本は言論上の言説を通して、制度側の政策を受けて民間に受容されていく様相が読み取れるとみなすのではなく、むしろ同時代的に朝鮮人たちによっても「賢母良妻」の女性像が主張されたと考えているようである。朝鮮人たちにとっては後進性を克服するために、日本人の統治者にとっては朝鮮人の反抗に対する皇民化政策の一環として、「賢母良妻」論が用いられたという川本の結論は、そのような認識の差を示唆するといえる。
38) 中国で「賢妻良母」が90年代以降になってようやく研究テーマとして本格的に取り上げられるようになった点は、韓国の「賢母良妻」研究史との比較を通して、その意味を再考する必要があろう。韓国の「賢母良妻」が90年代以降にようやく研究史の前面に取り上げられるようになった背景には、植民地経験によって言論そのものが断絶されていた点、さらには女性史研究そのものが80年代以降ようやく開始されたことなど、言説および研究史における空白を指摘することができる。一方、中国の「賢妻良母」は1930年代以来繰り返されてきたいわゆる「婦女回家」論争からも見られるように、20世紀初頭の登場以来、言説の舞台から忘れ去られていた空白などは存在しない。この点は、中国における「賢妻良母」が経験した意味の変化は、それをめぐる言説の方向性に変化をきたした歴史的文脈を、よりふまえて考察されねばならないことを示唆しているといえよう。
39) その主な研究成果は以下のとおりである。呂美頤［1995］；［2002］；姚毅［1997］；［1999］；池賢娵［2000］；［2003］；劉肖雲［2001］；林吉玲［2001a］；［2001b］；Lien［2001］；李卓［2002］；［2003］；胡澎［2002］；劉晶輝［2002］；陳姃湲［2002b］；程郁［2004］。
40) 呂美頤［1995：74］によれば、清末の「賢妻良母」女性像は、第一に、その存在意義が家庭レベルから、社会や国家のレベルまで格上げされている点、第二に、夫を助け子どもを教育できるだけの知識と能力をもつことが要求された点、第三に、かつての受動的でかつ消極的な存在から、主動的で積極的な存在に生まれかわることが要求された点において、伝統的女性観とは区別される。
41) 姚毅［1997］；［1999］；劉肖雲［2001］；李卓［2002］；［2003］；胡澎［2002］は、いずれもこのような観点に基づいて日中比較史の方法を駆使したり、あるいは日本史領域の概念を近代中国史に適用したりする方法で、中国の「賢妻良母」概念に対する考察を試みた。
42) しかし、その輸入過程や時期までが確定できたわけではない。たとえば、「賢

妻良母」や「賢母良妻」などのことばが中国に居住していた日本人や日本人が刊行していた新聞メディアによって主に用いられて，中国言論上に登場しだしたことなど，いくつかの傍証が提示されているのみである(姚毅［1997：19］；瀬地山［1996：133］)。

43) 1902年に中国最初の近代学校制度として発布された「欽定学堂章程」と1904年の「奏定学堂章程」では，女子教育は家庭教育の一部とみなされており，学校体系を基本とする近代的女子教育が中国で正式に認められるのは，1907年に公布された「女子小学堂章程」と「女子師範学堂章程」を待たなければならない。今まで近代中国女子教育史の研究では，そのなかにある「女子教育は国民教育の根幹である。したがって，学堂における教育は必ずもっとも優秀な家庭教育によって支えられて，初めて完全になる。そして，優秀な家庭教育とは，もっぱら賢母にかかっている。賢母を育てるためには，必ず女子教育を完全にしなければならない。およそ女子師範学校の教員たるものたちは，必ずこのことをはっきり理解し，教導に励まなければならない」という条文に基づいて，清末の女子教育を賢妻良母主義の教育として性格づけてきた。「学部奏詳議女子師範学堂及女子小学堂章程摺（章程附）」『東方雑誌』第4巻第4号，1907年4月25日。

44) たとえば，池賢淑［2000］；［2003］；Lien［2001］；呂美頤［2002］；劉晶輝［2002］などがその代表的な研究として挙げられる。

第2章
近代東アジアの「良妻賢母」とその西欧的起源
―― 明治啓蒙思想の女性観と中村正直 ――

　「女は才能がないことが徳」という中国のことわざからも見受けられるように，前近代の東アジアでは，儒教理念にしたがって女子教育の重要性はあまり認識されていなかった。このような古い観念をくつがえし，女子教育を普及させていくためのモットーとして，日本の「良妻賢母」，韓国の「賢母良妻」，そして中国の「賢妻良母」は，19世紀末から20世紀初にかけて，それぞれ近代啓蒙思想家によって使われるようになった。「賢妻良母」は少なくともその当時までは，儒教理念を引き継ぐ中国の伝統的な女性観でなかっただけではなく，かえってそのような伝統的女性観の限界を克服できる積極的な女性像を意味していた。

　伝統的な女性観の限界を克服できる新しい女性像を創りあげるうえで，もしもモデルが存在したとすれば，それは自文化に内在する要素よりは，自文化の外部にあってより先進的であるとみなされる異文化から求められただろう。たとえば，中国と韓国で初めて主張された「賢妻良母」と「賢母良妻」が，それぞれ日本から多く影響されていたように，日本で初めて登場した「良妻賢母」も，西欧の女性像をモデルにして創出されたものだった。近代的な女子学校教育の台頭とともに東アジアの国々で共通的に賞揚された「良妻賢母」の女性像は，儒教文化に要約される東アジア文化の外部から，つまり西欧文化からその原形を求めていたのである。

　一方，韓国語の「賢母良妻」や中国語の「賢妻良母」と同様に，日本語における「良妻賢母」ということばは，「賢母良妻」「賢妻良母」や「良母賢妻」などという語形も含めて，その初出が確定できるわけではない。今までの研究においては，近代的な女子教育論が登場する歴史的文脈や思想的背景に注目し，

第2章 近代東アジアの「良妻賢母」とその西欧的起源

江戸時代にもよく用いられていた「良妻」とは異なる内実をもつ「良妻賢母論」が明治啓蒙期に成立したとするだけで（小山［1991：14-63］），その語彙的な起源については異説が多く残されている。

他方，「良妻賢母」ということばの創案者として，中村正直が取り上げられることがある。たとえば，深谷は「言語上では，良妻賢母は『賢母良妻』という形で，すでに『明六雑誌』上に中村正直が使用している」といい，その内実は彼が「ミルの『自由論』の紹介者であることからも明らかなように，文明社会を作るには賢い母，良い妻が必要だと，男女共通教育の内容を含んだ」（深谷［1966→1998：156］）近代的かつ啓蒙的なことばであったとしている。また劉肖雲は，中村正直が『明六雑誌』のなかで使った「善キ母」ということばが，「後に出現した良妻賢母の原形」であると指摘し，「ミルが書いた『自由の理』という本を翻訳するなかでは，『賢母良妻』ということばを使った」（劉肖雲［2001：3-4］）と言っており，あたかも中村正直によって「良妻賢母」が用いられたことが文献資料から確認できるかのようである。

しかし，管見のかぎりでは『明六雑誌』に発表した「善良ナル母ヲ作ル説」（1875年）やミルの『自由論』の和訳である『自由之理』（1872年）はもちろん[1]，その他の中村正直の著述からも「良妻賢母」「賢母良妻」「賢妻良母」などの表現は一切見つからず，せいぜい「良妻善母」[2]と「善婦良母」[3]が使われただけである。文献資料に基づくかぎり，彼が「良妻賢母」ということばの創案者であるという確証はない。

もっとも，本書の関心は言語学的に「良妻賢母」の語彙の変遷を追うことではなく，ここで中村正直に焦点を合わせることも，彼を「良妻賢母」という表現の創案者として認めるからではない。文献資料ではないものの，山川菊栄（1890～1980）の母であると同時に，中村正直の学生でもあった森田千世（1857～1947）からの伝聞を記した次の文章に注目したい。

千世の覚えているかぎりでは「良妻賢母」という熟語は中村先生がはじめてつくられたものらしく，先生以前にそういう言葉をつかった人は覚えていないといいます（山川［1956→1972：33］）。

もちろん以上の伝聞だけでは，中村正直が「良妻賢母」ということばを創案したかどうかはさておき，彼が実際にこのことばを用いていたかどうかも確認できない。注目に値する点は，森田千世のいうことの事実性であるというより，同時代人であった彼女によって，中村正直が「良妻賢母」の創案者として記憶されていたということになろう。なぜなら「良妻賢母」という表現がはじめて人口に膾炙されるようになったとき，人々が中村正直をその創案者として記憶していたという点は，たとえそれが事実ではないにせよ，少なくとも当時に「良妻賢母」の内実が人々にどのように理解されていたかを彼が代弁していたという意味になるからである。中村正直の女性論を通して，「明治30年代の『国家主義的』『家父長的』『儒教的』良妻賢母」（小山［1991：1］）へと変化していく前の，日本に初めて登場した明治啓蒙期の「良妻賢母」の内容を垣間見ることができる。

　本章では以上のような想定のもとで，近代東アジアの「良妻賢母」の女子教育理念が内包していた西欧的な要素を分析する切り口として，明治日本の代表的な啓蒙思想家の一人である中村正直を取り上げる。中村正直の女子教育論を手がかりに，東アジア各国の「良妻賢母」がもつ外来思想からの影響という共通分母の内実を吟味すると同時に，それがもつ近代中国の「賢妻良母」との連続性についても，中国の近代的な女子教育論の創始者ともいうべき梁啓超との関連性を通して考察する。

1　中村正直の洋学観とイギリス留学

　明治啓蒙期の代表的な思想家として知られる中村正直は，1832年に下級武士の長男として江戸麻布に生まれた[4]。家庭は経済的に裕福なわけではなかったが，両親は幼時より息子の教育に配慮しており，正直は3歳のときにはすでに師に就いて素読および書法を学んでいた。母親は息子が学ぶ学資を稼ぐために，「昼績又夜紡，資児随明師」[5]というような苦労をしなければならなかったが，この母の早期教育に対する配慮が，「善キ母」の養成を主たる目的にする正直の女子教育論に多く影響したことはいうまでもない（高橋［1966：156］）。母に対する正直の特別な思いを，後に彼に就いて学んだ森田千世は次

のように回顧している。

祖母君，母君ともにどういう伝統があってか，その時代の身分の高い婦人にも少ない程度の教養をそなえ，釧太という先生の幼名は祖母君のつけたものだそうです。先生は，母君が貧しい家の主婦として霜夜に布子をつくろう手を休めることなく，いろいろの話をしてきかせたのが一生忘れられず，その教えのおかげで親に叱られるようなこともしなかったといい，母君の話が出ると教室でもよくめがねを涙に曇らせたそうです（山川［1956→1972：29-30］）。

母の配慮の甲斐あって，正直は 17 歳のときには当時日本の最高学府である昌平黌の寄宿寮に入学し，続いて 1855 年 24 歳のときから同昌平学問所で教鞭を執るようになる。彼の学問は 31 歳にして儒官に列せられるほど，当時から碩学として名を知られていた。正直の学風は，基本的に師の佐藤一斎（1772～1859）を受けつぎ朱子学を軸としていたが，同時に「銭穀財賦の事を重視すべきであるとなし，兵事と農耕とを重視すべしと主張して，韓非子に嘲笑されないようにせよ」（高橋［1966：11-12］）ということばからもうかがえるように，非現実的な方向に傾く学問の風潮を常に批判して，実地に即した学問の必要性を主張する「実学的な」（小泉［1991：15］）ものでもあった。

早くから洋学に触れていたことも，このような学風形成に影響しただろう。日本儒学の総本山である昌平黌に身をおく儒学者でありながら，正直は昌平黌に入学する前である 16 歳より，蘭方医であった桂川甫周（1751～1809）について蘭学を学んでいた（高橋［1966：18-19］）。昌平黌に属する儒学者になった後も，1855 年 23 歳からは英語を自習したり[6]，安政年間（1854～1860）にかけては鎖国に反対し開国を主張する論文を多く発表するなど[7]，「採長補短」「東洋道徳・西洋芸術」（大久保［1966：68］）の精神のもとで，西欧事情全般に対して常に積極的な学習意欲を見せていた。「外から見て西洋の諸学がどのように日本に利益を与えるかという社会的功利性を外から評価しようとする」「外在的功利主義学問観」に基づいて（小泉［1991：20］），洋の東西を問わずに学問の実用性を求めることこそが[8]，正直の学問を貫く精神だったので

63

図 2-1　イギリス留学当時の中村正直（35歳）

出典　「東京大学コレクション展示会：幕末明治期人物群像」のオンライン版

ある。

このような洋学観は，徳川幕府の留学生派遣の方針転換と噛みあうこととなる。ときを同じくして，かつて単純に軍事技術をヨーロッパから伝習するという方針を堅持していた徳川幕府の留学生政策も，「ヨーロッパ諸国との関係において，また内政および施設の改良を行うためにもより必要な」（高橋［1966：32］）統計学，法律学，経済学や政治，外交などの新知識はもちろん，哲学や宗教思想にいたるまで，幅広く欧米の学問全般を留学生に学ばせる方向に見なおされたのである。1866年4月，正直は改められた留学生政策のもとで行なわれた遣英留学募集に応じ，同年10月それまで教鞭を執っていた昌平黌を離れ，12名の留学生を率いる取締役としてイギリス留学に向かった[9]。留学志願に際して幕府当局に提出されたと思われる「留学奉願候存寄書付」は，儒学者という身分だった彼がどのような抱負をもってイギリスに向かったかを物語っている。

西洋開化ノ国ニテハ凡ソノ学問ヲ二項ニ相分ケ申候様ニ承リ申候，性霊ノ学即形而上ノ学，物質ノ学即形而下ノ学ト此二ツニ相分申候，……是迄相開ケ居候西洋学ハ物質上ノ学ノミニ性霊ノ学ニイタリテハ今ダ十分ニ心得候者有之間敷様ニ奉存候，人倫ノ学，政事ノ学，律法ノ学等彼邦ニテ専要ト講求致シ候義ニ御座候上ハ，御国ニテモ心得居候者余多無之候而ハ御差支之義モ生ジ可申哉，且右等学術相開ケ候ヘハ自然御国益ニ相成リ可申義ト奉存候，……私義此度留学ノ御人撰ニ与リ候ヘバ不及ナガラ是等ノ学問ヲ講究仕度所存ニ御座候，依之乍夫故此段奉申上候以上[10]

このように正直は日本の国益のためには西欧から「形而下ノ学」のみならず，

第 2 章　近代東アジアの「良妻賢母」とその西欧的起源

「形而上ノ学」も学ぶ必要があるとみなし，イギリス留学を通して軍事技術に限らず，思想や精神面など，社会を成す基本としての人間のあり方を広く観察したいと考えていた（岡本［1990：113-123］）。そして，イギリスで彼が目の当たりにした人間像の一つに，「善良ナル母」という女性像があったのである。

　　ロンドンへつくとすぐ，会話や発音の練習のために，年すでに三十五歳の先生は小学校へ入って小学生と机を並べて勉強しました。四角い字なら何でも知っている幕府の大先生も，雨はどうして降るか，雷はなぜ鳴るか，というような科学的な質問には答えられません。ところがイギリスの子供はさっさと答える。君たちどうしてそんなこと知ってるの？ときくと，お母さんから聞いたという。なにかにつけイギリスの母親の知識や識見の高いことを知った先生は，日本の母親を省みて心をうたれるものがありました。日本へ帰ったら女子教育に力を入れなければ，日本は危ない，婦人が今のままでは日本が外国と競争できないと痛切に感じました（山川［1956→1972：30-31］）。

　正直はイギリスの女性たち，とりわけ母親たちから，かつて日本では見ることのなかった資質を見いだした。彼の目に映ったイギリス女性は，日本の女性とは違って，自ら子女を教育できるだけの知識と教養を身につけていたのである。この見聞が帰国後女子教育に直接携わっていった彼の活動や思想に，大きく影響したことは言うまでもない。
　正直のイギリス留学自体は，1868 年徳川幕府の瓦解とともに，2 年に満たない短い期間で終止符を打つこととなった。帰国後の活動としては，『西国立志篇』（1871 年）[11]および『自由之理』（1872 年）[12]など，翻訳書の刊行が最もよく知られる。しかし，『明六雑誌』の誌上で繰り広げられた啓蒙思想の普及活動や，同人社および東京女子高等師範学校と関連して行なわれた教育活動も忘れてはならない。次節からはイギリス留学後の著作から見る言論と，実際に現場で行なわれた教育活動の両方面から，留学の経験と見聞から出発する彼の女性観を検証し，彼が提唱したとされる近代日本の「良妻賢母」の意味について考えていきたい。

2 中村正直の女子教育観

　イギリスから帰国して6年目になる1875年11月18日，正直は東京女子高等師範学校の校長の任に就いた。当時，私塾「同人社」の教育課程を充実させることに専念していた正直は，「他に多くの仕事ももっていたので校長をひきうける気はなく，再三辞退」（ibid：31-32）しつづけていたが，文部大輔の田中不二麿（1845～1909）のたびかさなる懇請をうけ，やむをえず「摂理心得」（校長代行──引用者注）をひきうける。

　女子教育の振興を主張する啓蒙思想家が珍しくなかった当時[13]，再三固辞する彼を，文部省が懇請を続けてまで適任者として注目した理由は，他の論者とは違って，彼が自ら経営していた「同人社」に1874年秋から女子部を設けるなど，女子教育論を実際に教育の現場で実践していたからにほかならない。正直の女子教育論は，自由主義と民権主義を基調としていた明治啓蒙思想の単純な副産物であるというよりは，直接現場に用いられることを前提とした実践的教育論として，当時女子教育の振興に同調していた多くの思想家のそれとは区別される。では，正直は女子教育を振興させる必要性をどのように認識していたのだろうか。

◇「善良ナル母」

　大まかには明治啓蒙思想家の枠組みのなかに含まれる正直が，女子教育を最終的には日本の近代化を促進する方途の一つとして捉えていたことは確かである。日本を近代国家として発展させる基本は，「人民ノ性質ヲ改造スル」（中村［1875a］）ことにあるとみなしていた正直は，女性を「善良ナル母」として養成することこそがその近道になると考えていた。東京女子高等師範学校の摂理心得に就任する直前に発表された「善良ナル母ヲ造ル説」では，次のように論じられている。

　人民ヲシテ善キ情態風俗ニ変ジ開明ノ域ニ進マシメンニハ善キ母ヲ得ザルベカラズ。絶好ノ母ヲ得レバ絶好ノ子ヲ得ベク，後来吾輩ノ雲仍ニ至ラバ日本

ハ絶好ノ国トナルベク，……何トゾ吾輩ノ雲仍ハ善キ母ノ教養ヲ受サセ度深望ノ至ニ堪ヌナリ（中村［1875 b］）。

正直は「タダ政体ヲ改ムルノミ」では日本の近代化は期待できず，個々の人民が「政府有司ニ依頼スルノ心」を一新して，「善良ナル心情」と「高尚ナル品行」をもつように，各自の性質を改造しなければならないとみなし（中村［1875 a］)，そのような「人民ノ性質ヲ改造スル」近道として，将来に人民の母親となる個々の女性を，「善良ナル母」に育てることが急務であると考えた。このような女性教育論は，「女子が将来母となり，その母の賢・不賢が子どもに大きな影響力を発揮するがゆえに，女子にも教育が必要だと考える」（小山［1991：36］）明治初期の賢母論の流れに沿って，子女の教育を担当する母親の役が務まる理想的な女性像として，「賢母」を賞揚したものだと理解できよう。

特に，子どもの教育における「賢母」の役割の意義については，次のように述べられている。

小児始生ヨリ三四才ニ至ル迄，母ノ感化力ヲ受ル事甚ダ大ニシテ，後来ノ品行コレヨリシテ形ヅクラル，故ニ苟モ其母剛毅ノ心アリ，賢良ノ行アルトキハ，其小児ノ精神ニ烙記印識シテ終身滅セズ（中村［1884］）。

つまり，個々の自立した人間を養成する「教育ハ始生ヨリ始マ」るべきであり，特に「小児ノ品行ハ其母ニ関係ス」るので，子どもが出生してから幼児まで，その教育を担当する「善母ハ人類ヲ新タニシ改良」できる主体だとみなされる[14]。「賢母」を養成することが将来的に国家の発展に直結するのだという考えは，次にも同様に見てとれる。

国政者家訓ニ原キ，而シテ家訓ノ善悪ハ則チ其ノ母ニ関ル。母ノ心情意見，教法礼儀ハ其ノ子他日ノ心情意見，教法礼儀ナリ。斯ニ知ル，一国ノ文明ハ，匹夫ノ文明ニ本ヅキ，而シテ匹夫ノ文明ハ，其ノ母ノ文明ニ本ヅクヲ。人ノ母タルノ任，豈ニ重カラズヤ[15]。

では，正直は「真に幼稚を善育する」「賢良なる母」に具体的にどのような資質を期待していただろうか。かつて留学の際に，知識や識見の高い母親から家庭で多くを学んでいるイギリスの子どもたちを目にして，「日本は危ない，婦人が今のままでは日本が外国と競争できない」（山川［1956→1972：31］）と痛感し，帰国後に女子教育の振興に努力することを誓ったというエピソードからも察せられるように，彼が理想とする母像は，基本的に自らの手で家庭教育が行なえるほどの知識や見識を持ち具えている女性である。ただし，正直がもっぱら家庭という場に限られて，母親に専任されるような幼児教育を理想としていたという意味ではない。

母たるもの必ずしも善師ならねば小児の教養は永く一家中に限るべからず，小児の自然の才，天然の能を発せしむる好機会を与ふるには小児を会し，一所に群をなさしむべし[16]。

幼稚園教育の意義を語る以上の発言からも明らかなように，正直は母親が幼児教育の全権を握り，子どもを家庭という場のなかでだけ成長させようとする考えには，むしろ反対であった。彼は子どもの家庭教育だけが女性の任務だと考えていたわけではなく，また家庭のなかで単に育児に従事することだけを女性に求めていたわけでもなかったのである。では，正直が母親に期待していた役割は具体的にはどのようなものだっただろうか。最初に「胎教」が挙げられる。身体と精神の両面から，「胎教」が将来的に子どもに及ぼす影響について，彼は次のように説明する。

身体ノ強弱ヲ以テ之ヲ喩ヘンニ，母胎ニ居ル内ニ其母強健ナル時ハ（其子生ル，後当然ナル養育ヲ受レバ）必ズ強健ノ人トナル。……コレヲ精神心術ニ経験シテ更ニ驚クベキ感化功験ヲ顕ハセリ。蓋シソノ子精神心術ノ善悪ハ母ニ似ルモノナリ。ソノ子後来ノ嗜好癖習ニ至ルマデソノ母ニ似ルモノ多シ（中村［1875ｂ］）。

正直は，強健な母体から丈夫な子どもが生まれるといった身体的な影響のほかに，胎児は母体にいるときにすでに，精神の陶冶や感情の発達，生後の嗜好習癖にいたるまで，母親の影響を直接的に受けると考えて，胎教の精神的意味をより重視していた。では，いったん子どもが生まれた後は，どのような資質が強調されるのだろうか。

　婦人ハ第一ニ好性情ヲ重ンズ。而シテ百般ノ好性情ハ一愛ニ本ヅキ生ズ。……コノ好性情ノ母ヲ得テ絶好ノ児子ヲ造ランコトハ吾ガ前ニイヘル現今人民ノ性質ヲ改造スルヨリ容易キ業ナルベシ（ibid）。

妊娠しているときの母親の任務が「胎教」だったとすれば，出産を終えて育児の段階で要求される母親の資質は，「好性情」という表現に縮約される。ではそもそも彼の言う「好性情」とは，どのような精神性を意味するだろうか。女性に対する「モーラル・ヱンド・レリヂヲス・ヱヂュケーション」（道徳教育と宗教教育）の重要性を説く次のことばから，その具体的な資質を知ることができる。

　擬善キ母ヲ造ランニハ女子ヲ教ルニ如カズ。女子ヲシテ「モーラル・ヱンド・レリヂヲス・ヱヂュケーション」（修身及ビ敬神ノ教）ヲ受シメ，男子ニ嫁シテ子ヲ生ミタランニハ，ソノ子ハ胎孕セシ前ヨリ，健康ナル道理，旺盛ナル精神充満シ，善徳ノ空気ヲ嚊ヒ，天道ノ日光ニ沐浴スルモノカラ，眼目ヲ以テ智識ノ門戸トナシ，心思ヲ以テ無形ノ妙体ニ及ボシ，他日剛勇果敢勤勉忍耐ノ諸徳トナル基本，既ニ揺籃ニ戯ムレ乳養ヲ受ル間ニ備リ立ツトイフモ誇大ノ言ニハ非ルナリ（ibid）。

ここでいう「モーラル・ヱンド・レリヂヲス・ヱヂュケーション」とは，西洋のキリスト教精神に基づく道徳教育を指す。留学に旅立つ当初から，「形而下ノ学」のみならず，「形而上ノ学」という思想や精神的な部分まで渉猟して学ぶことを誓っていた正直は（岡本［1990：113-123］)，帰国後には次第にキリスト教に近づきはじめ，「善良ナル母ヲ造ル説」を執筆する直前である 1874

年12月には洗礼まで受けており[17]，西洋諸学から彼が学ぼうとした「形而上ノ学」は，ここにきてキリスト教に集約されつつあった。「母ノ心情意見，教法礼儀」はそのまま「其ノ子他日ノ心情意見，教法礼儀」のもとになるといい[18]，次世代の子どもたちの人格の基本として正直が重んじた母親の精神性は，「モーラル・エンド・レリヂヲス・エヂュケーション」というキリスト教的な人間観と道徳観をふまえていた。

なお，キリスト教の人間平等の原理を想起すれば，子どもが人格陶冶のモデルにできる母親の人格が，男性と同等であることが理解できる。正直によれば，男女「同権カ不同権カソレハサテオ」くにせよ，「男女ノ教養ハ同等」でかつ同種であり，したがって「男子婦人共ニ皆一様ナル修養ヲ受シメ，其ヲシテ同等ニ進歩ヲナサシム」（中村［1875 b］）べきであった。正直は，男性と「差別なく」「一様なる修養ヲ受」けた存在として女性を想定したからこそ，子どもの「心情意見」と「教法礼儀」のモデルとしての役目を母親に与えることができたのである。

さて，正直が子どもの精神的陶冶および人格形成を主導する存在である「善良ナル母」を賞揚した最終的な目的は，そのような「善良ナル母ヲ造ル」ことこそが「現今人民の性質を改造」させ，日本の近代化を促しうると考えたからであった。正直の想定する「絶好ノ国」になった日本の未来像が，「欧米ノ開明」をモデルにして描かれていたとすれば，彼が女子教育の目標として描いている「善キ母」も，より具体的には欧米社会の女性を志向していたのである。

◇実践される「善良ナル母」の理想

正直の女子教育論のもう一つの特徴は，それが卓上空論にとどまっていたわけではなく，正直自身によって実際に教育現場で実践されていたという点にある。彼は，1873年2月に小石川江戸川の自宅の一部を割いて英学私塾の「同人社」を開校し，創立1年半後に当たる1874年秋ごろからは同校に女子学生の入学を許した。そのとき入学した女子学生の一人である森田千世の娘，山川菊栄は当時のことを次のように伝えている。

> 博士は慶応二年から，イギリスに留学中，女子教育の重要さを切に感じ，維

新後,帰国以来女学校開設を熱心に政府に進言し,大臣の無理解でおくれているが,あと一,二年のうちにはできよう。自分のところでもちいさな女学校を開くから,官立ができるまでの間,そこへきていてはどうかという話でした。明治七年の秋,そのささやかな同人舎女学校〔ママ〕がひらかれたので,千世はそこに通いはじめました(山川[1956→1972:28])。

以上にみるように,正直が同人社に女子生徒の入学を許可したのは,既存の男子用の教育課程と内容をそのまま女子に適用したようなものではなく,体系的な女子教育の実践に向けて,独立した女学校の開校を準備する一環としてであった。それから5年ほどすぎた1879年5月に開校された同人社女学校の教育内容は(東京都編[1961:69]),正直の女子教育論が教育現場でどのように実践されたかを物語っている。

同校の教育課程は「級内」と「級外」に分かれていたが,「級内」課業のテキストとして,「パーレの『万国史』,マルカムの『英国史』,カッケンポスの『窮理学』と『米国史』,ウエランドの『修身書』,ミルの『経済書』,『男女同権論』および『代議政体論』,スペンサルの『教育論』,ギゾーの『文明史』」(東京都編[1961:69-71])などの書名が列ねられている。同じく明治10年代の私塾的な性格の女学校のなかでも,「女徳の涵養を前面に押し出した儒教女塾」(深谷[1966→1998:63])の類と比べてみれば,同校は哲学,歴史,経済,政治にいたるまで,広い範囲で学問的な知識を女子生徒に教えていただけではなく,さらには男女同権の思想をも鼓吹していたことがわかる。

同人社女学校そのものはわずか1年ほどの短命に終わり,1880年8月には廃校となったものの,同校を通して正直が試みようとした女子教育観は,1875年から1880年まで彼が摂理心得を務めていた東京女子高等師範学校に受け継がれた。もっとも前述したとおり,正直は特定の役割や科目に特化して女性を教育するよりは,全人格的陶冶と精神的成長を女子教育の理念としており,教師を育成するという限定された教育目標のもとで師範教育を行なう東京女子高等師範学校を受けもつことに積極的ではなかった。

もっとも先生の意見では師範という名は好まず,内容も教員養成を目的とせ

ず，高等普通教育としての，女性の教養を高める意味だったのでした。結局名前は師範となり，官費ではありましたが教員となる義務はともなわず，ふつうの女学校の性質をおびたもので，初期には後年の師範学校よりははるかに自由な空気にとんでいたようです。……そのころは修身とか倫理という科目はなく，一週一回中村先生の講話というのがそれにあたり，先生が話すだけでなく，話しがすむとすぐ筆をとって，その内容を文章に書かせましたが，講話の材用はおもにスマイルスの自助論によりました（山川［1956→1972：31-32］）。

このように，「知識の教育より修身敬神の教育，人間の基礎陶冶の教育が重視」（小川［1982：33］）された同人社女学校での教育理念を受けついで，正直は東京女子高等師範学校の教育経営においても，教師の養成という師範教育本来の目的よりは，女子高等教育を実施し，女子学生たちをひとりの人格体として成長させていくことに重きをおいていた。明治啓蒙思想を代表する正直の翻訳書のなかでも，最も名を知られるスマイルズの『西国立志篇』（1870年）が，女子学生の前で行なった講義内容を初稿にしていた点は（山川［1956→1972：32］），中村正直の女子教育観が，「女学とはいいながら，一般教育を重視した西欧指向的な教育を実施」（深谷［1966→1998：44］）するものだったことを示唆する。「欧吾不知也。如米則女徳日進，女権日加矣。昔者女之美，止在于容貌，語言。今者女之美，在于智識，聡明。此豈政治，学術之所能致乎哉」[19] といい，かつて儒教的な女性観が「四徳」を掲げて強調していた「容貌」や「言語」などの代わりに，「女権」の発達しているアメリカに倣い，「智識」と「聡明さ」を育成することを強調していたその女子教育観は，欧化主義のもとで女性の精神的，人格的成長に向けて基礎を陶冶することをめざしていたと整理できよう。

正直は，国家の富強や開明は政治や軍事制度の改革だけで得られるものではなく，国家を構成する個々の個人が完全なる人格体として自立しなければならないと考えており，その個人の人格的成長を左右する最も大切な時期として幼児期を捉え，幼児期の成長を主宰する存在である女性を「善キ母」として教育する必要があると主張した。子どもの人格的成長を担う存在として「善キ母」

の責務は，単に知識を子どもに注入することにとどまるものではなく，子どもの自由な人格的成長の模範となるべく，母親自らが人格を陶冶することをも含めていた。一方，彼の女性観に大きく影響を及ぼしたもう一つの要素には，キリスト教信仰に基づく万人平等の観念がある。神の前で人間はみな平等であるという認識のもとで，女性を男性と平等な存在として認めるキリスト教的な信念をふまえれば，正直が母親の資質として挙げていた人格陶冶が，内容的に男性のそれと違わないことが理解できよう。

　以上を総括すれば，日本で初めて「良妻賢母」ということばを使ったとされる正直の女性観は，天皇主義の国家が公認する女子教育規範として，「遅れた」あるいは「反動的だった」「良妻賢母主義」とは符合しない。いいかえれば，彼が実際に「良妻賢母」ということばを用いたとすれば，それは「良妻賢母主義」の一部としての意味ではなかったはずである。ここで，「良妻賢母」ということばを作ったのは中村正直だと伝える森田千世の話を，再度取り上げてみよう。

　　千世の覚えているかぎりでは「良妻賢母」という熟語は中村先生がはじめてつくられたものらしく，先生以前にそういう言葉をつかった人は覚えていないといいます。……そのころは西洋でさえ女子の大学教育，参政権には間のあった時代であり，まして日本では女子を学校に出すことさえ大事件に思われていた時代です。……この時代に女子の文盲に反対して教育，とくに高等教育を与える意味の賢母良妻を主張したことは，明治中期以後の，女子の高等教育に反対する意味の賢母良妻主義ではなく，そこに封建時代の文盲主義を打破しようとする積極的な意味がふくまれていることを見なければなりますまい（山川［1956→1972：33-34］）。

　なるほど，母の森田千世からの伝聞を書き留めている山川菊栄の解釈どおり，正直の生きた時代の「良妻賢母」とは，「明治中期以降の女子の高等教育に反対する」「良妻賢母主義」の同意語ではなかった。明治30年代以降，日本の高等女学校制度の理念として定着されていった「良妻賢母主義」が，女性の活動を家庭のなかに制限させ，男性に家庭の外での生産活動を担わせるという性

図 2-2　東京女子高等師範学校第一回卒業生（1879 年 2 月）[20]

出典　「お茶の水女子大学創立 120 周年記念展示会」オンライン版

別分業論に基づいて，男女間に異なる教育内容と教育理念を設定する根拠であったとすれば，明治啓蒙期に正直が女子教育の理想として賞揚した「良妻賢母」は——正直がそのような表現を直接使ったことはなかったにせよ——封建時代に閉じ込められたままの女性たちを新しい時代へとひっぱりだすという，積極的な意味をもっていたのである。

3　女子教育の体制化と「良妻賢母」の変容

母の森田千世が同人社女学校と東京女子高等師範学校で，正直について「賢母良妻たれ」という教育を受けていた 1870 年代半ばから，およそ 20 年のときが過ぎた 1902 年，娘の山川菊栄は東京府立第二高等女学校に入学した（ibid：371）。在学当時の山川菊栄について，次のようなエピソードが伝わる。

「大きくなってなにになりますか。」二〇世紀に入ってまもなくのころ，東京府立第二高等女学校で，ある授業時間に先生がこんな問いを発しました。とたんにひとりの生徒がいきおいよく手をあげ，「わたしは賢母良妻になります。」と答えたのです。同じ組にいた青山（のち山川）菊栄は，心のなかで

思わず,「アッ」と声を出しました。彼女は学校で「良妻賢母」または「賢母良妻」という「お念仏」を毎度聞かされて,常々胸が悪くなるほどだったからです。しかしそんな生徒だった菊栄は,べつの機会に,先生から叱られるはめになりました。作文に議会のことを書いたのが,女学生らしくないと思われたのです。議会のことなどだれに教わったのかときかれて,新聞で知ったと答えると,「あなたは新聞を読むんですか。」「お母さんはごぞんじですか。」先生は,けわしい表情をあらわにみせました。新聞を読むなど,「良妻賢母」となるにふさわしくない,はしたない行ないと考えられていたのでした(鹿野・堀場[1985:60-61])。

図 2-3　森田千世と山川菊栄
(1930 年 5 月)

出典　山川[1956→1972]

かつて「賢母良妻たれ」(山川[1956→1972:33])という師の指導に従って,ミルとスマイルズを渉猟していた森田千世の娘,山川菊栄は今や「良妻賢母になるにふさわしくない,はしたない行ない」であるという理由で,新聞を読むことすら許されなくなっていた。その 20 年足らずのあいだ,「良妻賢母」,あるいは日本の女子教育界にはいったい何が起こったのだろうか。

◇**女子教育の制度化**

ここで正直と同様に明六社の同人として「儒教的な男尊女卑を批判し,いわば『文明的な賢母』の育成を主張していた」(奥[2000:443])論者のひとりである森有礼が,1888 年に東京高等女学校の卒業式で行なった演説を挙げてみよう。

蓋賢良なる女子に非されは賢良なる慈母たるを得す。而して人の性質を賢愚

何れに赴かしむるも。概して慈母教育の如何に帰す。女子は実に天然の教員なり。……女子の国家に対する責任の重大なる斯の如し。而して能く其責任を尽し得へき女子の模範を陶冶するは国家の必要に属す。……学校の恩恵に由て稍稍女子の本分を講得し。又妻と為り母と為り一家の経済より交際の要。国家の務までも学ひ知るに至り。……一家の生活をして円満ならしむると否とは。要するに嫁の心得方如何に在り[21]。

　森有礼といえば，かつて明治初年代には「女子人ノ妻ト為リ家ヲ治ルヤ其責既ニ軽カラス，而シテ又ソノ人ノ母ト為リ子ヲ教ルヤ其任実ニ難且重ト云フヘシ」（森［1874］）と主張するなど，基本的に正直と同様に文明開化期の賢母論の流れに沿って，家庭教育の担い手として「賢母」の必要性を説いた論者であった。「高等女学校令」（1899 年）が発布されるまではまだ 10 年の歳月のある当時，森有礼は「賢良なる慈母」が将来「国家の一部」となる「人の性質」を決定する最も大事な要因であるとみなし，「賢良なる慈母」の資質を女子に得させることは「国家の必要に属す」ると説いており，明治文明開化論をふまえて国家的見地から女子教育の意義を認めている点こそは，正直の女性教育観となんら変わりがない。

　ただし，正直の女子教育論が男女同権論をふまえて女子の全人格的陶冶を主張していたとすれば，森有礼がここでいう「賢良なる女子」や「賢良なる慈母」とは，「妻と為り母と為り」「一家」を運営することに，「女子の本分」を制限させる意味である。「いずれも西欧に渡航して，そのキリスト教を基盤とした教育文化を学び，教養豊かな西欧の女性たちに接遇した経験を持」つ啓蒙思想家として，中村正直や森有礼らはいずれも「人格的に対等なパートナーとしての良き妻であり，子どもらを良く教育できる教養ある賢い母」（秋枝［2000：477］）なる女性を育成する必要性を，国家的見地から説いていた。しかし，上記の演説からもわかるように，国家的見地から「良妻賢母」の必要性を認めていたという共通点を除けば，明治啓蒙思想家の女性論のなかには，正直とは異なって，細部では保守的でかつ伝統的な主張を内包するものも多い。

　明治 30 年代以降に公教育制度が整備されるとともに，1899 年の「高等女学校令」[22]と 1901 年の「高等女学校令施行規則」[23]発布によって女子学校教育

第2章　近代東アジアの「良妻賢母」とその西欧的起源

の理念として教育現場で体系的に浸透し定着していった「良妻賢母」が，明治啓蒙期の女性論の内実から継承したのは，「同権カ不同権カソレハサテオキ，男女ノ教養ハ同等ナルベシ」（中村［1875ｂ］）という西欧文明的な理念ではなく，「女子ノ教育ハ天下ノ盛衰ト云フコトニ関係スルト云フ思想ハアリマセヌ故ニ箇様ナ思想ヲ変ヘテ女子ニモ学問カイルソ女子ノ教育ヲ受ケル受ケサルハ国ニ関係スル」（清水［1887］）という国家志向的な文脈だった。母の森田千世が明治初年代に中村正直に就いてミルの『男女同権論』を学びつつめざしていた「賢母良妻」と，娘の山川菊栄が受けていた明治30年代の高等女学校教育が志向する「良妻賢母」とでは，女性が教育を受けることは国益のためであるという理念が共有されただけで，それが意味する女性像の内実やそのために行なわれる教育内容まで同じだったわけではない。

◇保守化する「良妻賢母」の意味

では，1899年に「高等女学校令」が発布されてから，公教育制度のなかで女子教育の理念として体制化していった「良妻賢母」は，具体的にどのような女性像を意味していたのだろうか。「高等女学校令生みの親」（深谷［1966→1998：155］）である樺山資紀（1837～1922）[24]は1899年7月に開かれた地方視学官会議の席上にて，高等女学校令制定の理由を述べながら，次のように「賢母良妻」の意義を語っている。

> 健全ナル中等社会ハ独リ男子ノ教育ヲ以テ養成シ得ヘキモノニアラス。賢母良妻ト相俟チテ善ク其家ヲ斉ヘ始テ以テ社会ノ福利ヲ増進スルコトヲ得ヘシ。……賢母良妻タラシムルノ素養ヲ為スニ在リ，故ニ優美高尚ノ気風，温良貞淑ノ資性ヲ涵養スルト俱ニ中人以上ノ生活ニ必需ナル学術技芸ヲ知得セシメンコトヲ要ス[25]。

このように樺山は，健全な社会は男性だけではなく，女性の協力も必要であるという，国家的見地から女子教育の意義を認めている点こそは明治啓蒙期の賢母論を確かに継承しているものの，彼が「賢母良妻」の内実として説いている具体的な徳目については，明治啓蒙思想家たちのいう「文明的な賢母」（奥

［2000：444］）とかなりの開きが認められる。そして，そのような開きが今後どのような方向性で発展させられていくかは，1902年に当時の文部大臣であった菊池大麓が行なった次の演説からさらに明確に示唆される。

> 我邦ニ於テハ女子ノ職ト云フモノハ独立シテ事ヲ執ルノデハナイ，結婚シテ良妻賢母トナルト云フコトガ将来大多数ノ仕事デアルカラ女子教育ト云フモノハ此ノ任ニ適セシムルト云フコトヲ以テ目的トセネバナラヌノデアル，……即チ専門ノ学問ト云フモノハ女子ノ独立ヲ助ケト云フコトニハナルケレ共コレヲ公ニ設ケル必要ハナイト思フノデアル，……男子ト同ジ取扱ヲシテハ到底イカヌト云フコトハ能ク御承知デアロート思ヒマス，……女子ニ対シテハ殊ニ感情ヲ抑ヘラレルヽ様ニ常識ト云フ者ヲ与ヘ，理解心ヲ与ヘ，理学ナドヲ以テ是等ノコトヲ矯正スルト云フコトノ考ヲ取ツテ行カナケレバナラヌコトデアロート考ヘルノデアリマス，又品行ノ点ニ於テモ……平常家庭ニアリ社会ニアツテ身ヲ処シテ行ク所ノ助ケニナル事柄ヲ教ヘ，ソーユー風ナ性質ヲ養成スル様ニスルト云フコトガ肝要デアロート思ヒマス，……家庭ノ主婦トシテ家庭ノ業務ヲ執ルノニ之ノ相当ノ時ヲ費シ，……有益ノ書物ヲ読ム有益ト申シテモ何モ六ヶ敷イ理屈ノ書イテアル書物トカ何トカ云フコトデナク，美文ノ様ナ物デモ何デモ宜シイ，総テ此ノ心ノ発達ヲ助ケル様ナ所ノ書物ヲ読ムト云フ習慣ヲ付ケルト云フコトガ肝要デアロート思フノデアリマス[26]

菊池は「社会的仕事が男子の本分であるように，家庭を守るのが女子の職務であり，これは，国家的な見地に立てば，極めて重要な仕事である。教育はこのような職務を果たしうる女性，すなわち，良妻賢母を育てる使命がある」（深谷［1966→1998：155-156］）と断言し，ここで「良妻賢母」は「一家ノ主婦」となるための女性の資質であると同時に，「女子ノ天職」として意義づけられた。この演説は日本の公教育を総監する責任者によって，初めて「良妻賢母の養成」が女子教育の方針として明言されたものであり（総合女性史研究会編［2000：144］），以降近代日本の高等女学校制度のなかで体制化していく「良妻賢母主義」がどのような趣旨や方向性を示していくかを暗示している。明治啓蒙期に中村正直の女性論で象徴されていた「賢母良妻」が，ミルの『男

女同権論』を読みこなせるような西欧文明的な女性を意味していたとすれば，明治30年代以降の日本女性史でいう「良妻賢母」とは，「生意気にならないように教育され」て「結婚して妻になり母とな」る存在だったのである。

4 明治啓蒙思想の女性論と近代中国
―――中村正直と梁啓超―――

　江戸時代まで日本では，「子なき女は去べし。是妻を娶は，子孫相続の為なれば也。……子を育れ共，愛に溺れて習はせ悪し。斯愚なる故に，何事も我身を謙て，夫に従べし」[27)]と言われていた。家系を存続させるうえで女性の果たす役割は出産が絶対視されただけで，生まれた子どもの養育はその全権を母ではなく父がにぎるべきだと考えられていた。このような考えがまだ支配的だった19世紀後半の日本において，中村正直は明治啓蒙思想の流れに沿い，国を近代化するという射程から女性に「賢母」としての役割を振り分けると同時に（奥［2000：419-420］；牟田［1996：117-130］），その資質を備えさせる目的で女子教育を振興することを主張した。たとえ事実か否かは確認できないにせよ，彼が創案したとされる日本語の「良妻賢母」という語に込められた最初の意味は，このようにかつて教育の機会に恵まれることのなかった女性を，家庭のなかから学校という場へとひっぱり出すという，積極的なものだったのである。

　前近代東アジアの女性たちがおかれた様々な境遇は，儒教文化という共通する価値観のもとで一脈相通ずる部分がある。女子教育も例外ではなく，江戸時代の日本に限らず，前近代の中国においても「女は才能がないことが徳」という根強い儒教価値観のもとで，女性は学ぶ機会に恵まれなかっただけではなく，「産む性」である以上に「育てる性」であることなど無視されつづけ（前山［2000：134-135］），子どもを教育する権利や任務は与えられてこなかった。前近代的な認識がまだ一般的であった幕末の日本において，中村正直が「善キ母」という理想像を掲げて女子教育論の皮切りとなったとすれば，清末の中国では梁啓超が「賢母」を育てることを最終的な目標に女子教育の必要性を説き，維新派の説く女子教育論の嚆矢となった（鮑家麟［2000：108］）。

一般に中国でもっとも早く近代的な女性論を繰り広げたとされるのは,『大同書』のなかで男女平等思想を披瀝した康有為（1858～1927）である（中華全国婦女連合会編［1989＝1995：19］）。その女性論を受けついでさらに教育論として発展させたのが，康有為の弟子でもある梁啓超であった。彼は1896年から1899年まで『時務報』に断続的に連載された「変法通議」の一章「女子教育を論ず」のなかで，「天下積弱の原因を推しつめると，女性を教育しないことに必ずその理由がある」というナショナリズム的認識のもとで，国家を富強に導く方策の一つとして女子教育の必要性を論じた。それによれば，国家のために女性を社会労働の場に引き出すと同時に，民族の強化のために子どもを産み育てさせることにこそ，女子教育を振興させる必要性があった（須藤［2005：25-38］）。

　西洋人は学童を教えることを100通りにわけるが，そのなかで母が教えるものが70を占めると言う！幼い子どもは，母親のほうが父親よりも親しみやすく，その性情嗜好はただ婦人だけが状況に応じてうまく導くことができるのだ。したがって，母親の教育がよければその子も成長しやすく，よくなければその子も成長しがたい。……故に天下の大本には二つある。ひとつは人心をただすこと，もう一つは人材を広くすることである。この二者の本は必ず幼児教育から始まり，幼児教育はまた必ず母の教育から始まる。母の教育の根本は必ず婦人の学問から始まる。したがって，婦人の学問は実に天下存亡と強弱の源なのである（梁啓超［1897a］）。

　以上のように，かつて中村正直が日本の女性に呼びかけていたことと同じく，梁啓超も「胎教」と「家庭教育」という二つの母親の役割に着目し，それを国家の存亡と結びつけて論じた。つまり，女性が母親として健康な子どもを産めるかどうか，またその子女を優秀に教育できるかどうかが，将来の国民の資質に直結され，最終的には国家の存亡を決定するとみなし，このような国家的見地から女子教育の必要性を説いていたのである。

第2章　近代東アジアの「良妻賢母」とその西欧的起源

◆梁啓超と中村正直からみる「良妻賢母」の原形

　ここで注目したいのは、日中両国において近代的な女子教育論の嚆矢となった両者が、いずれも「良妻賢母」という熟語の創案者として——実際には両者ともに文献資料からその実証は得られないものの——、同時代人に記憶されていたことである。

　この意見（梁啓超の「変法通議」の「女子教育を論ず」の章——引用者注）は、女子教育を通して良妻を作り出そうと主張しており、中国の「良妻賢母」の女性観はここでようやく始められたのである！（陳東原［1928→1994：323］）。

　中村が日本語の「良妻賢母」の創案者として覚えられていたように、中国近代女子教育論の嚆矢となった梁啓超の「女子教育を論ず」は——たとえ「賢妻良母」という四字熟語こそは用いていないにせよ[28]——、その理念として「国家のために、子どもを産み育てる」という「賢妻良母」の女子教育論を体現したものとして理解されてきた。この二人以前にこのことばを使った人がいたかどうかはともかく、「良妻賢母」ということばに人々がまだなじみを覚えなかったとき、彼らは梁啓超や中村正直の女性論の総体としてその意味を理解していたといえよう。日本で「良妻賢母」というシニフィアンに込められた最初のシニフィエが、中村正直の描いた女性像だったとすれば、中国語の「賢妻良母」のそれは、梁啓超のいう女性像だったのである。

　そもそも中国の維新派知識人たちが、「女は才能がないことが徳」という伝統的な儒教観念を批判し女子教育を提唱した背景には、近代ナショナリズムというより大きい時代的枠組みが前提とされていた。さらに、彼らの維新思想が明治啓蒙思想の色濃い影響のもとでその系譜を引き継いでいたことを想起すれば、両者の女子教育論が両国で同じく「良妻賢母」という表現に託されて理解されていたことは、偶然ではないといえよう。

　維新派の指導者とも言うべき康有為は、かつて日本の近代化の成因を明治維新にあると分析し（王暁秋［1997：64-82］）、積極的に西洋文物を学び改革を試みた明治維新の成果こそが日清戦争の勝利を導いたという認識に基づいて、

日本の先例から救国の方途を見いだせると考えていた。このような康有為の日本観が，維新派の知識人たちに一般に共有されていたことは言うまでもない。とりわけ梁啓超においては，日本の経験を経由して西欧の新知識を吸収するという方向に，より正確にいえば，日本語に翻訳された知識を介して，効率よく西欧近代文明に追いつくための翻訳仕事へと発展していた（吉澤［2003：45］；狭間編［1999］）。

　たとえば，1898年に戊戌政変が失敗したことを機に日本に亡命した当初のことを，「東文（日本語──引用者注）がすこし読めるようになったことで，思想が一変した」[29)]と回顧していることからも察せられるように，梁啓超の西欧に対する認識は全体的に，福沢諭吉，西周などの明治啓蒙思想家の見聞と言説に即していたが（ibid），とりわけ大きく影響力を行使したのが中村正直であった[30)]。

　女子教育論もむろん例外ではなく[31)]，日本の先例を介して西洋を学ぶという維新派知識人の思想的前提から，梁啓超の女子教育論を再度論じるとすれば，第一に，女性が富国強兵に貢献できる使命は，将来の優秀な国民を育てることにあると考えて，近代ナショナリズムのもとで女子教育の必要性を認めた点において，第二に，その女子教育の到達すべき理想像として西欧の女性像を設定した点において，中村正直の女性論を引き継いだと言える。中村正直の女子教育論のいう「善キ母」だけではなく，それに学んだ梁啓超のいう「賢母」もなお，国家的な見地で望ましいとされる女性像であったと同時に，西欧にその原形をおくものだった。いいかえれば，両者の女子教育論の表象する女性像として記憶されている，もっとも早いときの「良妻賢母」と「賢妻良母」に盛られたシニフィエは，近代ナショナリズムを前提とする儒教的女性像への批判であると同時に，西欧の女性像の賞揚でもあったのである。

　伝統的な儒教観念のもとで，前近代東アジアの女性たちは教育される機会に恵まれなかっただけではなく，教育する存在としても認識されなかった。このような伝統的観念がくつがえされ，女子教育の必要性が認識されるきっかけを提供したのは，東アジアの知識人たちのあいだに，東漸する西洋列強に対する危機感として近代ナショナリズムが台頭したことである。日本語の「良妻賢母」に当初こめられた意味が，このような流れのなかで，「人民ヲシテ善キ情態風

俗ニ変ジ開明ノ域ニ進マシメンニハ善キ母ヲ得ザルベカラズ」（中村［1875b］）といい，女子教育の振興を主張した中村正直の描く西欧の女性像であったとすれば，同じく近代ナショナリズムという背景のもとで，さらには日本啓蒙思想に刺激されて登場した中国維新派の知識人たちの女子教育論で表象された「賢妻良母」も，究極的には西洋にその原形をおいて創造された「新しい」女性像だったのである。

注
1）「善良ナル母ヲ作ル説」には「善キ母」「良妻」という表現が使われているだけであり（三井編［1977：207-209］），『自由之理』からも「婦人」「母」「女子」ということばは見つかっても（Mill［1870＝1872］），その前に直接形容詞を用いる形は現れない。
2）中村正直「日本列女伝序」（中村［1903b：22］）。
3）中村正直「今古万国英婦列伝序」（中村［1903e：9］）。
4）以下中村正直の略歴については，高橋［1966］；小川［2004：591-597］；小泉［1991］による。
5）中村正直「冬日偶感（1926年）」（高橋［1966：3］）。
6）中村正直「穆理宋韻府鈔叙」（中村［1903c］）。
7）たとえば，「変国制（1855年）」（中村［1903b］）；「論北地事宜（1858年）」（ibid）；「洋学論（1858年）」（中村［1903a］）などが挙げられる。
8）ただし，それは，儒学者として基本的に当時の知識人が共通にもっていた「東洋の道徳，西洋の技芸」という見解を共有していた正直が，留学前の時点ですでに西洋文化の精神性を尊重していたという意味ではない。イギリス留学前の正直が抱いていた西洋像は，あくまでも「西洋の諸科学は日本の政治，軍事，経済，法律にとって有効であるが，哲学や宗教は日本の精神的支柱にはなりえず，東洋には独自の精神と道徳がある」（小泉［1991：17］）というものであり，軍事技術に偏らず西洋文化全般を学ぶ必要性を感じていたとはいえ，それは実学的な功利性を重視していたからだというべきであろう。
9）1866年4月，徳川幕府はイギリスを留学地とする官費留学志願者を募集し，語学を中心に選考試験を経て，洋学者や洋医の子弟を中心とする派遣生12名を選抜した（原［1992］）。
10）中村敬宇「留学奉願候存寄書付（1866年）」（大久保編［1967：279］）。
11）『西国立志篇』全11巻は，正直が東京女子高等師範学校での講話録をもとに，1871年に刊行したスマイルズの *Self Help* の和訳である（山川［1956→1972：31-32］）。「天は自ら助くるものを助く」ということばから始まる本書は，没落した士族の子弟など，当時の青少年に多大な影響を与え，総発行部数が100万部を超える明治期のベストセラーとなった（岡本［1990：116］）。

12) ミルの On Liberty の和訳として，1872 年に刊行された同書は，前述した『西国立志篇』とともに明治前期の青年知識人の必読書となった。
13) たとえば，『明六雑誌』だけでも，女子教育の必要を主張していた論説は，正直の「善良ナル母ヲ造ル説」（第 33 号）以外にも，森有礼「妻妾論」（第 8 号），箕作秋坪「教育談」（第 8 号），加藤弘之「夫婦同権ノ流弊論」（第 31 号），福沢諭吉「男女同教論」（第 31 号）などがあり，開明的な女性論者であったことだけで，正直が東京女子高等師範学校摂理の人選で取り上げられたわけではないことがうかがえる（金子［1998：240-242］）。
14) Smiles［1871＝1878］の目次より引用。
15)「母親ノ心徳序」（中村［1903 d］）。ほかにも母の役割を強調する正直の著作としては中村［1887］などがある。また，1884 年 12 月に出版された『拿破崙童時事：童子亀鑑』にも，ナポレオンに対する母の影響が説かれていた（野口［1975：36］）。
16) 中村正直「フレーベル氏幼稚園論の概旨（1876 年）」（倉橋・新庄［1956：46-48］）。
17) 中村正直は，イギリスから帰国し静岡に滞在していた明治元年（1868 年）から，当時お雇い教師として静岡学問所で洋学を教授していたクラーク（1849～1907）からキリスト教について学びはじめ（山本［1981］；影山［1981］），6 年後の 1874 年のクリスマスには，カナダ・メソディスト派のカックランより洗礼を受けた（小泉［1991：72］）。
18) 中村正直「母親ノ心徳序」（中村［1903 d］）。
19) 中村正直「欧米女権序（1882 年）」（高橋［1966：162］）。
20) 森田千世は前の列の右から二人目。
21) 森有礼「東京高等女学校卒業証書授与式の祝辞（1888 年 7 月）」（三井編［1977：214-215］）。
22)「高等女学校令（1899 年 2 月 8 日）」勅令第 31 号（ibid：262-263）。
23)「高等女学校（1901 年 2 月 22 日）」文部省令第 4 号（ibid：267-273）。
24) 明治日本の学制は，1879 年の「教育令」発布を経て，明治 20 年代にはその大枠がほぼ完成されたが，女子教育は初代文部大臣の森有礼の急死とともにいったん白紙化される。結局女子教育の制度化は，16 代文部大臣の樺山資紀が「実業教育令」「私立学校令」とともに「高等女学校令」を公布した 1899 年まで，20 年以上後回しにされた。
25)「樺山文相地方視学官会議（明治 32 年 7 月 11 日）での演説」『教育時論』，明治 32 年 7 月 25 日。
26)「全国高等女学校校長会議における菊池文相の訓示（1902 年 2 月）」（ibid：280-283）。
27) 柏原清右衛門等板『女大学宝箱（1833 年 8 月）』（ibid：100-102）。
28)「女子教育を論ず」はもちろん，「変法通議」の全篇を通じて，「良妻賢母」の類の四字熟語が用いられていないだけではなく，「賢母」や「良妻」などのこと

ばも出てこない。同じく1897年の『時務報』に掲載された「女学堂の創設を主張する」に,「賢母」ということばが一回使われたのみである(梁啓超[1897b])。

29) 梁啓超「三十自述(1902年)」(石川[1999：113])。

30) たとえば,梁啓超が1899年に翻訳出版した『自由書』には,「日本の中村正直という明治維新の偉大な儒学者は,かつてイギリスのスマイルズの『自助論』とも呼ばれる『西国立志篇』を翻訳した」(梁啓超[1936：16])といい,わざわざ中村正直を取り上げているほどである。ちなみに,西洋認識をめぐる梁啓超と中村正直との関連性を論じているものとしては,両者がミルの『自由論』を翻訳している点に着眼し,『自由書』(1899年)と中村正直の『自由之理』(1872年)を比較検討した土屋[1999]が挙げられる。土屋[1999]は,梁啓超の西洋の「接収」は,日本という「回路」を経ることで,重層的,選択的構造を有するようになったと指摘し(ibid：160-161),理念的にいえば『自由論』はミルより中村の影響を多く受けた著であると論じる。

31) 本章で梁啓超の女子教育論として取り上げた「女子教育を論ず」が書かれたのは,一般に彼が明治啓蒙思想の直接的な影響を受けはじめたとされる日本亡命より1年早い1897年のことである。ただし,彼が当時主宰していた『時務報』が日本の思想的動向に多くの注意を払っていたことや(村尾[1999：52-54]),亡命後に梁啓超が影響を受けた日本の思想家は,中村正直を代表とする極めて漢文的要素が濃厚である著作に限られており,亡命以前と流れを変えていたわけではないという指摘を考慮すれば(夏暁虹[1991：192]),「女子教育を論ず」も明治啓蒙思想と維新派との思想的関連性のもとに位置づけできよう。

第3章

日本の「良妻賢母」像の中国伝播
―――下田歌子と服部宇之吉―――

　ナショナリズムの台頭と同時に，近代東アジアの知識人たちは，かつての儒教的価値観の女性像を批判し，男性とともに国家の近代化に参画させるためには，学校教育を通して女性に「良妻賢母」の資質を備えさせなければならないと主張するようになった。このように近代ナショナリズムの流れに沿って登場した「良妻賢母」論は，従来の儒教的な女性規範との断絶と区別を強調できるように，西欧の女性像からそのモデル像を求めており，したがってその内実は近代的でかつ啓蒙的な性格を帯びたものだった。

　たとえば，日本では文明開化の初期に，福沢諭吉，中村正直，そして森有礼などの明治啓蒙思想家たちが競って儒教的な男尊女卑の考えを批判し，西欧見聞と知識をふまえて，家庭教育の担い手として女性を文明的な「良妻賢母」に養成しなければならないと論じた。このように西欧にそのモデルをおく明治日本の女子教育論は，清末の大多数の新思潮が西洋から日本を経由して中国に輸入されていたことと同様に（夏暁虹［1995＝1998：120-126］），直接間接を問わず維新派の知識人たちの女性論形成に多く影響した。「女は才能がないことが徳」といった従来の儒教価値観を否定し，家庭を介して富国強兵に参画する「国民の母」と「賢妻良母」として女性を育てていくためには，纏足を禁止させると同時に女子教育を振興させなければならないという維新派の女子教育論は，第一に国益を最終的な目的としていた点，そして第二に「文明的な母」を理想的な女性像の内実としていた点において，明治日本の女子教育論と同様な文脈に立っていたのである。

　このように「良妻賢母」ということばが登場した当初は，日本と中国はいずれもナショナリズムという共通の思想的背景をふまえて，近代的でかつ西洋的

な女性像をその内実として見いだしていた。ただし，このような「良妻賢母」の意味は，公教育体制のなかで制度化された女子学校教育の教育理念として掲げられるようになった「賢妻良母」，あるいは「良妻賢母」に託された意味とは必ずしも一致しない。「高等女学校令」が発布された明治30年代以降，日本の「良妻賢母」が帝国主義イデオロギーのもとで，伝統的で保守的な女性像という意味へと再編されていったとすれば，女子教育制度が整備された後の中国の「賢妻良母」も，「妾を育てる教育と同意語」[1]であると言われるほど，その意味や内実を厳しく問われる対象になっていた。1907年に「女子小学堂章程」および「女子師範学堂章程」の発布によって，「賢妻良母」になることが国家の決める女子学校制度の教育理念によって積極的に宣揚されると[2]，うってかわって「賢妻良母」は「男尊女卑という誤謬」と一体化され（宋恕［1909］），「日本より伝染されてきた」「高等下女教育」（陳以益［1909］）として厳しく攻撃されるようになってしまう。

　さて，このようにかつて文明開化の初期には，近代的でかつ西欧的な女性像を意味していた日中両国の「良妻賢母」と「賢妻良母」とが，公教育体制の確立とともに女子教育の理念となった後，いずれも徐々に保守的な方向にその意味を旋回させられていったことと関連しては，明治啓蒙思想と維新派の中国知識人とのあいだの思想的交流とは区別される，もう一つの日中交流史の文脈に注意する必要があろう。明治啓蒙思想家たちが主張したような文明的な「良妻賢母」像が，明治日本の近代化を学ぼうとする中国知識人の主導によって中国に伝わったとすれば，明治30年代以降公教育体制のなかに包摂され，保守的性格に再編された「良妻賢母主義」の理念も，日本側の意志がより働きがちな別のチャンネルを経由して中国に輸入されたのである。

　たとえば，当時「賢妻良母」ということばの使用例は，そのほとんどが対中国宣伝活動を目的に日本人が刊行していた『順天時報』という新聞に載せられていた[3]。ほかにも当時中国の最高学府である京師大学堂に日本人教習[4]として招聘されていた服部宇之吉は，中国朝廷に女子教育の制度化を進言しつつ，「良妻賢母」を女子教育の目的とすべきであると主張した。また，保守的かつ儒教的な女子教育理念を堅持して，「本邦固有の女徳を啓発」し「賢母良妻を養成する」[5]ことを目的に実践女学校を創立した下田歌子は，同校に「附属

中国女子留学生師範工芸速成科」を付設し，中国から留学生を誘致して「賢母良妻」の理念を教えこんでいた。

　これらはいずれも，「女子師範学堂章程」および「女子小学堂章程」の公布によって，「賢妻良母」の教育が国家の女子教育理念として認められるようになったときに（姚毅［1999：120］），日本の影響が少なからず中国に存在していたことを示唆する。同時に，中国の公教育制度の枠組みに影響を及ぼした「良妻賢母」像は，維新派の啓蒙思想家たちが日本より受け入れていた「良妻賢母」像とは，内実はもちろん，輸入されるルートも異なっていたことをも暗示するといえよう。

　以上の論点をより明らかにするために，本章では下田歌子と服部宇之吉を取り上げる[6]。明治中期以降に保守化した「良妻賢母主義」を代表する女子教育家である下田歌子は，中国進出にも大いに注目しており，中国側でも「日本女子教育の大家」[7]と呼ばれるほど影響力をもっていた。一方，彼女に中国との直接的なつながりを提供した人物は，1902年から1909年まで京師大学堂師範館の総教習として中国に招聘され，日本の教育制度を伝授すると同時に，その教育改革と近代化にも強い影響力を発揮した服部宇之吉である。服部が中国滞在中に公式的な業務の傍ら，西太后（1835〜1908）を相手に官立女子学校の設立や女子学校教育を制度化する必要性を繰り返し進言したり，自ら女子学校の設立を手がけたりするなど，女子教育にも多くの精力を傾けていた裏には，中国女子教育に対する下田歌子の野心が存在していた。本章では二人の接点に注意を払いつつ，下田歌子の思想が服部宇之吉のさらなる解釈を経由し中国に実践されていく過程を通して，日本の国体観念を支えるイデオロギーに化した明治30年代以降の保守的な良妻賢母主義が中国に輸入されていくルートの一例を提示すると同時に，このようにして中国に伝わった「良妻賢母」の内実についても吟味していきたい。

1　下田歌子の「良妻賢母主義」

　日本女性史では明治から昭和までの時期を代表する女子教育家として（深谷［1966→1988］），中国女性史の領域では清末の女子留学生を受け入れた日本側

の担当者として(上沼 [1983];劉濤・王玉海 [2003]),さらに社会主義運動史と関連しては,『平民新聞』を賑わした醜聞のヒロインとしても知られる(堀切 [2000];林 [1990→1993])下田歌子は,現在の岐阜県に当たる岩村藩で,藩士の平尾鍒蔵の長女として 1854 年に生まれた[8]。幼少より文才で名を知られ,18 歳(1872 年)のときからは宮中に出仕し,しばらく女官生活を送った後,1879 年に結婚を理由に退官した。4 年後に夫の下田猛雄に死なれるや,伊藤博文(1841〜1909)などの勧めで女性を対象とする私塾を開き,再度女子教育とかかわるようになる。1882 年に桃夭女塾に発展した同塾は,『女四書』『本朝列女伝』『劉向列女伝』などを教科書として用いるなど,「女徳の涵養を前面に押し出した儒教女塾の色彩が強い」(深谷 [1966→1988:63])私立の女塾である。1885 年からは再度出仕して華族女学校の創設にもかかわるようになり,それ以来 1907 年に学習院女学部長を退官するまで,およそ 20 年間にわたって華族の女子教育に従事した。

図 3-1　1902 年 49 歳のときの下田歌子

出典　実践女子大学下田歌子電子図書館

◇「東洋女徳の美」をもって近代西欧文化を警戒すべし

　このように一生を女子教育のために捧げた下田だが,その教育活動を通して実現しようとした教育理念は,明治 20 年代中盤を境に一つの転換点を迎えることとなる。その契機となったのが,1893 年から 1895 年まで 2 年間にわたって,イギリスなどヨーロッパ諸国の王室教育について学ぶために赴いた欧州視察であった。およそ 30 年前にイギリスを訪ねた中村正直と同様に,欧州諸国の資本主義の発展ぶりや女性たちの活動を目の当たりにした下田も,富国強兵の基本は女性にあると認識し,中村と同じように女子教育の必要性を身をもって痛感したのである。では,彼女が欧州視察を通して新たに感じとった女子

教育の必要性とは，具体的にどのような内容と方向性をもつものだろうか。

1895 年にイギリスより帰国した下田は，皇室など上流出身の女子教育にかかわってきたのとはうってかわり，女子教育の大衆化を創立趣旨にする帝国婦人協会を 1898 年に創設した。同会の創設に際して書かれた「帝国婦人協会設立ノ主旨」からは，かつて皇族の女子教育に従事してきた下田が，どのような認識の変化をふまえて，女子教育を社会下層にまで普及させる事業に乗り出すようになったかがうかがわれる。

> 女子の資性は単純なり。慈仁なり。単純なるが故に能く其節を守ることを得，慈仁なるが故に能く其徳を全うすることを得。其淑徳高節の光輝や，能く一家の長幼を導きて，正理真福の門に入らしむべし。国は家の大なるもの，即ち国家てふ名称のある所以なるべし。故に一家の風儀を釐正するは，単へに女子の感化によらざるべからざるが如く，一国の風紀を善美ならしむるも，亦女子の感化（インフルエンス）を要せざるべからず（故下田校長先生伝記編纂所編［1943→1989：338-344］；三井編［1977：257-260］）。

下田も中村と同様に，女子教育を振興させることは，国家的見地からみて「きわめて大なる利益」であると考えていた。しかし，どのような国家的見地に立脚して女子教育の方向性を設計していたか，その内実までが両者に共有されていたわけではない。急速な工業化の真っ只中にあった当時，下田は日本でも「各種の職工，電話，電信の技手，商店の売子掛取，看護婦にいたるまで非常に女子を使役する必要」が生じていると考え，安価の女性労働力に対する需要に応えられるように，「一文不通，禽獣と相去ること遠からざる」「下等社会の女子」を「感化（インフルエンス）」することは国家にとって「きわめて大なる利益」になると考えていた。欧州視察を通して，産業革命がもたらす社会全般的な変動を確認した下田は，女性を産業革命の担い手である優秀な労働力として訓練すると同時に，「東洋温順の婦徳」[9] を貫かせて，産業革命がしばしばともないがちな混乱を未然に防がなければならないと会得したのである。

このような認識をふまえて，下田はイギリスで視察してきたことを全面的にすべて受容する代わりに，「泰西の現況を伺ひ知りて，其長を取り，短を捨て，

彼の国ぶりの，わが国ぶりに合はせ用ひ」（下田［1901：1］）るという見解のもとで，「泰西女子教育の風を直訳的に写したるの咎なるのみにはあらず，従来わが東洋の学は，ややもすれば幽遠高尚に馳するに過ぎて，実利実益に疎きの嫌ひなき能は」ずと述べる。女子教育は第一に「実学」，つまり優良な労働者が勤まる技能や知識を伝授し，第二に身につけた知識が「制禦しがたき狡児に化し去」らぬように徳性を陶冶させなければならないと言い，あたかも「和魂洋才」（小野［1974：205］）の精神を女子教育の現場で実践するといわんばかりである。

　ただし，下田の考えにより忠実にしたがっていえば，その女子教育理念は「和魂洋才」というより，「東道西器」と称するべきだろう[10]。下田が口癖のように「東洋女徳の美」（ibid）――「日本女徳の美」ではなく――を訴えていた点からも示唆されるように，彼女が女子教育の精神的部分として強調していたものは，日本だけのものとして想定されていたというよりは，西洋に対して東洋が共有する徳性だった。イギリス滞在中に日清戦争のニュースに接して書かれた次の手紙からは，下田が女子教育の精神的陶冶という部分を，「日本」ではなく「東洋」をふまえて考えていたことが確認できる。

　　さて日清間云々のことは，続々種々の風説を耳に致し居候得共，今如此欧米列国，東洋の隙を伺ひつゝある時に於て，見す見す魚人の利となすべき，一大戦雲の暗澹たるにまで至るべしとは，万々思ひよらざるべく候ひしが，最早此期に至り候ては，無拠愚見を以てすれば，よしとへわが四千万の国民が，鮮血を灑ぎ尽し候迄も，全力を集めて戦勝を期し候より外の良策は有之まじく候……硝煙砲声の間に兄弟の国たる日清相見る事に立至り候事，残念千万に候。実に今日親しく欧州列国の大声を見聞仕候得ば，敵に刃を借し盗にかてをもたらすの感に堪へ不候云々（津田［1928→1970：876］）

　日清戦争のニュースに接した下田は，「兄弟の国」たる両国の戦争が，「東洋の隙を伺ひつゝ」ある「欧米列国」に「魚人の利」をもたらすだけであると嘆いている。イギリスに旅立った1895年の当時，すでに40歳を目前にしていた下田にとって，その異文化経験は自らの考えを柔軟に変える契機になった

というよりは，おそらくすでに完成されている思想体系を襲ってくる脅威にみなされたのだろう。渡欧するまですでに 10 年近くかかわってきた華族女学校での経歴からもうかがわれるように，そもそも下田は神道に根ざした国体尊崇の思想で身を固めていただけではなく，儒学者だった父親譲りでキリスト教に対する嫌悪感まで抱いていた（大関［1994：2］）。下田がイギリスに渡る途中に作った次の詩からは，彼女の本来持っていた態度が外国経験を通してどのように強められていくかが示唆される。

> 我が日本の歴史，斯許り小さき島国の古物語り，何の取り所かあらんと，今様の人は云ふめり。されど，代々の天皇の，いみじう民を撫で慈しみ給ひ，国民将たいと真実に摩き事うまつりつる事ども，外国人に語り聞かせたれば，最といたう愛で感げて，世界のなかに斯る国体やまたとあるべきなど，外国人ぞ却りて云ふめる。それ，よし追従なることの交りたるにもせよ，なほ世に愛でたきものゝ中にこそ，取り立てゝ数へつべきものなれ[11]。

イギリス経験は下田を「外国崇拝の輩」[12]に変える代わりに，「世界のなかに斯る国体やまたとあるべき」といったような国体論をさらに強めさせた。先進的な西欧文明を目の前にした下田は，それが「なほ世に愛でたきもの」を襲ってくるかもしれないという危機感を覚えたと同時に，その東漸する脅威に対抗するもの同士として，東洋の隣国に強い連帯感を感じたのである[13]。そして，西欧文明に対抗するという連帯感は，日本の女性だけではなく，東洋全体の女性を対象にするという下田歌子の教育構想に発展した。

以上を整理すれば，下田がイギリス視察を通して得た女子教育の理念とは，第一に，産業化の途上にいた国家の要請に応えられるように，上質な産業労働力としての資質を女性に獲得させると同時に，第二に，東漸する西欧文明に対応するためには，「東洋女徳の美」という精神性を，日本だけではなく，東アジア全体と連帯して守っていかなければならないという二点に要約できる。

このような女子教育の理念にしたがって，「帝国ノ婦人ヲシテ各其徳ヲ高メ，其智ヲ進メ，其体ヲ健ニシ，共同扶植以テ女子ノ本分ヲ完フセシムル」[14]ために，下田は 1898 年に「帝国婦人協会」を発足させた。翌年には，同会の教育

部門の事業として[15)]付属実践女学校と女子工芸学校が開校された。「本邦固有の女徳を啓発し，日進の学理を応用し，勉めて現今の社会に適応すべき実学を教授し，賢母良妻を養成する」[16)]という実践女学校の教育目的や，「現今の社会に適応すべき実学を授け，実践躬行の良妻賢母を養成する」（小野［1974：206］）という女子工芸学校の創立理念は，そのまま下田の堅持する女子教育を代弁するものだった。下田が教育目標として賞揚していた「良妻賢母」とは，欧州諸国で目にした女性のように，上質な労働力として国家に寄与できると同時に，精神的には押し寄せてくる西洋文明に対抗できるように，「東洋女徳の美」を守り抜く女性を意味していたのである。

　下田の女子教育理念は，上述したように単に日本の女性だけを対象としていたわけではなく，「東洋の隙きを伺ひつゝ」ある西洋文明に対抗するという視野から，「東洋」全体と連帯して実践することをめざしていた。1905年，実践女学校に中国人女子留学生を受け入れるための教育課程，「附属中国女子留学生師範工芸速成科」が設けられたのは[17)]，こうした下田の構想を実現する一環であったといえよう。

◆実践女学校の中国留学生部

　もっとも実践女学校が中国からの留学生を受け入れはじめたのは，同校が開校してまだ間もない1901年のときまでさかのぼり（上沼［1983：68］），1902年ごろにはすでに10名を超える中国人留学生を抱えていたようである（謝長法［1996：66］）。1904年7月には初の中国人卒業生2人を送り出すなど[18)]，順調に成長していった実践女学校の留学生教育は，同年11月には湖南省の女子学生20名による留学志願の申し出を受けて（舒新城編［1933：130］），翌年7月に現在の東京赤坂に洋館を借用し，正式に「附属中国女子留学生師範工芸速成科」として独立した[19)]。日本人学生のための一般教育課程とは区別されて，1年という短期間で卒業できる速成課程として設けられた同部の教育目標は，次のように明かされている。

　彼の国（中国――引用者注）の女子教養〔ママ〕は目下開明に向かって進みつつあるとはいえ，まだ重視されているといえず，したがって教養〔ママ〕の方法もまだ完全

ではない。……女子の天職が内助の実務と家庭の教育にあることは、言うまでもない。この天職が務まるかどうかで、その国運の消長がかかっているという事実も、なお特別に智恵があるものだけに悟られることではない。今我らが彼の国の女子をして、短時間のうちにその天職の技能をすべて学ばせるようにしなければならず、……慈母と教師としての教養の概要を習得させる。……中国女子が引き続き此処に来てくれれば、即ち独りその人の幸せになるだけではなく、また東亜の幸せでもある[20]。

「女徳の美」をもって東洋全体の女性を感化するという下田の教育理念は、上記にあげた中国留学生部の「縁起」にもはっきり現れている。下田は「内助と実務と家庭の教育」という「女子の天職」が務まるかどうかに、国運がかかっているという国家主義的な女子教育論を、中国女子教育にも同様に適用するに当たって、それを「中国」という一国のレベルではなく、「東亜の幸せ」という東アジア全体の視野から意義づけていたのである。では、「東亜の幸せ」をめざすという教育趣旨のもとで、中国女子留学生の教育は具体的にどのような方向性を取られていたのだろうか。翌年11月に中国の新聞に対談記事として掲載された下田の発言から、「東亜の幸せ」をめざす教育の内実を見ることができる。

婦女を教育する一事は、朝鮮と中国を問わず、いずれも学界に甚だしく有益なことである。ただし、女学と女訓など彼の国（中国——引用者注）で教えているものは、もっぱら家庭のなかでのことである。しかし、……もし長短相補うことができれば、東洋の文運を啓発するうえで必ず緊要であり、したがって彼の国の女学と女訓も、もし良風美俗に役立つものがあれば、すべて折衷して教育に用いなければならない。……私が設立した実践女学校は、特に実践躬行することを重視しており、決して読書と朗読だけを行なうものではない。……私が思うに、賢母良妻とは完全無欠さを求めれば、到底到達しえるものではない。その難点に常に注意して邁進して努めて奮発すれば、たとえ到達することはできなかったにせよ、なお進歩と発達の余地はあるのではなかろうか！[21]

第 3 章　日本の「良妻賢母」像の中国伝播

　下田は中国で女子教育がまだ重視されていないことは認めつつも，その伝統的な女子教育の理念を無視することには否定的である。教育の方向性が異なるにせよ，女子教育がほとんど重視されてこなかった現状を考慮すれば，「完全無欠」を追求するのではなく，役に立つものを折衷的に「実践躬行」していく方が，「賢母良妻」に近づく道であるといい，儒教的な教えを教育課程に取り入れることを認めていた。「賢母良妻」の本意ではないにせよ，それにたどりつく近道として伝統的な女子教育理念をも積極的に受け入れるという教育方針は，中国留学生部が日本人の学生のためのカリキュラムとは違い，完成度よりは即効性を重んじて一年という短期間で卒業できる「速成科」として設計されていた点とも一脈相通ずるといえよう[22]。

　もっとも中国女子留学生に対するプログラムは，授業年限だけが日本人学生と異なっているわけではない。留学生の受け入れ体制がまだ完全に整えられていなかった1904年7月，下田は初の中国人卒業生を送り出す式典で[23]，中国女子教育に際して注意しなければならない点を次のように指摘している。

　清国は，いま尚封建制度を持続して居りまして，さういふ君主専制の下に生活してゐた者が，急に外国に参って自由な生活態度を目撃致しますと，動もすると非常に激越な民権支持論者となり，折角の学問が形の上に於て乱臣賊子を生むやうな危険を招かぬとも限りません。かねてさうした点を心配してゐた私は，特にこの思想方面の取締を厳重にして，或いは苛酷な迄にきびしく貴嬢方に対ひました（故下田校長先生伝記編纂所編［1943→1989：399］）

　下田は中国の女子教育においては，特に「思想方面の取締」に留意しなければならないと明言している。この「思想方面の取締」については，一年を経て設けられた中国留学生部の教育課程のなかで，唯一下田が自ら教鞭を執っていた[24]，「修身」科用の教材として書かれた「修身講話」から，その内実を知ることができる。

　東洋修身ノ基，即チ中国ト我ガ国トノ修身ノ基ハ，忠孝ヨリ初マレリ。唯其

95

ノ忠ヨリ起レルトニ幾分ノ差アルノミ。唯其大体ハ日本モ中国モ変ル事ナシ。即チ婦道ニ於テハ孝貞ト称シ，而シテ中国ハ女子ノ徳ハ孝貞ヲ基トシテ之ヲ尊ビ，且ツ非常ニ奨励セリ云々[25]。

このなかで，下田は日本と中国の女子教育に共通する基本として「婦道」を取り上げると同時に，その具体的な徳目として「忠孝」と「孝貞」を奨励している。つまり，「忠孝」と「孝貞」といった伝統的な「婦道」を守らせることこそが，下田のいう「思想方面の取締」だったのである。下田が日本という一国を超えて，中国をも連帯して——実現することはなかったが，将来的には朝鮮をも連帯することを視野に入れて——東アジア全体を対象にする女子教育事業を目論んだ背景には，西欧文明に対する危機感があったことを想起すれば，このような儒教的な「婦道」が西欧的価値に対抗できる精神性として賞揚させられていた点が理解できる。

1907年3月に行なわれた同部の卒業式典にて，ある卒業生は「もしも我らが校長先生のことばを片時も忘れずに守り抜くことができれば，即ち我が国の文明の気運を助けられる。これはただ我らの幸せになるのみならず，即ち東亜の慶事でもある」[26]という謝辞を述べていた。ここからも察せられるように，留学生たちにとっても「東洋女徳の美」という教育理念は，中国という一国のレベルではなく，日本や朝鮮をも含む東アジアのレベルで受けとめられていた。さらに10年近くの年月が経た1916年，かつて下田のもとで学んでいた元留学生のひとりである胡彬夏（1888〜1931）は，「良妻賢母」とは下田歌子が賞揚した女子教育理念であったとふりかえる[27]。このように，20世紀初の中国人たちは，下田の女子教育理念，つまり「東洋女徳の美」を引き継ぐ女子教育を象徴するスローガンとして「良妻賢母」を理解したのである。

一方，実践女学校の中国留学生部の盛衰は，中国の教育実権を握ろうと画策していた日本帝国主義の明暗とちょうど重なりあう。

義和団事件以降，清朝の文教政策は日本をモデルとして教育近代化を進めていたが（阿部・蔭山・稲葉［1982］），特に実践女学校に中国留学生部が設置された1905年5月は，清国に滞在していた日本人教習の総数が500から600名に上りつめた最盛期であると同時に（実藤［1939：141］），日本における中

国人留学生の総数も 12000 名を超えてピークに達した時期でもあった[28]。さらには，近代学校制度のモデルとして開設された京師大学堂の師範館と仕学館の総教習に，1902 年より服部宇之吉と厳谷孫蔵がそれぞれ日本から派遣され（北京大学堂編 [1903：9-11]），清朝の文教政策において日本の思惑が直接的な影響力を有していた時期でもある。日本と提携して文教政策の近代化を積極的に進めていた西太后政権下の清朝に後押しされたかのように，実践女学校の中国留学生部は，1907 年には在学生の数が 40 名を超えるなど，順調に成長していった。翌年には松柏寮へ校舎を増築移転すると同時に，かつて臨時的に設置していた速成科を廃止し，中国留学生部にも教育の充実を求めて正規課程を設けたのである（上沼 [1983：80]）。

しかし，軌道に乗っていくかのようにみえた実践女学校の中国留学生部は，学校組織が改編された 1908 年を頂点にして，急速に退潮の兆しを見せはじめる。中国側の統計によれば（王煥琛編 [1980：429-564]），1907 年に 24 名に達していた同校の中国人の入学生数は，1908 年には 5 名，1909 年と 1910 年にはそれぞれ 3 名へと，大幅に減少しだした。同校の学生数が激減しだした時期は，かつて中国各地の抗日運動や日貨排斥の動きに反して，積極的に日本との友好関係を支援していた西太后が 1908 年 11 月に急逝したことを機に，両国の政府筋間の蜜月ムードが崩れだしたときとちょうど重なりあう。さらに，アメリカが義和団賠償金の一部を「中国人の教育についての援助」，特にアメリカに留学する学生の予備教育のために充てるとした 1908 年を境に，清朝の文教政策はそれまでの日本寄りから急激に欧米に傾斜しだした。1909 年にはついに服部宇之吉など日本人教習の総引き揚げが決定されるや，日本は 20 世紀最初の数年とはうってかわって，中国の文教行政にほとんど影響力を行使しえなくなり，同時に日本を訪れてくる中国人留学生の数も大幅に減少する。このような日中両国の教育交流の明暗を反映するかのように，実践女学校の中国留学生部にも 1908 年以降には新たに入学する留学生はほとんどいなくなり，1915 年に 3 名の卒業生を送り出したのを最後に[30]，実質的に終結したと思われる。

もっとも，東洋を連帯するという下田の女子教育構想は，「附属中国女子留学生師範工芸速成科」を設置して中国人女子留学生を日本に誘致することで完

結されるものではなかった。帝国婦人協会の組織的な基盤が安定しはじめた1900年から，下田は日本に滞在していた中国人らと親交を深めていくかたわら[31]，中国語講習に自ら参加したり[32]，また1902年7月に京師大学堂の総教習として訪日してきた呉汝綸（1840～1903）にも面会したりするなど（呉闓生編［1969：777-818］），中国の地で自らの理念に沿う女子教育を実施していこうと企てていたようである[33]。西太后の後援をバックに，教育行政を媒介とする日中両国の蜜月ムードが熟していた1906年ごろには，下田は清国駐屯軍司令官の神尾光臣より，各省の「学務章程」や「直隷学務情況」など，中国の教育状況に関する詳細な報告を受け取ると同時に[34]，当時，京師大学堂の総教習として中国に滞在していた服部宇之吉とその妻，繁子（1872～1952）を仲介役に，清国に赴いて西太后と直接面会する計画を進めていた。さらに，下田が日本で試していた中国女子教育の理念は，1905年に服部夫妻が北京に設立した予教女学堂を通して――服部のさらなる解釈を経たために完全な形を維持したわけではなかったにせよ――，中国の地でも実験的に実践される。ここからも察せられるように，実践女学校の中国留学生部の歴史が，服部宇之吉の主導した日中教育交流の歴史と明暗をともにしていることは，同部を主宰した下田歌子の中国女子教育に対する構想と野心が，20世紀初の日中政府筋間の蜜月ムードを背景に，服部夫妻によって共有・支持されていたことを意味するのである。

　では，東アジアの女性を連帯して，「東洋女徳の美」を守りぬく「良妻賢母」を養成するという下田歌子の教育理念は，場所を変えて中国の地においてはどのように伝播されていったのだろうか。次節では，中国女子教育における下田歌子と服部宇之吉との関係にも注目しつつ，下田の「良妻賢母」の女子教育理念が服部宇之吉という担い手を経由した後，どのようにその意味が再解釈されていたか，また中国はどのようなチャンネルを通してそれを受容していったかを吟味していくことにしたい。

2　近代中国女性史からみる服部宇之吉

　『大漢和辞典』の編者の一人として知られる服部宇之吉は，ほかにも『清国

通考』(1905年),『東洋倫理綱要』(1916年),『支那研究』(1916年),『孔子及孔子教』(1917年)などの著書をもつ漢学者である[35]。しかし,服部は単なる書物のなかに埋もれていた漢学者ではなく,その生涯を通して現実の中国と密接にかかわりつづけていた,近代日中交流史を語るうえで欠かすことのできない人物でもある。彼は生涯を通して,3回にわたって中国に滞在し,その都度中国と日本とを結ぶ架橋としての役割を果たした。以下その経歴を追いながら,服部と中国とのかかわりを整理してみよう。

◇服部宇之吉の中国経験

服部は幕末の1867年,岩代(現在の福島県)二本松に生まれた。1890年に東京帝国大学文科大学哲学科を卒業した後は,文部省の専門学務局勤務をへて,1891年9月からは第三高等中学校教授となる。1894年同校が閉校になると東京高等師範学校教授になり,1899年5月からは東京帝国大学文科大学助教授を兼任する。同年9月には文部省より同専任教授として辞令されると同時に,中国およびドイツへの4年間の留学を命ぜられたが,これが服部にとっての最初の中国経験である(山根[1994])。当時中国は義和団運動の最中であり,公使館全区域が義和団に包囲されるや,服部も1900年6月から9月まで在留していた外国人全員と共に篭城を余儀なくされる(服部[1900])。篭城から解放された服部はいったん東京に戻り,12月には再びドイツ留学に発った。

2回目の中国経験はまもなく1902年9月から始まる。ドイツ留学からまだ1年もたたなかった1902年6月,文部省より北京の京師大学堂師範館の総教習に就任してほしいという要請を受けた服部は[36],8月いったん日本に帰国し,東京帝国大学文科大学教授の職と文学博士号を授与されてから,9月に妻繁子を同伴して再び北京に向かう。それから1909年1月までの約6年半のあいだ,服部は日本を代表する立場に立って,中国の教育近代化を指導してきたのである。

服部は1909年帰国後,東京帝国大学教授に復帰し中国哲学講座をもつ一方,1915年から1年間は米国のハーバード大学の客員教授に招聘されたり,1917年には帝国学士院会員に任命されたりと,活発な学術活動を広げていただけではなく,1923年12月には京城帝国大学の創立とかかわって創設委員会委員

図3-2　1937年1月,古稀の服部宇之吉

出典　東方学会編［2000：109］

に嘱託されるなど，教育行政ともかかわりをもちつづけていた。いわゆる「対華文化事業」[37]に関連していた第3回目の中国滞在も，その教育行政活動の一環であったとみなされよう。1925年7月に東方文化事業総委員会委員に任命された服部は，同年10月には日本側委員として北京にて開かれた第1回総会に参加，北京に人文科学研究所，上海に自然科学研究所を設立することを決定した。ただし，1928年5月の日本軍の山東出兵によって，同計画は日本国内の東京と京都の2ヵ所における研究所新設へと改められ，服部はその東方文化学院の理事長に就任した。現在の東京大学東洋文化研究所の前身でもある同院が，従来の漢学のカテゴリーを超えて，現代中国の法制や経済まで幅広い研究領域を堅持してきた点は（山根［2005］），行政実務者として中国にかかわってきた服部の経験と無関係ではなかろう（東方学会編［2000：128―129］）。

◇中国女子教育への関心

　以上の3回にわたる服部の中国経験を総括すれば，滞在期間の長さにせよ，担当していたポストの重要さにせよ，中国に及ぼした彼の影響力は，京師大学堂の総教習として滞在していた1902年から1909年までの7年間が，もっとも大きかったと認められよう。この7年間はちょうど中国の女子教育が制度的に整備されていく時期とも重なる。そもそも服部の中国滞在は，近代学校制度の本格的な導入に当たって試験的に京師大学堂を開設した清朝政府が，教育行政の実務および近代教科の教授に当たる教員の派遣を日本に依頼したためだったことからも想起されるように，当時は女子教育だけではなく，中国の教育全般にかけて，近代的な学制が整備されつつある時期である。ただ女子教育が近代的学制の一部として認められるまでは，とりわけ長い年月を待たなければならず，服部はその過程においても清朝に対して多くの働きかけを行なってい

た。

　中国初の近代的学制として，1902年に張百熙が清朝政府の命令を受けて起草した「欽定学堂章程」には，京師大学堂章程，高等学堂章程，中学堂章程，小学堂章程，蒙養学堂章程の五つの部門しか含まれておらず，女子教育は言及すらされていない（金以林［2000：22-23］）。翌1903年に改定された「奏定学堂章程」において，中国史上初めて国家権力によって女子教育に対する規定が定められたが，女子教育は学校教育ではなく，家庭教育の一部であると言明されており[38]，実質的には1907年3月の「女子師範学堂章程」および「女子小学堂章程」の発布を待って，中国の女子教育はようやく学校制度の一部として認められるようになった。

　しかし，当時は維新派の知識人たちが競って国家富強を導く方途の一つとして，纏足禁止と女子教育の振興を主張していた時期でもある。つまり，長いあいだ儒教規範の影響のもとにおかれていたために，「女子は才能がないことが徳」などという女子教育に否定的な価値観が，中国社会にまだ根強く残されていたとはいえ，女子教育の必要性そのものが当時の教育官僚たちに認識されていなかったとはいいがたい。にもかかわらず，清朝が女子教育を制度的に認める学制の制定に向かって積極的になれなかった背景には，種々の事情があった。たとえば，実質的な最高権力者であった西太后も女子教育に賛成していなかったり，数少なかった女子学校でさえ，主に西洋宣教師によって経営されていたために，運営方針が中国の現実に符合しておらず，肯定的な影響を及ぼしたとは限らなかったりしていたのである。

　一方，服部は中国赴任が決定した当初から，このような事情にも関心を寄せており，早くから本務である教育行政および教授活動のほかに，女子教育を振興させることにも大いに力を尽くしていた。この点に関しては，服部に師事していた阿部吉雄（1905〜1978）が次のように伝える。

　服部先生の気持ちとしては，中国に女子教育を起こさなければならない。官立の女学校も起こさなければならん，それにはまず西太后に進言して，西太后から各大臣にいってもらえばきくけれども，そうでなければ当時の中国人は，女には女学校なんか必要ないということで拒絶されるんで，どこまでも

西太后を説得しようということで、まず奥様に中国語を習わせた、こういう話ですね。そして下田歌子女史と西太后と話をさせるということを考えておられたらしい。ところが下田歌子と会うことはできなかったんですが（東方学会編［2000：118-119]）。

◇妻の繁子による服部と下田の仲介

服部は中国で女子教育を振興させていくうえで、妻の協力に多くを期待していた。夫の要望もあって、服部の妻、繁子は中国に滞在する期間中、西太后を始めとする多くの高位中国人夫人らと交流を持ちつつ（ibid）、さまざまな方面で日中女性交流史に名を残すこととなる。たとえば、近代中国の革命女傑として有名な秋瑾（1877～1907）が日本の実践女学校に留学するにあたって、斡旋役を務めたのが繁子だったというエピソードは[39]、比較的よく知られるところである。

服部の師でもある漢学者の島田重礼（1838～1898）の娘として生まれた繁子は、東京女子高等師範学校の前身である竹橋女学校および英語塾として知られる成立学舎女子部で学び（服部［1914]）、結婚前は教職についていた経験をも持っていた。また1902年から1909年まで夫に同伴して中国に滞在していたあいだは、女子教育活動を補佐するという服部の意志にしたがって、西太后との親交を深めていくなど、「官立女学校を興そうと努力」（ibid）する一方、服部の創設した予教女学堂では直接教鞭も執っていた[40]。

服部の中国における女子教育活動と関連しては、繁子とは師弟関係からかねてより深い親交を持っていた下田歌子の女子教育観が（服部［1982：49]）、繁子を介して夫の宇之吉の容れるところとなった可能性を指摘しておく必要があろう[41]。繁子は下田の訴える「賢母良妻」的な婦徳を自ら内面化していただけではなく（ibid）、中国に滞在するあいだは下田と頻繁に書信を交わして情報を交換したり[42]、実践女学校に中国留学生部が設置された時には、中国人の学生を同校に紹介する斡旋役もすすんで務めたりしていた[43]。

先述したとおり、日本の女子教育を通して「良妻賢母主義」という理念を堅持してきた下田歌子は、イギリスで日清戦争のニュースに接しては、「兄弟の国たる日清」[44]の開戦に危機感を感じるなど、かねてから東アジアが連帯する

必要性を認識していた。そして，服部夫妻の中国赴任が決定した際には，教育実務者と高位官僚夫人として中国に滞在することになる二人が，中国進出に多くの契機を提供してくれることと期待していた（ibid：48）。下田の期待と構想が服部の容れるところとなった点は，北京滞在期間を除けば，生涯を通して女子教育とかかわった経験をもたない彼が，すすんで最高権力者である西太后の説得にとりかかるほど，中国女子教育に対して熱意を燃やしていたことからもうかがいしれよう。いいかえれば，服部の中国女子教育をめぐる活動は，基本的には下田の構想をふまえたものだったのである。

さて，服部の下田に対する協力は，女子教育に反対する西太后を味方につけるべく，夫婦二人で繰り返し説得に臨んでいたことにとどまるものではなく（東亜同文会編［1941：748-749］），彼女を直接西太后に面会させようとまで画策していた（小野［1974：213］）。さらに服部夫妻は女子教育の必要性そのものには同意しても，「愈々学校を設立したら娘さんを入学させるかといふ段取りになると，皆一様に躊躇する」（東亜同文会編［1941：748-749］）中国人官僚たちの現実的な憂慮を払拭するために，1905年8月には清朝の高位官僚の女性を対象とする女子学校の設立にまでとりかかった。西洋人宣教師による教会学校を除けば，実質的に北京地域初の近代的な女子学校となる（朱有瓛編［1983：632-633］）予教女学堂である。

もっとも服部が画策していた下田の西太后への謁見は，ついに実現することはなかった。服部夫妻の奔走の甲斐あって，西太后から「清国の女子教育は一切を下田の指導にゆだねること，自分の宮殿を女学校として提供し，またその資金もすべて負担するから，ぜひ渡清して力を貸してもらいたい」（小野［1974：217］）という色よい返事まで得られたが，1908年に西太后が急逝するや，すべては水泡に帰されてしまったのである。結局女子教育を通して東アジアを連帯するという下田の構想は，中国の地で下田自らによって試されることはなく，服部を仲介役にしていた段階で終止符を打たれるほかなかった。

下田の構想は，服部を介してどのように変容したのだろうか。そもそも服部はどのような女性観と中国観を土台に，下田歌子の主張する「良妻賢母主義」の女子教育論を受け入れ，それを中国に伝えたのだろうか。次節では，中国学者として服部宇之吉が堅持していた中国観全体からそれを検証していくことに

したい。

3 『礼記』に基づく服部宇之吉の中国女性観

　服部の学術著作のなかでもっとも注目されるものを挙げてみれば，「井田私考」（1907年），「支那古礼と現代風俗」（1912年），「宗法考」（1913年），「礼の思想附実際」（1935年）など，いずれも「礼」にかかわる研究であることがわかる[45]。そもそも大学時代には哲学を修めており，ドイツ留学を経て西洋哲学の方法論にも造詣の深かった服部が，本領とも言うべき哲学の領域には研究業績をほとんど残しておらず，もっぱら「礼」を学問の主題としてきたことについては，中国文化や中国現実に対する服部の理解からその理由が求められよう。学生時代に受けてきた西洋哲学の訓練に加えて，行政官僚として中国での実務経験をもつ服部にとって，学問的関心とは書物に制限されるものではなく，自らの見聞と観察をどのように論理的な枠組みのなかに再構成するかにあったのである（東方学会編［2000：124］：山根［1994：6］）。

　◇「礼」の研究
　服部が西洋学問体系のいう「哲学」の代わりに，そのような論理化の軸として重視したものは，「礼」である。中国の「思想については哲学概論というものが非常に困難だという実状もあるだろう」（宇野［1992：91-92］）が，「哲学」というタイトルを冠する著書も講義題目ももたない服部は，その代わりに「儒教倫理」あるいは「東洋倫理」といった題名のもとで，中国古代より冠婚葬祭に関する詳細な行動を規定してきた「礼」を論じていた。「礼」は生活風習を対象にしていただけあって，書物だけでは理解しがたい領域であったが，現地での生活と実務経験をもつ服部にとっては，むしろ研究の必要を感じずにはいられない領域だっただろう。

　『周礼』『儀礼』および『礼記』の三つの書物からなる「礼」のなかで，服部が中国女性を論じるために最も頻繁に引いたものは『礼記』である。服部は，法律制度を主に扱う『周礼』や，道徳上の礼儀作法を対象とする『儀礼』と比べて，具体的な事例の素材が比較的に新しく，内容も広範にわたっている『礼

記』の方が，現代中国の生活習慣や風習などを考える準拠となるに相応しいと評価しており（曾我部［1981：2-3］），自らが見聞した中国女性の性向や生活規範などもその延長線上で分析していた。では，直接中国の地で見聞きした女性の性向に対して，服部はどのような見方を示したのだろうか[46]。

◇中国社会の現状は「女尊男卑」

服部は中国家族制度のなかの「男尊女卑」に関連して，「支那も一概に男尊女卑と言はれるが其の実女は男を凌ぐ勢力を持つて居る」（服部［1926：247］）とし，「今日の実際を観るに支那婦人の男子に対して有する権力は殆ど米国の俗に近く，独逸婦人などは反りて後に瞠若たるものある」（ibid：587）と指摘し，「女尊男卑」の状況は下流階層であるほど深刻であると記している。さらに，「豈に支那女子の男子に対する権力を窺ふべきものにあらずや。一面より立論すれば西洋人は女子を尊ぶ，故に女子の権力大なり，支那は女子を卑む，故に亦女子の権力大なりと云ふを得べく，女子権力の大なることは一なるも原因は相反するものあれども，男子をして敢て女子と相争ふことを為さしめざることは其の原因は如何にもあれ，女子の跋扈を来たす所以にして」（ibid：587-588），「欧米に於ける女子の尊敬と支那に於ける女子の軽侮とは事情正に相反して結果は同じく女子跋扈の結果を見るに至りしは即ち相同じ」（ibid：600）であると結論づける。

中国社会は「男尊女卑」という性別観念に基づいているという常識的な見解をもって中国に臨んだ服部が目にしたのは，実質的にはむしろ「女尊男卑」ともいうべき現状である。服部はそのような状況を，「男尊女卑」という観念が「女子教育」の無視へとつながったためにもたらされた結果だと解釈した。中国文化は女性を常に蔑視したために，女性は教育の結果が得られるだけの知力も備わっていないとみなされ，女性の放縦が放置され，結果的にその地位は男子を凌駕してしまう逆転現象が生じたと結論づけたのである。ここに照らしてみれば，服部にとって「女子教育」とは，そうした放縦を防止して男性に従順に仕える女性を育てる過程，あるいは「女尊男卑」といった儒教規範の逆転された状況を正していく訓練にほかならず，ここからも服部が中国女性に教えようとした「良妻賢母」の内実を知ることができよう。

このような認識は，当時の女性参政権運動と関連して，中国の将来に対する危惧を披瀝する一連のことばからも確認される。

平等主義はさらに男女平等の方面を含み女子参政権の問題を生じて来て居る。……此の種の平等論は此れより猶ほ中々行はれるであらう。前に述べた如く男子は女子を相手に議論をせぬ習慣ゆゑ此の問題に対して誰も正面から反対論を唱へぬ，唯蔭で冷笑して居る。然し支那婦人は日本婦人よりも大胆で突飛であるから，斯く冷淡に打ち棄て置く一方で猛烈熱心に運動すれば何か物にならぬとも限らぬ（ibid：248）。

南京に共和政府立つや女子参政権を要求したるに一人の反対を唱ふる者無く，時の大統領たりし孫逸仙も将来憲法制定の日必ず参政権を興ふべしと約したるが如きは，英国に於ける女子参政運動と対照し来りて好個の反配なり。加之広東の如きは率先して省議会に女子の公選に因る数名の女子代議士を列席せしめたるの一事は欧米の政界をして後に瞠若たらしむるに足るものなり。此れ等の事は，或は一時の変象と見るを得べしと雖も，其の由来を尋ぬれば男子肯て女子と争はずと云ふ習慣有るより女子の要求は理非を論ぜず之を納ること亦其の一因たらずんばあらず(ibid：600)。

服部が上で述べている参政権獲得をめぐる中国女性たちの騒ぎとは，武昌蜂起の後，起草されていた「臨時約法」に，男女同権を規定する条文を含ませるために，1912年に「女子参政同盟会」のメンバーが中心となって起こした女性参政運動を指す[47]。服部は1909年にすでに中国から引き揚げており，この事件が起きた1912年当時は，「東京帝国大学にて支那哲学，支那史学，支那文学の講座を担当していた」（大塚［1987：64］）。中国学者として「現実の中国を直視し，客観的に中国および中国人を把握しようとする」（山根［1994：6］）学風を堅持していた服部が，中国の地を離れてこのニュースに接して思い起こしたのは，西欧哲学や論理学をふまえて男女同権論や女性参政権の是非を論じることではない。その代わりに，服部はかつて中国で直接目にした，「日本婦人よりも大胆で突飛で」「欧米の政界をして後に瞠若たらしむるに足る」

(服部［1926：600］）中国女性の性向について語ったのである。

　ただし服部からみれば，このような中国女性の性向はもって生まれたものであるというよりは，「女性は卑しい」とする古来の観念によって，「男子は女子を相手に議論をせぬ」，または「男子肯て女子と争はずと云ふ習慣有るより女子の要求は理非を論ぜず之を納る」（ibid）習慣が導かれて，女子教育が常に無視された結果にほかならない。服部の考えた中国女子教育の意義は，「女尊男卑」とも言うべき現状を正して，「礼」が定める本来の姿から男女関係を築きなおすことにあったのである。

◇「礼」の定める理想的な男女関係

　服部にとって，中国本来のあるまじき男女関係とはどのようなものだったのだろうか。服部は「支那古礼と現代風俗」という一文のなかで，中国古来の男女観である「男女有別」から，どのように現在の「女尊男卑」の男女関係が導かれてしまったかを論じている。服部は『礼記』の「曲礼」「内則」および「坊記」から，「一は男女の任意に相配し離合時無きを男女無別と云ふに対し，男女の礼によりて終生相配するを云ひ，二に家庭に在りて男女居処器具等を異にして相乱れるざるを云ふ」（ibid：557-558）という，二つの「男女有別」の概念を読みとった。そして，「前の義は本義にて，後の義は転義又は引伸の義なること明かなり」（ibid：558）とし，「今に以て礼に見る所の男女有別又は夫婦有別は前記二つの義を以て行はれ，特に第二の義を重しと」（ibid：559）した結果であると指摘する。

　然るに他の一面には之と正反対の結果を認めざるべからず。即ち七歳以上男女を区別することは，仮りて機会の乗ずべきあれば相接近せんことを思はしめ，相乱を防ぐの用意は仮りて相乱の助けとなるを見る。且礼の規定は消極的防検を主とし積極的教育を意味せず，特に古来教育は功名を博するの道にして婦女は自ら教育の圏中に在らず，故に消極的防検は必ずしも婦女の品性を高むるの効なし。加之男子妄に内に入るを得ざることは，婦人の内室に所有秘密を蔵するの処となるの便を与へ，且後世の人士は体面を重んずること甚だしきに過ぎて家庭の醜声を掩蔽するに勉むるを以て，婦女の行検無き者

猶ほ其の身を保つを得。種種の原因相合して表面に於ける防検と裏面に於ける婦女の操行とは反比例を為すこと少なからず（ibid：565）。

　服部は本来「男女有別」とは「礼」により始めて夫婦と成るという意味であったが、その本意に到達するために、「男女有別」に対する第二の解釈が強調され、家庭のあらゆる生活において男女の区別が設けられ、結果的には女性を社会から隔離し、「内」にその活動範囲を制限したのだとみなす。第一の「男女有別」の意味に戻るためには、「男は外に居て、女は内に居る」（陳澔［1987：161］）や「男女はものをやりとりするのに、直接手渡せず」（ibid：289）など消極的方法、つまり第二の「男女有別」によるべきではなく、たとえば、学校教育を施して女性の品性そのものを高めるような積極的方法を用いるべきであるというのが服部の論理である。服部が中国に女子学校教育を実施しようとしたのは、いわば、第一の「男女有別」、つまり本義の「男女有別」に戻ることが目的だったのである。

　以上で見た服部の中国女子教育に対する考えは、「女尊男卑」という現状に危機感をあらわにしたり、女性の役割を男性のそれと厳格に区別しようとしたりするなど、実質的に多くの限界をもっていたことはさておき、中国本来の生活習慣や思想体系を重視するという服部本来の学風に照らしてみれば、「礼」という基準から把握された中国女性の過去や現状をふまえて、女子教育の方向性をも見いだしていたと整理できる。

　このような原理的な現状把握に加えて、服部の中国女性観を論じるうえでもう一つ想起しなければならない点は、中国に滞在する7年間、お雇い外国人として彼が常に清朝に対して先進的な日本の制度を説明し伝授する立場にいたと同時に、早くから中国の教育利権に注目して「魂の祖国を日本にのりかえた無数の友人たちを育成することを期待」（小野［1974：219］）していたということであろう。服部にとって、中国で直接目にした女性たちの慣習と現状を把握する基準や、戻るべき理想像を提供してくれたものが「礼」であったとすれば、正道から外れてしまった女性たちの本をただす具体的な方途を提示してくれたものは、日本の文教政策が公認する「良妻賢母主義」の女子教育だった。

第3章　日本の「良妻賢母」像の中国伝播

◇服部の「良妻賢母主義」

　ここでいう「良妻賢母」とは具体的にどのようなものを指すのだろうか。日本の女子教育が掲げる「良妻賢母」は，明治中期を境にその含蓄する内容において大きく変化をとげていた。日本で「良妻賢母」のことばが使われるようになったのは，明治啓蒙思想家たちが文明開化の方途を模索していた明治初期である（深谷［1966→1998：156］；小山［1991：65］）。当時啓蒙思想家たちが「良妻賢母」に付与した意味は，今日われわれが連想する「良妻賢母主義」のそれとは必ずしも一致しておらず，「西欧志向的女性像」（深谷［1966→1998：94-147］）として，「女はすべて文盲なるをよし」[48]とする封建時代の女子文盲主義を打破しようとする現実打破的な意味をもつものである。

　しかし，1899年2月に「高等女学校令」が発布されるや，当時の文教行政担当者たちはうってかわって，「健全なる中等社会は独り男子の教育を以て養成し得へきものにあらず。賢母良妻と相俟ちて善く其家を斉へ始て以て社会の福利を増進することを得へし」[49]としたり，「一家の主婦となって良妻賢母たることが，即ち，女子の天職である」[50]などと言ったりして，家庭で専業主婦として男性に仕える女性という意味で，「良妻賢母」を用いるようになった。明治中期以降の日本公教育体制が女子教育のモットーとして掲げた「良妻賢母」は，明治啓蒙思想の女子教育論のいう「良妻賢母」を引き継ぐものではなく，伝統的でかつ保守的な女性観を堅持していた女子教育者たちが理想としていたような，貞淑・和順・勤勉など儒教的な女徳を強調する女性像だったのである。

　明治20年代後半には，文部当局を含めて女子教育の必要性を疑うものはいなくなっていたものの，教育の方向性と関連してはさまざまな議論が常に言論界を賑わしていた（ibid：138-152）。そのなかから1899年の「高等女学校令」の発布とともに文部当局によって採択されたのは，女性には「高度な学識は必要なく，ただ夫を理解し慰め仕え，子どもを養育して，内助の功さえあれば，それで充分だ」（秋枝［2000：477-478］）とする「良妻賢母主義」の女子中等学校教育制度であった。また，服部が京師大学堂の総教習として，日本の文教政策を代表し中国に派遣された1902年8月の当時は，「市町村，市町村学校組合及町村学校組合ハ土地ノ情況ニ依リ須要ニシテ其ノ区域内国民学校教育ノ施設上妨ナキ場合ニ限リ高等女学校ヲ設置スル」[51]とする規定にしたがって，

109

各県に新設されつつあった県立高等女学校を通して,「良妻賢母主義」が日本全域に浸透していく最中でもある (ibid：173-180)。

　文部当局の一員であった服部が理解する「良妻賢母」が, 日本の公教育体制が標榜する女子教育理念として, 保守的内容に変質された明治中期以降のそれであったことは言うまでもなかろう。さらに, 中国女子教育に対する考えを服部と共有していた下田こそ, 儒教的でかつ保守的な日本の「良妻賢母主義」を代表する教育者であった点は, 服部夫妻が中国で振興させようとした女子学校教育が, 下田歌子の言うような「良妻賢母主義」——明治初期の啓蒙思想家たちのいうそれではなく, 明治中期以降に公教育体制が賞揚する女子教育理念として再編された——をふまえていたことを示唆する。

　先にもふれたように, 中国の地を訪れて自ら中国女子教育を手がけてみるという下田の当初の構想は実現にはいたらず, その「良妻賢母主義」は実質的には服部を経由して中国に伝わった。では, 東洋女子教育の理念として下田が呼びかけていた「良妻賢母」は, 中国では服部を経由してどのように再解釈されたのだろうか。服部が経営した女子学校の教育内容を通して, この問題を吟味していくことにしたい。

4　服部宇之吉と予教女学堂

　東京で下田歌子の経営する実践女学校に中国留学生部が付設されてからおよそ四ヵ月後にあたる 1905 年 9 月, 服部夫妻は海を隔てた北京で, 実践女学校と同じく「賢母良妻の養成」という教育目標を掲げて, 予教女学堂を設立する。その教育目標が実践女学校のそれに似せられていることからもうかがわれるように, 同校は下田の女子教育理念を中国の地で実践していこうとした努力の延長線上で設立されたものだった。

◇清末北京の女子教育事情

　服部夫妻は中国赴任が決定した当初より, 中国女子教育を振興させるという下田の意向を授かっており, 各方面からその可能性を打診していた。先に述べたように当初の計画は, 下田自らをして直接中国女子教育を手がけさせること

だった。そのために日本女子教育の専門家として下田を中国に招聘する件を清朝廷とのあいだで交渉していた服部は，すぐに現実的にそれが容易に実現できるものではないことに気づく。「皇太后（西太后──引用者注）が女子教育などはいかんと云ふ思召だと云ふ事になると，誰も学校へは行かん皇太后の意見如何と云ふ事が非常に難しい問題」（服部［1906 a］）だったのである。そこで，服部は断固として女子教育に反対して動じない西太后を説得することが急務であると同時に，実際に女子教育を実践してみせることこそがその近道になると考えた。「予教女学堂」を設立した背景に，このように「良妻賢母主義」の女子教育を下田の手を通して中国で実践させていくための雰囲気を整えるという服部の目論みが据えられていたことは言うまでもなかろう。

もっとも当時の北京に女子学校が皆無だったわけではなく，実際には宣教師による教会学校もいくつか運営されていた[52]。ただし，服部はこのような学校が中国の女子教育振興に効果的な促進剤の役割を果たしうるとは考えておらず，女子教育が迅速に中国に根ざしていくためには，中国社会の内側から支持される必要があると認識していた。外国人が設立する学校を管轄できる制度が整備されていない当時の状況を勘案すれば，中国人が経営に参加する女子学校の成功的な運営例が，西太后を筆頭とする中国権力者たちを説得するうえで肝心だと考えていたのである（服部編［1908＝1994：186］）。

ただし，服部が教会学校の影響力に懐疑的だったのは，単にそれが外国人の学校という点を批判したからではなく，女子教育の必要性がまだ一般に認識されていない現状をふまえれば，外国人という身分もいくぶん有効に作用しうると考えていた。

> 当時の支那婦人の為に女学校をやらせる事にし，先づ当路の人達に会つて女子教育の必要を話しました。すると彼等は皆一応賛成するのですが，愈々学校を設立したら娘さんを入学させるかといふ段取りになると，皆な一様に躊躇するのです。之は世間から彼此批評されることを嫌ふのと，大官連中は西太后の思召しがわからぬので，賛成も不賛成も云へぬらしいのです。……いろいろ人に会つて見たが仲々話は進歩しません。日本好きの恭親王に話すと，自分が手を出して失敗すると物笑ひになるが，貴方方外国人が試みて失敗し

たつても，一向差し障りはないからやりなさい，といふ様な話です（東亜同文会編［1941：748］）。

私が或親王に面会した時にその親王が会談の第一着に女子教育の必要を説かれた，そこで私は殿下がその位お分りになれば一つ自分やつて御覧なすつては如何私は十分御手伝をいたしませうと云ふと，己れはやらない，君やつで見たまへ，君は外国人だからしくぢつてもいゝ行つて見ろと云ふ，そこで私は外国人だから尚迂闊には手を出さぬといつたやうな訳で，女子教育の必要と云ふことを口に云ふ人はあるが，そんなら貴下の所のお姫様が入らツしやるかと云へば決して寄越さない，私は之を知つて居るから始めから容易に手を出さない（服部［1906 a］）。

服部は，首都として国家中枢の息が直接かかる北京地域の保守的な雰囲気を考慮すれば[53]，外国人という身分は国家権力からいくぶん自由であるだけ，先駆的な役割を務めるにはむしろ適切であると考えたのである。そして，その思案どおり，1905年9月に北京にて開校された予教女学堂は，「経営者」として中国人である沈鈞を表に立たせて[54]，中国社会の内側に存在する教育機関に仕立てると同時に，「助力者」という肩書きで外国人である服部夫妻の名前を併記し[55]，保守勢力の反対意見からも距離をとっていた。

◇予教女学堂の開校

1905年9月，東単牌二条胡同に校舎を設けて開校した「予教女学堂」は，その設立資金を沈鈞の母王氏の寄付によって全額をまかなったほか[56]，校舎の賃貸や食事の用意など[57]，事務的な学校運営は「経営者」の肩書きであった沈鈞夫妻が担当していた。「昨年の9月私共夫婦が支那人と合同し学校を拵へた」（服部［1906 a］）ということばからもうかがわれるように，服部は同校があくまでも自分たち夫婦と沈鈞夫婦とで共同設立したものだと強調している。では，同校の設立に際して服部が果たした役割は，具体的にどのようなものだろうか。沈鈞夫妻に学校の財政や事務的運営を担当させておいて，服部夫妻は学則の起草[58]，教師の任用[59]など，教育課程や授業内容を決定する学務にか

かわっている。「予教女学堂」は中国人である沈鈞を設立者としながら，実際の教育内容は服部宇之吉の意志にしたがって組まれたのである。

予教女学堂の教育プログラムは「中等以上の女子に対して，普通教育および高等普通教育を実施し，賢母良婦〔ママ〕を養成することを目的に」[60]，それぞれ「尋常科」と「高等科」の二つの課程を設ける計画であったが，開校当初はひとまず「尋常科」だけが設置された[61]。ここで注目しなければならない点は，予教女学堂が学生として想定していたのは4億の中国女子すべてではなく，「賢母良婦を養成する」という教育目的も，あくまでも「中等以上の女子」，つまり上流家庭出身の女性に限定して設定されていたことである（服部［1912］；清藤［1906］）。

一方，同校の学則の定める教育内容によれば，それぞれ4年の修業年限を定めていた「尋常科」と「高等科」の科目として，尋常科に「修身」「国語」「算術」「歴史」「地理」「図書」「声歌」「裁縫および手芸」「遊戯および体操」を，高等科に「修身」「国文」「算術」「歴史」「地理」「格致」「家事」「図画」「声歌」「裁縫および手芸」「体操および遊芸」「外国文」を設けていたが，実際には「国語」という科目名のもとで中国語と日本語の両方が教えられていた（服部編［1908＝1994：207-208］）。

言語と関連して，学則では「英文，フランス文，東文（日本語――引用者注）および漢文を担当する女性教師を招聘するが，みな中国語に精通するものにする」と定めていたが，中国語以外の授業ではすべて日本語を用いていたという記録もあり（ibid），また中国語が使えない日本人教師も任用されているなど[63]，実際には日本語が多く用いられていたと考えられる。さらに，教員については，「女性教師を内外から招聘する」という学則のもとで，開校当時には繁子を含めて北京に在住する日本人教習の妻3名（小野［1974：218］）と中国人教習3名で充当されていた[64]。

このような学則の内容や開校直後の状況から判断するかぎり，予教女学堂の教育内容は，服部の思惑どおり，科目，使用言語，師資のいずれをとっても，日本の影響のもとにおかれていた[65]。ただし，予教女学堂に持ち込む日本の教育内容を選別していた服部の影響力そのものは，開校から1年もすぎると徐々に薄れはじめる。

◆職業教育に傾く教育内容

1906年11月に西太后の誕生日に合わせて行なわれた開校1周年記念式典にて，沈鈞の名義で代読された演説では，同校の教育目標が国家と家庭に献身できる女性として「賢母良妻」を養成することであると再確認しつつも，今後付設される教育プログラムは，服部が学則で約束していた「高等科」ではなく「職業科」であると宣言し，同校の教育方針が開校当時の「初等教育と高等一般教育」の実施から，職業教育へと転換されることを示唆した。

> ありがたいことに，今皇太后さま（西太后──引用者注）が昼夜をおかずに苦心して，国家の様々な改革に取り掛かり，賢母良妻になれと詔書を出しました。自ら国家の助けになると同時に，大小の事業を一つずつ興して行けば，上に対しては女子教育を提唱してくださった皇太后のお心にお応えでき，下に対しては養育してくださった父母の大徳にお応えすることができます。また，女子学校を設立したわれわれも，将来また一緒にこの光栄を共有するのではないでしょうか[66]。

ここで，沈鈞は女子教育の目的が「賢母良妻の養成」にあるという服部の見解を認めつつも，同時に「大小の事業を興」しうる職業教育の必要性も強調している。「職業科」が「女工廠」とも呼ばれていたり，「布織り」「編物」「ミシン」「刺繍」を教育課程にしていたりすることからも察せられるように[67]，沈鈞のいう職業教育の内実は，主に紡織工業に充てられる女性労働力を養成することにほかならない。

では，教育方針を変更するという沈鈞の意見に対して，服部はどのような見解を持っていたのだろうか。時期をほぼ同じくして，服部は江亢虎（1884～1954）の創設した女子学校である「女学伝習所」の開校式典にて[68]，女子職業教育について中国人の聴衆の前で次のような見解を述べている。

> 女子教育の急務については，端先生と唐先生のお二人が詳しく話してくださったので[69]，もはや蛇足できるところではありません。……私が去年の秋

第3章　日本の「良妻賢母」像の中国伝播

に予教女学堂を創立した当初，賢母良妻を養成することを教育宗旨に掲げましたことも，大方深い意義があったのです。凡そ一国の女子教育の目的を定めることは非常に難しく，かならずその国の文明の性質と程度を研究し，また古来の風俗と習慣，および将来的な変化をもふまえて，はじめて可能になるもので，むやみに外国の例を引用してはいけません。……今西洋各国の人口を見てみますと，みな女が男よりはるかに多く，……一生配偶者に恵まれない女が出てきます。……西洋各国の女子はみな独立自活の方途を求めなければなりません。……わが東アジアは，文明の性質と風俗習慣が本来西洋とは似ていないだけではなく，その将来的な変化の様相も彼等とは異なります。……わたしが女子教育は必ず賢母良妻を養成することを目的としなければならず，もっぱら独立自活した女子を養成してはいけないと申しましたのは，ここにこそその理由があったわけで，むやみに日本の例を引いたわけではありません（服部［1906 b］）。

　服部は，予教女学堂の教育方針が「賢母良妻の養成」にあると再確認したうえで，その「賢母良妻」とは，「独立自活する女性」ではないと敷衍する。彼の女性観が，「中国古来の風俗習慣」に基づいて男女が互いの短所を補いあい共存していくこと——服部自らのことばを借りていえば，「本来の男女有別に戻る」こと——，つまり男女の役割を区別することを理想としていたことからも察せられるように，服部のいう「賢母良妻を養成すること」は職業教育とは相反していた。

　共同経営者の沈鈞と服部とのあいだに，教育方針をめぐる意見のズレが生じてから，予教女学堂が実際に取った路線は，職業教育を実施し強化する方向であった。工場を付設して職業科を新たに設けるために，1906年にカラチン王府へ移転し校舎を拡充した予教女学堂は[70]，1907年にはさらに「尋常科」まで閉鎖し，「速成科」と「実業科」の二つの教育プログラムに改められ[71]，「初等教育と高等一般教育」を実施するといった服部の当初の構想は，女性紡織労働力の量産という実業教育に代替させられた。服部の意志に反して進められた教育方針の転換が原因だったかどうかまでは確認できないが，この一周年記念式典を最後に予教女学堂に関連する新聞報道から服部の名前が登場するこ

とはなくなり[72]，おそらく彼は同校とはかかわらなくなったと推測される。もっとも当時は西太后自らによって女子学校が設立されるという報道が巷に広がっており[73]，西太后の説得という予教女学堂を設立した当初の服部の思惑はすでに満たされていた。中国女子教育事業に対する服部の青写真に照らしてみる限り，より肝心なことは，下田の中国招聘という次の段階を実践させることだったのである。

　一方，予教女学堂はさらに「織業科」を新設するなど[74]，純粋な教育機関から「女工廠」の名称に相応しい紡織工場へと変質していく[75]。ただし，沈鈞一人の財力と経営能力に頼るほかなくなった予教女学堂の経済的危機は深刻さを増していき，不足する経営資金は女子学生たちが生産する紡織品の販売収入だけではまかないきれず，カラチン王府から校舎として借用していた敷地の返還が求められたことを機に，おそらくそのまま閉校にいたったと考えられる[76]。

5　「良妻賢母」の中国伝播と変容

　内閣総理大臣として日本の帝国主義化を実質的に率いていた伊藤博文は，1899年に以下のような談話を発表する。

既に海外教育といふ以上独り韓人を教育するの必要あるのみならず亦支那人をも教育するの必要あり，……我よりいへば土地広く人口衆きも文明的の学問に幼稚なるものに向て東洋の率先者たる我国が誘導する時は自ら助勢するの利あるを以てなり，畢竟這般の事柄は双方の幸福を増す所以にして……我国は力の及ぶ限り十分の助力を彼等に与へざるべからざるは我国の利益を保全する所以なるのみならず実に極東の大勢より論ずるも尤も必要なるを信ず[77]。

　19世紀末から20世紀初にかけては，日本帝国主義の膨張にともなう利権獲得と関連して，東アジア各国における教育権が大いに注目されはじめたときでもある。下田歌子と服部宇之吉は，いずれもこのような日本の帝国主義的な

第3章　日本の「良妻賢母」像の中国伝播

発展によって提供された中国へのパイプを経由して，中国女子教育に着目した人物である。両者の教育活動は，「良妻賢母」論の伝播という側面からいえば，日本帝国主義の提供した両国間の教育交流ルーツを利用しつつ，清朝政府を媒介として女子教育理念の伝授を仲介したものであるといえよう。

　かつて皇族を対象とする保守的な「良妻賢母主義」の女子教育を主宰していた下田は，欧州視察を機に「兄弟たる日清」を脅かしかねない西洋の存在に気づく。そのような脅威に対抗するために，下田は「東洋女徳の美」と「西欧科学の智」を二つの軸に（小野［1974：205］），日本だけではなく中国と朝鮮の女性をも視野にいれ，東アジア全体を連帯する方向へと女子教育を改めなければならないと考えた。彼女が東アジア全体に広めようとした「良妻賢母」の女子教育とは，第一に産業化を通して西洋に追いつけられるよう，女性たちを良質な労働力として養成すると同時に，第二に「東洋温順の婦徳」をもって西洋文化に対抗できる精神性を鍛えることだったのである。

　日本の教育制度を伝授するという役目を負って中国を訪れた服部が行なった女子教育活動は，下田の構想をふまえていた。ただし，服部はそもそも「礼」という中国固有の体系に沿って中国の現状を理解し，さらに将来的に中国はその「礼」に帰らなければならないと考える。「良妻賢母を養成」するという下田の構想は，礼の定める「男女有別」を理想の男女関係とみなす服部を仲介役にして中国に伝播されたために，その意味に一定の加減が施されたのである。

　一方，服部が「賢母良婦の養成」〔ママ〕という目標を掲げて北京で運営していた予教女学堂の教育課程は，上流家庭出身の女性を対象に基礎的な教養としての知識を教えるものであって，女性の社会的な生産活動を支援する生産技能や職業能力を伝授するものではなかった。下田の「良妻賢母」の中国女子教育が，教育の大衆化をめざして，産業化の末端を支える優秀な労働力を量産することを内容としていたとすれば，服部のいうそれは，どちらかといえば上流家庭で専業主婦が務まるだけの教養を習得させることを意味する。結果的にいえば，下田と服部の手を経由して中国に伝播された「良妻賢母」像は，明治中期以降の日本女子教育のいうそれをそのまま移植したものではなく，下田の「東洋女徳の美」という構想のうえに，さらに服部独自の中国像から見いだされた女性像が加えられた，いわば「専業主婦」としてイメージされていたのである。

開校当初の予教女学堂の教育内容が，服部が下田の構想に加えた解釈の詳細を示してくれるとすれば，同校の教育方針が経た変化は，それが中国でどのように受容されたかを覗かせてくれる。性別による役割分担を主張し，女子職業教育にはきわめて消極的だった服部の教育方針は，彼が予教女学堂に関与しなくなったことと前後して大きく修正された。このような教育方針の変質が服部を学校運営から遠ざからせたのか，あるいは，服部が進んで手を引いたために方向転換がもたらされたのか，その因果関係までを検証することは難しい。いずれにせよ，服部の手中から中国人へ返された予教女学堂は，1年を待たずに紡織の技能伝授と生産販売を行なう「女工廠」へと，大きく軌道修正を強いられた。反米ボイコットや保路運動が展開されるさなかだった当時，実業救国運動は女子教育の内容にも影響しており[78]，中国の実情は必ずしも服部の理解どおりではなかった。同じ時期に北京地域で最も大規模の女子学校までに成功した「女学伝習所」が，教育の大衆化と職業教育実施の二つをスローガンに掲げていたことからも示唆されるように（陳姃湲［2003c：54-60］），中国の女子教育はすでに職業訓練ぬきでは語れなくなっていたのである。

　では，中国女性史の流れから，服部と下田の女子教育活動はどのように評価できるだろうか。下田歌子の女子教育振興への構想を引き継いだ服部の活動は，彼自らが認めているように（服部［1906a］），中国きっての保守的な地域であった北京で，女子教育の制度化や学校創設を刺激し，触発したことは確かである。しかし，北京地域の女子教育が二人の理念や教育内容どおりに発展したわけではない。

　清朝は，西太后死没の前年，女学堂に関する章程を出し，女子の学校教育にふみきっていた。だが，清朝の学校教育といい，下田の留学生教育といい，服部の事業といい，それらはいずれも，学校制度という新しいよそおいのもとで，時代に適応した教科を取り入れながらも，その本質は「東洋女徳の美」をあらためて女たちにうえつけるものにほかならなかった。だがそのような上からする女子教育をのりこえて，中国の女たちは前進した（小野［1974：220］）。

なるほど，下田と服部の活動は女子教育の必要性を中国人に認識させる契機としては有意義だったのかもしれないが，それが以降の歴史のなかで実践的に引き継がれたわけではなく，どちらかといえば，むしろ断絶されたといわなければならない。

ただ「賢妻良母」ということばがいままで中国で歩んできた道のりを考えるうえでは，服部の付与した意味を吟味することで示唆される部分が少なくない。中国の言論界で繰り返されてきた「賢妻良母」をめぐる一連の論争のなかで，議論の焦点はたしかに，それがイメージする女性像に賛成するかどうか，あるいはこのことばの真の意味をどのように再定義するかに合わせられてきた。しかし，これらにどのような答えを出すにせよ，そこには「賢妻良母」に対する二つの共通した認識を見いだすことができる。一つは「賢妻良母」を古くからの伝統的女性像に回帰させている点であり，もう一つは「専業主婦」の同意語として「賢妻良母」を扱い，女性の役割をどのように社会的活動と調和させていくかに，実質的な論点がおかれていた点である。女子教育を振興させるスローガンとして「賢妻良母」がはじめて用いられた清末に，そのイメージの中核は教育をうけた「知的」な女性のそれであった。ただし，いまや「賢妻良母」の意味は，女性の活動領域が家庭に限定される「専業主婦」であると同時に，そのような女性像の根拠である「伝統性」によっておきかえられている。「賢妻良母」の中心的なシニフィエが，ちょうど服部の再解釈と合致する方向に変化したのは，果たして偶然だろうか[79]。

注
1)「通信」『婦女雑誌』第2巻第4号，1916年4月。
2) 1907年に発布された「女子師範学堂章程」および「女子小学堂章程」には，実際にはいずれも「賢妻良母」や「良妻賢母」などの表現は使われておらず，「中国では女徳が代々尊重されてきた」という共通の前提のもとで，「女子師範学堂章程」で「女子教育は，国民教育の基礎である。したがって，学堂教育は必ず最も優秀な家庭教育によって補佐されてはじめて完成される。優秀な家庭教育を欲すれば，もっぱら賢妻に頼り，賢母に求めなければならず，完全な女子教育が要求されるのである」と記されたのみである。「学部奏詳議女子師範学堂及女子小学堂章程摺（章程附）」『東方雑誌』第4巻第4号，1907年4月。ただし，研究史のなかでこの条項は実質的に「女子教育の目的を良妻賢母の資格を得ること

に限定する」(夏暁虹 [1995＝1998：55]；程謫凡 [1934：75]) ものとして解釈され，以来中国の「賢妻良母主義」の女子教育の起点とみなされるようになった。

3) たとえば，「論女子教育為興国之本」『順天時報』，光緒31年7月13日；「予教女学堂慶賀万寿並週年紀念会演説」『順天時報』，光緒32年10月12日，14日；「論女子教育宜定宗旨」『順天時報』，光緒32年5月13日；「続論女子教育宜定宗旨」『順天時報』，光緒32年4月22日など。『順天時報』に関しては，呉文星 [1978] および飯倉 [1974] を参考されたい。

4) いわゆる「日本人教習」，または「日本教習」とは，20世紀初頭に中国各地の諸学堂で，学務顧問あるいは教師として教育行政や学校教育の各分野で活動していた日本人を指す。その数は最盛期には数百人に達しており，中国教育史上「日本教習時代」と呼ばれるほどだった。彼らの傭聘の形には，本章で取り上げる服部宇之吉のように政府機関による官雇いの他に，民間団体を媒介とした私人間の契約，即ち私雇いもあったが，いずれの場合も，日本をモデルとして教育の近代化を図る中国が，その事業に協力し補佐する人材を日本に求めたことに由来する。一方，これを受けとめる日本側には，日清両国が提携して欧米列強の進出に対抗すべきだとする「東亜保全」論的な考え方や，彼ら教習と顧問の派遣をもって，遅れて近代国家として出発した日本の，国策としての大陸進出の有力な手がかりにしようとする考え方があったようである (蔭山 [1983：7])。

5) 「私立実践女学校校則 (1899年5月)」第1条 (上沼 [1983：67])。

6) 服部宇之吉と下田歌子の両者に着目して，日本の対清女子教育活動を論じた先行研究としては，小野 [1974] が挙げられる。小野は「中国における日本の教育利権拡大」の過程という文脈から，両者の中国女子教育事業をひもといている。ただし，日本の帝国主義化という文脈を貫いているために，認識にせよ，活動にせよ，服部と下田の中国女子教育の内実までにはふみきっておらず，両者間の認識の違いや，中国側における受容の様相についても十分な検証が行なわれたとは言いがたい。「良妻賢母」という課題のもとでこの問題に再度取り組む本章では，小野の先行研究を大いにふまえながら，「良妻賢母」という切り口から前作を補っていくことをも試みる。

7) 「大陸発刊之辞」『大陸』第1号，1902年11月。

8) 以下，下田歌子の経歴は故下田校長先生伝記編纂所編 [1943→1989] に依拠する。

9) 「佐々木宛下田書翰 (明治27年8月1日)」(津田 [1928→1970：862-863])。

10) 押し寄せてくる西洋文明を前にして，近代東アジアでは，自己文化の精神性を主軸にして，西洋文明の技術的で実質的な部分だけを受け入れるという，選択的な西洋文化受容を主張する啓蒙思想が，日・中・韓を問わず共通的に登場した。日本では「和魂洋才」というモットーで代表されたこの理念は，朝鮮では「東道西器」で，中国では「中体西用」ということばでそれぞれ表されていた。

11) 「なほ世に愛たきもの」下田歌子「香雪叢書」(実践女子大学図書館所蔵) 1932

第3章　日本の「良妻賢母」像の中国伝播

年。
12)「人に侮らるるもの」下田歌子「香雪叢書」（実践女子大学図書館所蔵）1932年。
13) 西欧文化に対する危機感から，東アジアが連帯する必要性を導くことは，下田歌子だけに特異なものだったというよりは，西洋と区別して，自らをアジアの一部として認識する明治時代の思想的雰囲気を反映したものであると言わなければならない（濱下［2004：37-42］）。
14)「帝国婦人協会主旨摘要（1898年10月）」第4条（三井編［1977：261］）。
15)「帝国婦人協会主旨摘要（1898年10月）」第5条（ibid.）。
16)「私立実践女学校規則（1899年5月）」第1条（上沼［1983：67］）。
17)「日本実践女学校附属中国女子留学生師範工芸速成科規則」『東方雑誌』第2巻第6号，1905年6月。
18)「清国女子留学生の卒業」『教育時論』，明治34年11月15日。
19)「中国留東女学生」『順天時報』，光緒31年7月4日。以下「附属中国女子留学生師範工芸速成科」の通称として「中国留学生部」を用いる。
20)「日本実践女学校附属中国女子留学生師範工芸速成科規則」『東方雑誌』第2巻第6号，光緒31年6月。
21)「述教育中国婦女事」『順天時報』，光緒32年11月28日。
22)「日本実践女学校附属中国女子留学生師範工芸速成科規則」『東方雑誌』第2巻第6号，1905年6月。
23)「清国女子留学生の卒業」『教育時論』，明治34年11月15日。卒業生は，当時23歳だった陳彦安と18歳だった銭豊保の二人だった。
24)「中国留東女学生」『順天時報』，光緒31年7月4日。
25) 下田歌子「支那留学生の為の修身講話」（ibid：75）。
26)「中国留学女生畢業」『順天時報』，光緒33年2月29日。
27)「通信」『婦女雑誌』第2巻第4号，1916年4月。
28) 留学生の総数の統計には，日本と中国とで違いがある。その数がピークに達した1906年当時の総数は，日本側の資料で12000名（ibid：79），中国側の資料には，7000名とされる（舒新城編［1933：70］）。
29)「留日女学生之消息」『順天時報』，光緒33年5月25日。
30) なお，中国留学生部ではなく「高等女学部選科」から，1920年に1名の中国人学生が卒業したことがあった（上沼［1983：82］）。
31) たとえば下田は，張継（1882～1947）や戢翼翬（？～1908）など，当時東京に滞在していた中国人留学生たちとの交流はもちろん，日本に亡命していた孫文とも1900年8月より親交を深めていた。ちなみに，孫文が下田歌子と接見を重ねていた点と関連して，孫文側におそらく革命資金調達という思惑があったという推測もできる（小野［1974：207］）。下田と中国人留学生らとの人脈は，彼らが中国に帰国した後も維持され，1902年には元留学生とのネットワークを生かして，主に日本の書籍の中国語翻訳出版にかかわった「作新社」を創立させた。

同社が出版した書籍のなかには，下田歌子の『家政学』も含まれる。

32）下田の中国語家庭教師を務めたのは，清朝初の公費派遣による日本留学生13名のひとりであった戢翼翬である。戢翼翬は，1896年より成城学校で日本語を学んだ後，さらに東京専門学校に進学した（舒新城編［1933：22］；張恵芝［1997：45］）。1902年帰国後も，下田の援助のもとで作新社を創立するなど（ibid），下田と交流が続いていた。

33）1902年の夏ごろには，下田はすでに中国視察の計画を練りはじめていたようで，紹介状の件を相談する手紙もみつかる。「杭州武備学堂斉藤大尉殿：下田歌子殿携帯」（実践女子大学所蔵）明治35年6月2日。ただし，1902年の計画はついに不発に終わり，彼女が再度渡清のために行動に乗り出すのは，4年後の1906年夏である。同年6月に，下田は「清国駐屯軍司令官」を務めていた神尾光臣より，各省の教育実情をめぐる報告を受け取りはじめたのである。詳細は後述するが，西太后が女性のための宮廷学校設立に着手したというニュースが中国で流布したり，服部夫婦が頻繁に西太后に女子教育に対する進言を重ねていたのも，ちょうどこのときである。

34）「神尾光臣より公文」（実践女子大学図書館所蔵）明治39年6月22日；明治39年7月9日。

35）以下，服部宇之吉に関する全般的な紹介は，東方学会編［2000］；山根［1994］；宇野［1992］；東亜同文会編［1941］および服部［1936］を参考した。

36）1902年1月10日，清朝政府は張百熙を管学大臣に任命して近代的な教育制度の整備に乗り出した。その一環として，京師大学堂の再開を計るべく，既存の京師同文館と京師大学堂を合併すると同時に，欧米人を中心とするマーチンら従来の外国人教習をすべて解雇し，新たに外国人教習の招聘に着手した。ここに，西欧強国に代わって清国教育の実権を握ろうとする日本側の意志が加えられ，日本の外務省と文部省とが直ちに人選に乗り出し，同年の6月13日には当時ドイツ留学中であった服部宇之吉に大学堂教習就任の意志をたずねる電報が発せられた（大塚［1987：52-53］）。

37）この事業の資金は，主に外務省の所管する義和団賠償金から充てられていた。かつて米国が賠償金を免除し，それを利用して中国人のための米国留学予備校として「清華学校」を設立したことに倣って，日本側も1923年12月に「対華文化事業調査会」を発足させ，そこに中国専門家として服部を参加させたのである（舒新城編［1933：74-86］）。

38）中国初の女子教育にかかわる規定を明文化したものである本章程では，女子教育は家庭で実施するべきであるとするほか，蒙養院を設置するために保母を養成することを認めた。「奏定蒙養院章程及家庭教育法章程」（舒新城編［1961：389］）。ただし同章程のなかには「若い女性は断じて徒党を組み学校に入り，市街を歩き回ってはならない」という条項が含まれており，しばしば女学校を閉鎖させる法的根拠として用いられるなど，実質的には女子教育の振興を阻止する働きをしていた（夏暁虹［1995＝1998：40-41］）。

39) 後日，繁子は秋瑾を日本留学に招くまでの始末を回顧しつつ，秋瑾について「この婦人に過激な思想があるのを見た。革命という思想はおりおり中国に流れる一種の流行病。この婦人もその流行病に罹っているらしい」(服部 [1982：42]) といい，「婦徳」を涵養しようとする日本の女子教育に馴染めず，「殊に下田先生の人身攻撃をし，実践女学校の教師たちを手痛く罵り，ある時には水道橋の路傍に立って日本の対留学生教育を悪評して一場の騒ぎを起」こすようになったことを，「実に心苦しく思った」(ibid：49) と伝えている。ここからも，繁子がどのような女子教育を理想としていたかがわかる。
40) 当時繁子は授業で用いることを想定して，家事教科書を自ら執筆し，中国語翻訳を経て出版していた（服部 [1908]）。
41) 服部宇之吉と下田歌子が知り合うまでの経緯や，女子教育に関してどのような意見を交わしていたかを詳しく検証できる文献資料は見つからない。ただし，服部は1902年に京師大学堂に着任するやいなや，すぐに下田歌子に留守宅の娘をお願いする手紙を送っており，中国に赴任する前から相当深い私的な親交を保っていたことが察せられる。「下田歌子宛書簡；服部宇之吉書簡」（実践女子大学図書館所蔵）明治35年8月31日。下田歌子の中国女子教育に対する考えは，おそらくこのような個人的親交を介して，少なくとも服部夫妻が1902年中国に赴く前までは，宇之吉にも共有されていたといえよう。
42) 繁子は北京に滞在しているあいだ，下田歌子に宛てた書簡で女性の日本人教習の活動など，中国の女子教育事情をつぶさに報告している。「下田歌子宛書簡；服部繁子書簡」（実践女子大学図書館所蔵）明治35年9月22日；明治35年10月28日；明治38年4月2日。
43) 繁子は秋瑾以外にも，一時帰国の際などに中国人女児を連れ帰って紹介していた。「女士好学」『中国女報』第2巻第1号，1907年3月。
44) 「佐々木宛下田書翰（明治27年8月1日）」（津田 [1928→1970：876]）
45) 中国古代に施行されたといわれる田制である「井田」は，特にその具体的な農地配分の方法を理解するために，『周礼』に依拠する必要がある。また，家族の組織を規定する「宗法」制度は，『礼記』に多く準拠しており，両者はいずれも『礼記』『儀礼』『周礼』からなる中国の三礼にかかわっている。
46) さて服部の記述は，中国女性一般を対象に書かれたものだとは言いがたい。後ほど触れる予教女学堂の学生の内訳からも示唆されるように，高級官僚として北京地域に滞在していた服部が見聞きしたのは，おそらく清朝皇族を中心とする満洲族女性であった可能性が高い。「記北京予教女学堂教育進歩」『順天時報』，光緒33年5月8日。また，一般に満洲族女性の家庭内における地位が，漢族のそれより高かった点に照らしてみれば，服部の見解は満洲族女性に対する見聞である可能性が高い（頼恵敏 [1994：5]；楊英杰 [1991：125]）。
47) 武昌蜂起によって巻き起こされていた中国の女子軍運動は，1912年1月に陸軍部によって女性軍隊の解散が命令されるや，次から次へと女性参政運動へと転じていき，中国女性運動の焦点は，憲法に当たる「中華民国臨時約法」に女性参

政権を保障する条文を明示させることへと合わせられた。臨時約法が公布される直前であった1912年2月には，「女子後援会」「女子尚武会」「女国民会」「女子同盟会」，そして「女子参政同志会」の五つの女性団体が連合して，南京にて「女子参政同盟会」を結成し，上書を提出するなど女性参政権を獲得する運動が本格化していったものの，3月11日についに公布された「中華民国臨時約法」には，関連する条文が含まれることはなかった。そこで，女子参政同盟会の会員20名あまりは臨時参議院が開会されることを待って，同月19日と21日の2回にわたって参議院会場に押しかけ，衛兵を蹴倒し，窓ガラスを割るなど，騒動を起こしたのである（中華全国婦女連合会編[1989=1995：45-48]）。

48) 江戸中期寛政の改革に努めた松平定信（1758〜1829）のことば（山川[1956→1972：34]）。

49)「樺山文相地方視学官会議での演説」『教育時論』，明治32年7月25日。

50)「高等女学校長会議での演説」『教育時論』，明治35年5月5日。

51)「高等女学校令（1899年2月8日）」第4条，勅令第31号（三井編[1977：262]）。

52) 予教女学堂より先に北京で運営されていた女子学校として確認できるのは，同治年間に設立された慕貞書院（アメリカ公理教会設立），1875年設立した貝満書院（アメリカ基督教偉理公会婦女伝道協会設立）があるだけだった（服部編[1908=1994：218]）。

53) すでに愛国女学校を初めとして10数ヵ所の女子学校が開校していた上海とは違い，保守的雰囲気の強かった北京では，1905年予教女学堂が開校するまで，教会女学校が数ヵ所存在していただけである。1907年の統計によれば，女学堂は江蘇に72校，北京に12校と，その差は開いたままだった（杜学元[1995：333]）。

54) 沈鈞については，商人であるということ以外に，さらに詳細な資料は見つからない。「記予教女学職業科成績大著」『順天時報』，光緒33年6月1日。服部も「大して学問も金もない人」（東亜同文会編[1941：748]）と記したのみで，沈鈞の名前すら明かしていない。ただ校名の「予教女学堂」のなかの「予（豫）」が河南省の別称であることをふまえれば，河南省出身である可能性もある。

55) 沈鈞夫婦および服部宇之吉夫婦の4人の名前が，共同設立者として同格で並べられていた計画段階とは違って（「請開辦女学堂」『順天時報』，光緒31年7月20日），実際に開校されたときには，「経営者」として沈鈞夫婦が，「助力者」として服部夫婦が記されており（「北京予教女学堂章程」『東方雑誌』第2巻第12号，1905年12月），同校は表面的には中国人自らが経営する学校を標榜して創設された。

56)「北京予教女学堂開学的演説」『順天時報』，光緒31年8月2日；「北京予教女学堂章程」『東方雑誌』第2巻第12号，1905年12月；「予教女学堂慶賀万寿並週年紀念会演説」『順天時報』，光緒32年10月12日；「記予教女学堂最近事」『順天時報』，光緒34年3月22日。

57)「補記予教女学堂開紀念会事」『順天時報』，光緒32年10月17日；「記予教女学堂最近事」『順天時報』，光緒34年3月22日。
58)「北京予教女学堂開学的演説」『順天時報』，光緒31年8月2日。
59)「予教女学堂慶賀万寿並週年紀念会演説」『順天時報』，光緒32年10月12日。
60)「北京予教女学堂章程」『東方雑誌』第2巻第12号，1905年12月。
61) 詳しくは後述するが，服部は「尋常科」卒業者を対象に将来的には「高等科」も開設する計画であったが，その構想はついに実現されなかった。
62) 実際に在学していた学生の面々は，満洲人皇族を含めて，ほとんどが北京に官職をもっている上流家庭の出身である。同校の性格が紡績技術を教える職業教育機関に変更されてからも，学生の出身成分は変わらず，在学生65名の全員が高位官僚の娘か，あるいはその夫人である。「記北京予教女学堂教育進歩」『順天時報』，光緒33年5月8日。
63) 授業の具体的な様相を伝える資料は見つからないが，服部繁子の回顧によれば，「支那語の不達者な教師ですと，込いった講義は黒板へ漢文で書き示す」ことがあったそうで，中国語を用いるという原則は事実上守られていなかったようである（服部［1912］）。
64) 開校された1905年の当初は，服部繁子，佐伯園子，加美田操子，林姉妹，李済貞の6名が教員を務めていた。「請開辦女学堂」『順天時報』，光緒31年7月20日；「北京予教女学堂章程」『東方雑誌』第2巻第12号，1905年12月。また，1908年の記録によれば，亀田操子，藤田駒子の日本人を含む6人の女性が教鞭を執っていた（服部編［1908＝1994：207-208］）。
65) 日本の影響は，開校一周年記念式典にて行なわれた授業成果発表会の様子からも知ることができる。行事では，学生たちが体操や唱歌以外にも，日本式にお客をもてなす作法が実演された。「補記予教女学堂開紀念会事」『順天時報』，光緒32年10月17日，19日。ただし，このような教育方針が中国女子学生の性向と合致するとは，服部夫婦も考えていなかったようで，たとえば後日繁子は「気の強い」中国女子生徒たちは「良妻賢母」像とは程遠く，時にはストライキを企てるほどであったと回想している（服部［1912］）。
66)「予教女学堂慶賀万寿並週年紀念会演説」『順天時報』，光緒32年1月12日。
67)「予教女学堂慶賀万寿並週年紀念会演説」『順天時報』，光緒32年1月14日。
68) 江亢虎は，1912年に中国社会党を創立したことで知られる社会主義思想家である。彼はかつて1904年より1908年まで京師大学堂にて日本語を教えていたが（北京大学校史研究室編［1993：330；339］），当時はちょうど服部宇之吉が同校の総教習を務めていたときでもある。江亢虎が設立した「女学伝習所」の開学記念式典にて，服部に祝詞をお願いした背景には，このような人脈があったと考えられる。
69)「端先生と唐先生」とは，端方（1861～1911）と唐景崇（1848～1914）である。1906年9月30日に開かれた式典の様相を伝える『大公報』の記事によれば，「当日正午に始まった式では，教諭と生徒の入場に続いて，吏部侍郎の唐景

崇が頌辞を朗読してから，両江総督の端方，礼部尚書の戴鴻慈，粛親王の姐である葆淑舫などがそれぞれ祝詞を送った」という。「開学紀盛」『大公報』，光緒32年8月23日。また京師大学堂の外国人教習7，8名が式典に参加していたという報道もあり，服部宇之吉はおそらく京師大学堂総教習の資格で本式典に参加し，唐景崇と端方に続いて発言をしたと考えられる。「伝習開学」『大公報』，光緒32年8月17日。さらに付言すれば，服部に先立って祝詞を述べた端方は，このときに憲政考察五大臣の一人として欧米を視察してから帰国したばかりであり，服部のこの演説の背景には，西洋をモデルとする女子教育観を批判する見解をも含めていたといえよう。

70)「補記予教女学堂開紀念会事」『順天時報』，光緒32年10月17日，19日。
71)「記北京予教女学堂教育進歩」『順天時報』，光緒33年1月8日。
72) 代わりに，沈鈞一人が創設した学校である点が強調されるようになった。「参観予教女学堂新設職業科記言」『順天時報』，光緒33年4月18日；「記予教女学職業科成績大著」『順天時報』，光緒33年6月1日。
73)「開学紀盛」『大公報』，光緒32年8月23日。
74) それと同時に，すでに発布されていた「女子小学堂章程」の規定に合わせるために，「初等小学」課程が再度設けられた。「記予教女学職業科成績大著」『順天時報』，光緒33年6月1日。
75)「記予教女学職業科成績大著」『順天時報』，光緒33年6月1日。
76)「記予教女学堂最近事」『順天時報』，光緒34年3月22日。
77) 伊藤博文「海外教育会の協議会に於いて」（伊藤［1899：204-206］）。
78) たとえば，女子教育課程のなかに組み込まれた「女紅」の変容を取り上げることができる。「女紅」とは，そもそも機織，裁縫，刺繡などの針仕事の総称として，女性のこなす家事全般をさすことばである。しかし，1907年「女子小学堂章程」の必修科目となったときに「女紅」が意味していたのは，単純な家事労働ではなく，家内副業など経済的収入源につながりうる授業プログラムとして組まれていたのである（関西中国女性史研究会編［2005：55-56]）。
79) この問題について考えるためには，予教女学堂の後に設立された「女学伝習所」に注目する必要があろう。本文でも取り上げたとおり，当時服部の率いる京師大学堂に勤めていた江亢虎によって設立された同校は，中国の女子教育は「賢母良妻」を目標としなければならないという服部の祝詞で開校を迎える。しかし，「賢母良妻」を賞揚していた服部の予教女学堂が短命に終わったこととは異なり，北京地域きっての女子学校に成長し，影響力を発揮した同校が教育理念として掲げていたのは，一般の中国女性を対象に職業教育および普通教育を実施すること——つまり，服部の意味していた「賢母良妻」の女子教育に真っ向から対立することであった。それだけではない。このような女子教育の理念は，江亢虎によって「賢母良妻」の女子教育を克服するものとして意義づけされたのである。服部の「賢母良妻」は女子教育の理念として実践的に中国に影響を与えることには失敗したにせよ，そのことばに盛られたシニフィエこそは——否定されて引きつが

れたとはいえ——中国近代女子教育の発展過程のなかで，確かに受けつがれたのである（陳姃湲［2005 b：131-182］）。

Ⅱ

五四新文化運動と「賢妻良母」の変容

清末以来おもに教育論と不纏足論を中心に展開された中国の女性論は、五四新文化運動を境に、西欧思潮の影響のもとで自由恋愛、自由結婚、男女共学、経済独立、産児制限などとその論点を多様化させていく（張玉法［2000：2-3］）。女性論の多様化につれ、1920年代の「賢妻良母」も様々な文脈のもとに置かれるようになり、多角的にその含意が再照射されるようになったことはいうまでもない（陳姃湲［2002a］）。一方、さらに10年ほどの時間を経て、五四新文化運動が終息した1930年代になると、「賢妻良母」はもはや西欧近代文明から影響された新しい女性像ではなく、中国固有の儒教経典に典拠をおく伝統的女性像を意味するようになっていた。いいかえれば、五四新文化運動という思想的激変期のなかで、「賢妻良母」の意味は「近代」から「伝統」へという時間軸の遡及と同時に、「西欧」から「中国」へという空間軸の移動も経ていたのである。

　清末に新しい女性像として「賢妻良母」が中国に登場した背景に、近代ナショナリズムを前提とする東アジア域内の交流という文脈が潜んでいたとすれば、民国初期から1920年代を経て「賢妻良母」が経験した意味の変容については、どのような歴史的、あるいは思想的文脈が指摘できるのだろうか。第Ⅱ部では、民国初期にもっとも影響力を発揮した女性向け雑誌である『婦女雑誌』を分析の手がかりとして、近代中国の「賢妻良母」のイメージがたどった変化の過程を追うと同時に、誌面上から読み取れる変容それ以上に、中国社会における五四新文化運動の推移と影響をふまえて、その変容のもつ歴史的意味についても吟味していきたい。

第4章

五四新文化運動と女性論の旋回
――商務印書館と『婦女雑誌』――

　当初は近代西欧の女性たちをモデルにする理想的な新女性像を意味していた「賢妻良母」ということばが，わずか3,40年も経たぬうちに，儒教経典のなかの伝統的女性像としてその意味を急激に退化させていったことに関連しては，その過程が中国知識界全般に大きい変化をもたらした五四新文化運動とちょうどときを合わせていたことに注目する必要があろう。第Ⅱ部では，五四新文化運動を前後する中国社会および知識界の変化をふまえて，「賢妻良母」の変容を再現する手がかりとして，1915年から1931年まで商務印書館によって刊行された女性向け月刊誌，『婦女雑誌』に注目する[1]。

1　売られる商品としての『婦女雑誌』

　『婦女雑誌』は中国初の女性向け雑誌でもなければ，全刊行期間を通して中国唯一の女性向け雑誌だったことすらない（前山［2005 b］）。中国で女性向けに発行された定期刊行物は，1898年7月『女学報』の創刊を筆頭に，1949年までおよそ600種以上の刊行が確認されており（徐楚影・焦立芝［1984：680-681］），さほどめずらしい存在ではない。『婦女雑誌』が刊行されていたあいだでも，読者を女性に限定して創刊された定期刊行物は上海だけで90種以上を数えていた（上海婦女志編纂委員会編［2000］）。ただそのほとんどが1年や2年を待たずに停刊されたり，ごくわずかな部数のみが発行されたりするなど，女性であれ男性であれ，どれほどの人々がこのような刊行物にふれていたかについては再考の余地がある。このように社会への影響力という要因をも考慮したときにはじめて，17年という長期間を通じて持続的に刊行された

だけではなく，発行部数や流通範囲においても群を抜いていた『婦女雑誌』の存在に目が留まる。では，ほかの女性向け雑誌がみな短命に終わっていくなかで，なぜ『婦女雑誌』だけがそのような変化を生き延びられたのだろうか。

その要因としては，同誌が中国最大の出版機構の商務印書館を母体にしていた点が挙げられる。ただそれは『婦女雑誌』のために，商務印書館が営業損益を顧みずに全力投球していたという意味ではない。1898年に小規模の印刷工場から出発した商務印書館は，1902年に経営責任者として張元済（1867～1959）を迎え入れたことを契機に，編訳所（編集部），印刷所および発行所からなる組織を整備し，教科書，辞書，叢書類などを網羅する総合出版組織として成長していく。それ以来，商務印書館は，蔡元培（1868～1940）という知識界のリーダーを「精神的支柱」（張樹年・張人鳳編［1992：248］）にして，営利獲得だけを重視する零細な商業出版とは一線を画し，中国文化を先導すると同時に，救国の責任を果たすという文化的使命をも自負してきた[2]。

ただ，商号の「商務」が示唆するように，民営企業だった商務印書館は，商業性を無視することはできなかった。商務印書館の掲げる文化的使命は，一定の経済利潤の獲得を前提にすることにほかならず，したがって営業利益の母体となる読書市場の主流的価値に従属せざるをえない[3]。「完備された内容と，謹厳な体裁を通して，女子教育を補助し貢献する」といった『婦女雑誌』の文化的使命や，「そのために本社の天職を尽くす」という商務印書館の抱負は[4]，『婦女雑誌』刊行が生み出す利益——それが直接的な販売収益だったにせよ，あるいはより長期的な視野から推算された間接的な付加価値だったにせよ——に見合うくらいのコスト支出とサポートはできるといった意味にすぎなかったのである。

もっとも毎年500冊以上の新刊を生み出していた商務印書館にとって（商務印書館編［1990：278］），『婦女雑誌』は一介の月刊誌にすぎない。もちろん雑誌のなかには，同館の政治的，社会的立場を代弁する総合雑誌として位置づけられていた『東方雑誌』などもあったが（若林［1978］），ターゲットを女性だけに絞り込んだ『婦女雑誌』は，いわば非主力商品でしかない。ただ『婦女雑誌』という資料が持つ性格は，むしろここから探るべきだろう。

商務印書館という大手出版社の傘下で，主力商品でもない『婦女雑誌』が命

第4章　五四新文化運動と女性論の旋回

脈を維持するためには——女性読者の影響力が大幅に成長したり，女性問題が大々的なセンセーションを巻き起こしたりしないかぎりにおいて——，特定の主義を賞揚したり，少数の主張だけを反映したりするよりは，主流の社会価値に準じる必要がある。『婦女雑誌』は『女子世界』『中国女報』や『天義』のように，少数の革命人士たちが急進思想を鼓吹するために発行していたわけでもなければ（夏暁虹［2004：107］；劉慧英［2006a］），留学生団体の発行する『中国新女界雑誌』や，女子学校の文集だった『恵興女学報』や『無錫競志女学雑誌』のように，ごく一部の女性エリートたちで読み回すものでもなかった。それらに比べれば，『婦女雑誌』に盛られている内容は，少なくとも市場を介して販売される商品として17年を生き延びられるくらいに，一般的な読書需要に準じていたのである。

　とはいえ，五四新文化運動を前後する「賢妻良母」イメージの変容を再考するにあたって，分析の焦点を『婦女雑誌』にしぼりこむことは果たして妥当であろうか。あるいは，少なくとも有効だろうか。第Ⅱ部の関心は単に「賢妻良母」がたどった変容の過程を再現することにあるというより，それ以上にそのような変容をもたらした歴史的文脈を考察することにこそある。そのためには，より多くの資料から「賢妻良母」の語彙を拾っていくより，むしろ代表的なメディアに分析対象を集中させたほうが，そのメディアがたどった異なる社会的文脈の推移が，どのように誌面上の変化として表出されていったかを効果的に吟味できると考える。このような問題意識をふまえて，誌上から「賢妻良母」の変化を実際に追っていく前に，資料に対する概観をもかねて，第4章では分析対象となる『婦女雑誌』がどのような歴史的・社会的文脈をもつメディアであったかについて，検討を加えていくことにしたい。

2　女性読者の形成と『婦女雑誌』の創刊

　すでに1911年より『婦女時報』（1911年6月創刊，有正書局発行）が発売されていた上海では，1915年には『婦女雑誌』だけではなく，『女子世界』（1914年12月創刊，中華図書館発行），『中華婦女界』（1915年1月創刊，中華書局発行），『女子雑誌』（1915年1月創刊，広益書局発行）など，数種の女性

向け雑誌が一斉に生み出された。もっとも上海では 10 年以上さかのぼる 1898 年からすでにこの類の刊行物が確認されていたり[5]，同類雑誌の創刊数そのものは 1912 年を頂点に下降したりするなど（陳姃湲［2005 a：20］），このような動きは一見特筆に値するほどのことではないかもしれない。ただかつてほとんどの女性向け雑誌が具体的な宣伝目標をもっていたり，小規模団体や学校などで細々と読まれていたりするなど，いわば同人誌やパンフレットのようなものだったとすれば，上記の一連の女性向け雑誌は，いずれも大手出版社を発売元にして，市場で販売される「商品」である。

　中国近代商業文化の発祥地ともいわれる上海は，1872 年に新聞社の申報社が，1897 年には総合出版社の商務印書館が創業されたことをきっかけに，多くの出版業者や印刷業者たちが密集し，平時に中国出版業全体の 86％まで占めるほど，20 世紀前半まで中国出版界のメッカの地位を維持した（陳明遠［2001：54］）。中国最高学府の北京大学が発行する学術雑誌や官庁の刊行する官報が中心となる北京の出版界と違って，民営業者からなっていた上海の出版業は（ibid），十分な売れ行きを支えるほどの読者たちの存在こそが営業の前提となる。つまり，上海出版界の繁盛は出版業だけではなく，それをめぐる流通構造，書店と読者からなる読書市場も形成しつつあったことを意味する。

　このような上海出版界を舞台に，なかでも規模の大きさを争う多くの大手出版社が，ほとんど同時に女性向け雑誌の創刊に踏み切ったことは，一定以上の売れ行きを支えられるほどの女性たちが読者市場に加わっていたことを意味する。1911 年から発刊されていた『婦女時報』がすでに 5 年近くも命脈を維持していたことは，同業者たちからみれば，少なくともその市場開拓の可能性を示唆するものになったのだろう。

　もっとも読者となるためには，経済的な購買力だけではなく，識字能力をも備えなければならない。清末の統計によれば，1907 年当時に中国全国には 428 校の女子学校に 15498 名の女性が在学しており[6]，その数は 5 年前より 50 倍以上も増加していた（杜学元［1995：333］）。民国時期に入ると清末の成果を基盤に女子中等教育も始められ，1914 年に全国で約 130 校の女子中学校に 1000 名ほどだった女子中学生が，つづく 10 年間で 170 校の 19000 名まで増加したほど（教育部教育年鑑纂委員会編［1934：135-138］），女子教育は

まさしく急速な成長をとげつつある最中だった。ただ中国女性の絶対多数はまだ学校や読書とはほど遠く，1918年になっても中国女性の就学率と識字率はいずれもわずか1%に満たないままだった（周石華・朱文叔［1924］）。

このような状況をふまえれば，当時に女子学生以外に識字能力をもつ女性は，ほとんど見つからなかったといっても過言ではない。読者のほとんどが女子学生で占められているとすれば，その需要を満たす最も簡単な方法は，女子教育の課程と方針に準じて，誌面の体裁と内容を企画することになる。実際に，民国初期の女性向け雑誌のほとんどは，当時の女子教育が掲げる「賢妻良母主義」に呼応して（何黎萍［2000］；趙淑萍［1996：27-35］），「女子学生の作品や小説，嘆詞文学」および，「医療衛生や児童養育に関する常識」を主な内容にしていたのである。『婦女雑誌』もむろん例外ではなかった（謝菊曾［1983：38-39］）。

◆**教科書トラストとしての商務印書館**

一方，そもそも商務印書館は各雑誌の売り上げそのものだけでは，ほとんど利潤を獲得しておらず[7]，雑誌刊行の経済的な付加価値はほとんど広告収入にたよっていた（王飛仙［2004：54］）。ただ『婦女雑誌』の場合には表4-1でみるように，創刊直後を除けば外部から受注する広告も極めて少なく，潤沢な広告収入が期待できるわけでもない[8]。では，商務印書館にとって『婦女雑誌』を刊行する利点はどこにあったのだろうか。このような疑問に答えるためには，「教科書トラスト」としての商務印書館の経営方針に注目する必要があろう（Drege［1978＝2000］）。

創業者たちの回顧によれば，2台の印刷機で創業した商務印書館が，わずか10年弱という短期間で中国最大規模の出版組織に成長できたのは，教科書出版のおかげだった（高翰卿・張蟾芬［1923］）。清末の新式教育の波に相乗りし，膨張していく教科書市場から経営の基盤を成功裏に固めた商務印書館は，1910年代になると本業の出版のほかに，文房具の販売や通信教育にいたるまで，教科書を主軸に事業範囲を教育全般に拡大させる（王飛仙［2004：25-27］）。雑誌の刊行も教科書とは無関係ではない。『東方雑誌』の編集長を歴任した胡愈之（1896〜1986）は，商務印書館にとって雑誌を刊行する真の目的は「本

表 4-1 創刊後 4 年間における『婦女雑誌』の外部広告受注件数の推移

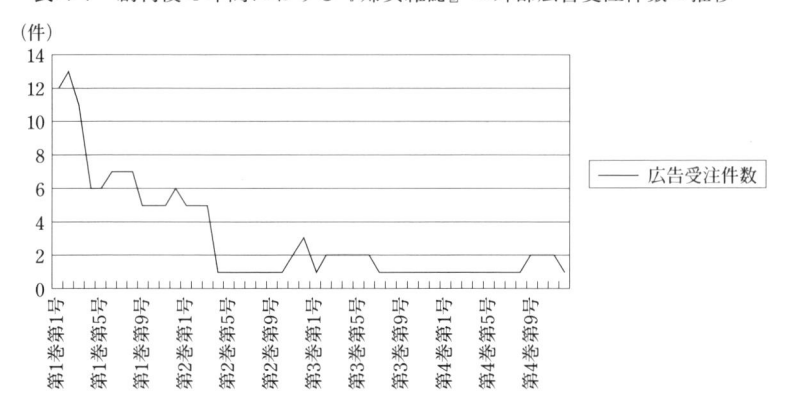

(件)

表 4-2 創刊後 4 年間における『婦女雑誌』の広告収入の推移[9]

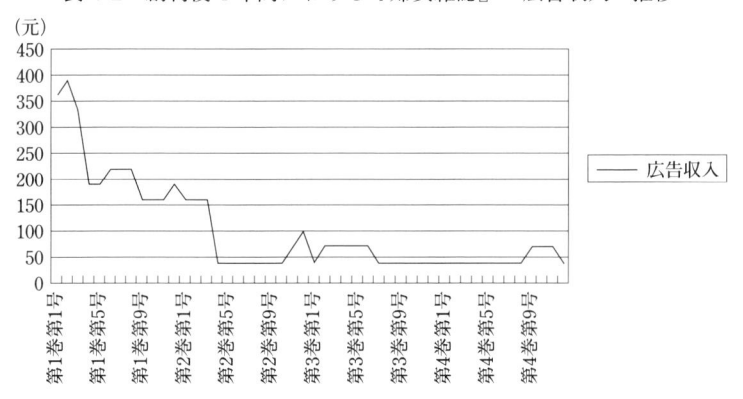

(元)

の広告，特に教科書の広告」にこそあったと言いきるほどである（胡愈之［1990：279-280］）。敷衍すれば，それは単に雑誌誌面に広告を掲載するだけではなく，「教科書を売り込む手段として，雑誌を経由して各学校と密接な連絡をとること」をも意味する（商務印書館編［1987a：114］）。実際に商務印書館の発行する雑誌は，あたかも商務印書館の教科書編集の仕組みを反映するかのごとく，教育課程と教育科目の二つを主軸にラインアップされていたのである（王飛仙［2004：25-27］）[10]。

第4章　五四新文化運動と女性論の旋回

◆広告メディアとしての『婦女雑誌』

　なかでも『婦女雑誌』が特に女子教育課程にターゲットを絞り込んだ雑誌だった点を想起すれば，同誌に実質的に期待されていたのは，一連の女子用教科書をはじめ女子教育課程に合わせた各種自社刊行物の編集と販売を支える役割だったといえよう。以下，『婦女雑誌』がこの役割にどのように対応させられていたかを，誌面内容，広告掲載，そして読者との連結のそれぞれの方面から考えていきたい。

　当時の一般的な雑誌体裁にならい，いくつかのコーナーを基本的な枠組みにしていた『婦女雑誌』は[11]，どの雑誌でも巻頭を飾る「画報」と「社説」を除けば，「学芸」と「家政」コーナーから本文が始められており，1914年12月に教育部によって発布された「一般教養」と「家政」を中心にする女子中等教育方針に符合させられている（何黎萍［2000］）。また教科書が対応できない部分——たとえば，学習成果を褒賞したり評価したりする役割も『婦女雑誌』が消化している。教師たちは学生の作文のなかから模範的な作文を選んで，直接『婦女雑誌』に投稿しており（銭基博［1915］），創刊2年目からはこのような学生の作品を専門的に掲載するコーナー，「国文範作」が新設されたほどである。『婦女雑誌』は商務印書館が発行する教科書を補助して，参考書としての役割を果たすべく編集されていたのである。

表4-3　創刊初期『婦女雑誌』の体裁

第1巻	1915年	図画，論説，学芸，家政，名著，小説，訳海，文苑，美術，雑俎，伝記，記載，補白，余興，調査，付録，女学商権，懸賞
第2巻	1916年	図画，社説，学芸門，家政門，紀述門，中外大事記，国文範作，文苑，小説，雑俎，余興，補白
第3巻	1917年	図画，社説，学芸，家政，紀述，文苑，小説，国文範作，雑俎，余興
第4巻	1918年	図画，社説，学芸，家政，紀述，文苑，小説，国文範作，中外大事記，余興，補白，雑俎

　さらに，商務印書館は『婦女雑誌』が実際にどのように流通されていたかについても——たとえば，参考書として公式に推薦されたり[12]，学校単位で団体購読されたりする状況が把握されていた[13]。このような流通情報はそのまま広告主たちにも提供され，『婦女雑誌』は「識字能力をもつ女性および女子学生がみな愛読する」（王飛仙［2004：55］）メディアとして紹介される。『婦

137

『婦女雑誌』の掲載する広告の訴求対象が女子学生であるという点は，もちろん自社広告に対しても同様に適用される。『婦女雑誌』は商務印書館の教科書を補助する参考書だっただけではなく，教科書そのものをはじめとする各種書籍を宣伝できる恰好の広告メディアでもあったのである。実際に『婦女雑誌』最大の広告主は全刊行期間を通して常に商務印書館で，その広告量はほとんどの場合他社広告をすべて合わせた量よりも多い（表4-4）。商務印書館の広告は自社広告であるという利点が生かされ，本文の内容まで考慮して巧妙に配置されていた。「家政」のコーナーの前には，家事教科書と裁縫教科書の広告が（図4-1），翻訳作品を掲載する「訳海」の前には辞書の広告が，「小説」の前には中国奇書の広告が，「美術」の前には画報の広告が挟まれるといった具合に，各コーナーの前後にはちょうどその内容に符合する書籍の広告が掲載されるほかに，特に目によくつく表紙裏や巻末には，商務印書館の各種女子用教科書を集めた全面広告が用意されている（図4-1）。

　もっとも，より積極的なマーケティングとは，市場に対して一方的に広告を発信するより，むしろ現場の需要を把握し，生産段階で商品を市場の需要に合わせることになろう。商務印書館も『婦女雑誌』を単なる広告メディアとみなす以上に，「各学校と密接な連絡をとる」媒介となって，女子学校の動向を伝えたり，女子学生たちと連絡を保ったりする手段として利用していた。たとえ

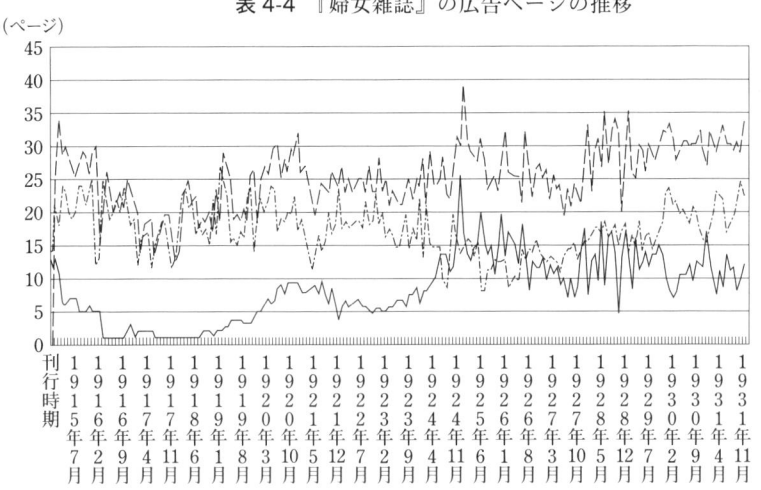

表4-4　『婦女雑誌』の広告ページの推移

第4章　五四新文化運動と女性論の旋回

図4-1　『婦女雑誌』誌上の女子用教科書広告

出典　『婦女雑誌』第1巻第1号，1915年1月．

ば，「図画」コーナーには，女子学生の学内活動を伝える各種写真が頻繁に飾られただけではなく，「記述」コーナーの実質的な内容は，各地の女子教育の情報や，各学校の教育状況の報道だったのである（周叙琪［2005：114-115］）。このように確保された教育現場の生の情報が，教科書編纂過程にも用いられたことは言うまでもない（王飛仙［2004：59-60］）。

　以上を整理すれば，創刊当初の『婦女雑誌』は，商務印書館の女子用教科書を内容的に補助する副教材であると同時に，広告を掲載したり，学生や学校との連絡を保ち教育現場の動向を把握したりして，教科書の編集，流通および販売を同時にサポートするあり方を体現していた。

◇小規模で安定的な市場性

　しかし中国社会で女性は，特に知識界における女性たちの力はまだ非常に弱いままだった。たとえば，1923年のある調査結果によると，1912年から1917年まで，中国の全学生総数のなかで女子学生が占める比率は4%から5%のあいだを維持するにすぎない（唐鉞・朱経農・高覚敷編［1933：1052］）。

このような就学人口の男女格差はそのまま女性向け刊行物の販路を限定し、同種の雑誌のなかでは群を抜く規模を誇っていたとはいえ、『婦女雑誌』の発売部数は『東方雑誌』の5分の1くらいで、同じく学生を対象にする『学生雑誌』と比べても半分ほどにすぎない[14]。商務印書館が各雑誌に対して期待していたものが、販売から直接生まれる経済的利潤であるより、広告メディアとしての付加価値だったとしても、他社から受注される広告件数の持続的な減少が示唆するように（表4-1）、訴求対象を女子学生に限定して得られる広告効果も大きくはなかった。商務印書館にとって『婦女雑誌』の存在は、たとえ停刊の必要性こそは感じなかったにせよ、わざわざ負担を買って出るほど緊要でもなかったのである。

創刊当初から5年間にわたって編集長を務めた王蘊章（1884〜1942）の経歴や趣向からも、商務印書館の『婦女雑誌』に対する位置づけをうかがうことができる。彼は鴛鴦蝴蝶派を代表する小説家として[15]、文学史的にはかなり重要な位置を占めるものの、5年間『婦女雑誌』の編集を担当した以外には、生涯を通して女性問題と関わる経歴は一切もたず、中国女性史からはほとんど語られることのない人物である（芮和師［1994］）。にもかかわらず、商務印書館が彼に『婦女雑誌』を任せたのは、王蘊章が1910年から『小説月報』の編集長を務めており、自社ですでに5年の雑誌編集の経験をもっていたからである。いいかえれば、商務印書館が『婦女雑誌』創刊に際して主眼を置いていたのは、内容を充実させることではなく、どのようにして最低限の負担で雑誌としてのかたちを整えられるかだった。女性問題に注意してきたわけでもなかった王蘊章の編集態度も実務的な範囲から外れることはなく（謝菊曾［1983：38]）[16]、彼に率いられるあいだ『婦女雑誌』は、ほとんど創刊当初の体裁や内容を維持したままである。

このような傾向は、ほかの女性向け雑誌によってさらに強められる。『婦女雑誌』と同時に創刊された女性向け雑誌の多くが、2年もならないうちに停刊されてしまったのである[17]。130校ほどの女子学校を市場に、同じ性格の雑誌が5、6種も競合しあっていたことを考えれば、このような結果は最初から予見されていたといえよう。なかでも同じ体裁で発行されていた『中華婦女界』と『婦女雑誌』との競争は激しく、商務印書館は読者に化粧品の商品券をプレ

ゼントするなど(張元済 [1981 a：84])，積極的なプロモーション活動を行なわなければならなかった。『中華婦女界』も販売価格を『婦女雑誌』を下回る 0.2 元に値下げして対応したが[18]，創刊から 1 年半後には停刊になってしまった。たとえ『婦女雑誌』の刊行が商務印書館にとって大きい利益につながってはいなかったにせよ，ライバル誌がすべて命脈を終えてしまったことは，同誌が中国で唯一女性を専門に扱う独占的なメディアとして，少なくとも安定した市場性を獲得することを意味したのだろう。この知らせを受けた張元済はただちに，この機会に『婦女雑誌』の販路を固めるように各営業店に通達する(張元済 [1981 a：155])。そして，『婦女雑誌』は競争相手の存在しない安泰な市場性に支えられて，1917 年から販売価格を従来の 0.25 元から 0.3 元に値上げすることまでできた[19]。

3　商務印書館の対応

　安泰は長くは続かなかった。ただ『婦女雑誌』の売れ行きに急激な変化があったり，強力なライバル誌が新たに創刊されたりしたわけではなく，『婦女雑誌』やその読者たちに変化の直接的な原因があったとはかぎらない。1910 年代後半から徐々に高まっていた五四新文化運動の気運は，1918 年ころには出版界にも影響しだし，商務印書館も対応を模索せざるをえなかったのである。主力商品ではなかったが，発売元の影響から逃れることもできなかった『婦女雑誌』は，商務印書館のほかの出版物につられて，五四新文化運動が出版界全般に及ぼした大きい地殻変動の連鎖作用のなかに巻き込まれていく。では，五四新文化運動は具体的にどのように商務印書館の出版物の内容に影響したのだろうか。

　◇『新青年』の成功と『東方雑誌』の沈滞
　五四新文化運動の震源地だった雑誌『新青年』は，1917 年を境に順調に勢力を広めていき，1919 年には毎号あたり平均 15000 部の発売部数を誇る規模に成長する(中共中央馬克思恩格斯列寧斯大林著作編訳局研究室編 [1979：37])。『新青年』だけではなく，『新潮』も 10000 部以上の発売部数を記録するなど

(中国社会科学院近代史研究所編［1979ｂ：185］），五四新文化運動の波とともに登場した新生雑誌は飛躍的な成長をとげていた。一方，中国の識字率は五四新文化運動以前からほとんど同じレベルにとどまっており[20]，このような新生雑誌の成長は読書市場の拡大によって支えられていたわけではない。いいかえれば，その裏で既存の雑誌の売れ行きはそれだけ大きく落ち込んでいたことになる。

なかでも『東方雑誌』や『小説月報』など，商務印書館の主力雑誌が被った打撃はひときわ深刻で，1918年度の雑誌類の総売り上げは前年度を35000元も割り込んだ111000元まで激減していた（張元済［1981ｂ：505］）。このような事態に対して，商務印書館はひとまず大々的な減価措置で対応する（ibid）。ただ五四新文化運動の影響力は，単なる値引き作戦で読者たちを呼び戻せられるくらいのものではなく，商務印書館の営業成績は改善されないまま，1919年3月には110000部を超える売れ残り雑誌を抱えるまでになってしまう（ibid：551）。

売れ行きの不振という悩みを解決できずにいた商務印書館にとって，誌面内容，編集方針，白話文の採用など雑誌そのものに対する改革に踏み切るきっかけとなったのは，1919年3月に羅家倫（1897〜1969）によって発表された「今日の中国雑誌界」という論評である（志希［1919］）[21]。商務印書館の発売する雑誌類全般に対する批評を実質的な内容にする本文は，それぞれの雑誌に対して批判を加えると同時に，徹底的な改革をもとめて，雑誌は「雑」であるべからず，まず編集方針を明確にしなければならないと，その基準まで提示していた。羅家倫の批判を受けた当初は，『東方雑誌』や『学生雑誌』の誌上に，それぞれ反論や意見が掲載されたりもしたが（景蔵［1919］；范堯生［1919］），商務印書館の販売不振は一向に改善されず，張元済は改革をも念頭に入れて対策を考えなければならなかった。各雑誌に対する詳しいマーケティング調査を経て（張元済［1981ｂ：622；628；635；666］），つづく1920年2月の同館の役員会議で張元済は，「各省で自ら教科書を刊行するようになっただけではなく，新思潮も激増していき，『新婦女』『新学生』『新教育』などがすでに出版されている」という市場認識のもとで，もはや「このような動きに全的に迎合せざるえない」と正式に表明したのである（張元済［1981ｂ：505］）。ときを

同じくして，商務印書館の各雑誌の誌面には大々的な改版予告が宣伝されるようになる[22]。

◇改革の渦中の『婦女雑誌』

『婦女雑誌』もむろん例外ではなく，1919年11月に婦女解放が提唱されたことを皮切りに（佩韋［1919］），つづく12月に雑誌編集方針の変更が正式に宣言されたほか[23]，翌年1月には白話採用が公表されるなど（梅［1920］），一連の改革が順次行なわれた。

ただ『婦女雑誌』にかぎっていうならば，改革は必需的なものではない。1918年の『婦女雑誌』の販路にどのような変化が生じたかを正確に確認することはできない。しかし，たとえば売れ行き低下への懸念から，『東方雑誌』や『小説月報』などに対して大幅な減価対策が取られたときにも（張元済［1981b：504］），『婦女雑誌』の小売価格は1917年以来のレベルがそのまま維持されえた[24]。それだけではない。雑誌の経営収支の主な指標である広告をみても，他社から受注された広告量もわずかながら増えつつある（表4-4）。つまり，五四新文化運動の高波は，少なくとも『婦女雑誌』の出版体制に影響するほど，女性読者たちの読書需要を揺さぶってはいなかったのである。

しかし，新文化運動陣営からの批判は，『婦女雑誌』だけを避けて通ってはいなかった。『新潮』によって「女性を奴隷にするようなことしか言わない」と罵倒されたり（志希［1919］），『少年中国』側からは「良妻賢母」や「三従四徳」の範疇に縛られた旧式雑誌だと酷評を受けたりしてしまう（王会吾［1919］）。たとえそれが『婦女雑誌』の主な読者たちから発せられたものではなかったにせよ，このような批判を前にして，商務印書館は『婦女雑誌』も改革の対象に含ませざるをえなかった。ただ五四新文化運動陣営から商務印書館に向けられた批判の真の焦点は『婦女雑誌』ではなかったし，商務印書館の対応の中心も『婦女雑誌』ではなかった。章錫琛（1899～1969）のいうとおり「商務印書館によって常に無視されつづけた」『婦女雑誌』に対する改革とは（商務印書館編［1987：116-117］），批判を加えた側にせよ，あるいはそれに対応した側にせよ，どちらかといえば副産物的なものにすぎない。編集長人選の過程は，それをもっとも克明に表すバロメーターになろう。

張元済は商務印書館を五四新文化運動という新しい潮流に対応させるために，改版や編集方針の調整だけではなく，人材も新しく抜擢しなければならないと考えていた（張元済［1981ｂ：624］）。実際に従来の編集陣容のなかには，新しい編集方針に賛同しないものも多く，『婦女雑誌』と『小説月報』の編集長を兼任していた王蘊章もそのひとりである。「典型的な旧式文人」だった彼は（謝暁霞［2002ｂ］），「新文芸は新思想の代わりに宣伝と鼓吹に努めてなければならない」[25]（ママ）という『小説月報』の新しい編集方針に納得できず[26]，食い違った方向性のためについに商務印書館を離れたのである。ただそもそも『婦女雑誌』のために雇われたわけでもなかった彼が，『婦女雑誌』の改版にまで抵抗を感じていたとはかぎらず，王蘊章の辞任は『婦女雑誌』に理由があったわけではない（茅盾［1981：109；134-135］）。商務印書館も依然『婦女雑誌』のためにまでわざわざ編集長を物色しようとは思っておらず，当初は前例に因んで『小説月報』の新任編集長に内定した茅盾（1896～1981）に，ついでに『婦女雑誌』も任せるつもりだった（商務印書館編［1987ａ：189-190］）。しかし茅盾の固辞によってこの計画は実現せず，約１年を待った1921年１月，『婦女雑誌』は創刊６年目にしてようやく専任の編集長として，章錫琛を迎え入れたのである。

　それは商務印書館が『婦女雑誌』の性格を考慮して，章錫琛を選んだという意味ではない。商務印書館で『東方雑誌』の日本語からの翻訳業務にすでに10年近く従事してきた章錫琛は[27]，先進外国の新思潮を紹介できる翻訳能力を備えており，「新知識と新学問をもつ」と同時に，「もっともモダン」でなければならないという張元済の新しい人選条件をたしかに満たしてはいる（張元済［1981ｂ：731；687］）。だが，章錫琛は商務印書館ではもちろん，その前にも女性問題と関わる経験はほとんどもっていない[28]。「この方面にまったく無知だった」彼にとって，『婦女雑誌』の編集長は商務印書館の「督促を断りきれなかったために，やむをえず引き受けた」職責にすぎなかったのである（商務印書館編［1987：117-118］）。就任までの経緯にかぎっていえば，章錫琛も前任の王蘊章と同様に，商務印書館の決定にしたがって望まずに『婦女雑誌』の編集長となっただけである。章錫琛だけではなく，共同編集者として『婦女雑誌』の編集に加わった周建人（1888～1984）もまた，女性問題には門外漢

第 4 章 五四新文化運動と女性論の旋回

である[29]。

　このように女性問題に対する見識の有無ではなく、新思潮への対応能力の有無を基準に抜擢された新しい編集陣は、商務印書館の要求にこたえて、『婦女雑誌』を「良妻賢母」や「三従四徳」の範疇に縛られた旧式雑誌から（王会吾[1919]）、五四新文化運動に迎合する青年知識人の趣向に合う「モダンな」雑誌に一新させなければならなかった。そのために彼らは、「図書館から女性問題をめぐる各種日本語と英語の書籍を漁ってきて」「それをうのみに真似ただけで紹介」（章錫琛[1931]）したり、「婦女解放や恋愛自由といったモダンな短文をでっち上げたり」するほかならなかったのである。最初は「ただただ時間どおりに編集ができあがることを願った」だけだった章錫琛と周建人は、早くも「三ヵ月もすぎれば、各号が時間通りに刊行できる」ようになっただけではなく（商務印書館編[1987：116-118]）、半年もしないうちに、かつて批判的な眼差しを向けていた新文化運動陣営から、「中国女性問題に関するもっとも権威のある出版物」という賛辞を得られるほど、『婦女雑誌』を変身させることができた[30]。

　真の変貌は、むしろその過程を手がけた人々の方でおきていた。従来「この方面にまったく無知だった」章錫琛は、進んで女性問題に関する本を翻訳して出版するほど[31]、『婦女雑誌』責任者の名に相応しく女性問題の権威として一躍浮上した。章錫琛だけではない。彼に協力して『婦女雑誌』の記事を手がけていた編訳所内の青年知識人たちは、「本格的に婦女問題を探求するために」「婦女問題研究会」という同人組織を発足させたほど[32]、認識をともにしていたのである。彼らは『婦女雑誌』と関わった経験から、「婦女問題は女性に限らず、全人類の問題である」ことに目覚めただけではなく、「早く 18 世紀末からこの問題が討論されていた」西欧に比べれば、中国の婦女問題は「中国全民族の恥辱である」という認識から、「婦女問題を共同に研究する」必要性を実感できるようになった。さらに、このような急展開は編集陣だけではなく、読者たちをも巻き込んでいく。

　もっとも『婦女雑誌』は創刊当初から読者たちの投稿記事を受けつけており、稿料も払われていた。しかし読者の投稿は多くはなく、誌面の中心となったわけでもない。それに比べれば、五四新文化運動時期の『婦女雑誌』は、「四方

145

から原稿を掻き集め，雑誌誌上からも投稿を募集する」など（商務印書館編［1987：116-117］），全体的にその比重が高くなっただけではなく，目玉記事として頻繁に投稿特集が組まれたり[33]，「読者倶楽部」「自由論壇」「読者文芸」「通訊」「通信」「読前号」などのコラムが設けられたりして，編集陣は積極的に読者たちを討論の場に招きこんだ。そもそも門外漢から出発した章錫琛と周建人は，読者たちの参与なしに議論を先導することはできなかったのである。

◆『婦女雑誌』と男性知識人

このようにして，『婦女雑誌』は従来の色彩を完全に拭いさり，「女性の地位向上および家庭改革」[34]を訴える進歩的なメディアへと変貌した。保守的な論調から脱却した『婦女雑誌』の女性論が向かった先は，清末ナショナリズムのもとで内在的に始められていた纏足禁止論や女子教育論ではない。近代西欧思想に傾倒する青年知識人に率いられるまま，『婦女雑誌』の女性論はエレン・ケイやベーベル，そしてイプセンなど，欧米先進国における女性論を新たな根拠にして展開されてしまう。五四新文化運動の婦女解放論の内容が清末の議論とは断絶されたまま，近代西欧の女性論に急転していった背景には（呂美頤・呉効馬［1998：668-689］），その陣地となった『婦女雑誌』をめぐる歴史的文脈があったのである。

改版の成果はそのまま発売部数の増加にもつながった。改革後1年もすぎると『婦女雑誌』の印刷部数は従来の倍に増加され，つづく2年目には「中国女性雑誌史上の新紀元を画して」10000部以上に膨れ上がる[35]。このような規模は3000部ほどだった従来の発売部数と比べて3倍以上に増えていただけではなく，当時商務印書館の発行する雑誌類と比べてみても40000部の発売部数を誇る『東方雑誌』と『小説月報』に次ぐ規模の大きさである（台湾省雑誌事業協会雑誌年鑑編集委員会編［1954：6］）。それによって，かつて1号あたり1件ほどにも満たなかった広告も大幅に増える（表4-4）。

読者数の急増をもたらしたきっかけとなった改革が，女性読者を排除したまま敢行されていたことからもうかがわれるように，『婦女雑誌』誌上の討論に積極的に参加した投稿者たちも，あるいは3倍まで増加した『婦女雑誌』の読者たちも，必ずしも従来の女性読者と連続しているわけではない。たとえば，

同誌が 1923 年 9 月から一ヵ月間「私の理想的な配偶者像」という読者アンケートを実施したところ，男性返答者が全体の 83％を占める 129 名だったのに対し，女性返答者はわずか 16％の 26 名にすぎなかった（瑟廬［1923 b］）。このような性比は，1925 年に同誌に設けられた医療相談コーナーに寄せられた相談件数の男女比とも，ちょうど重なるものである（張哲嘉［2005：210］）。このような『婦女雑誌』の読者はほかのメディアからも把握されていた。1925年 1 月，北京の日刊紙『京報』が青年読者たちから愛読書を 10 冊ずつ挙げてもらうアンケート調査を実施したところ（京報出版部編［1925］），『婦女雑誌』は雑誌類としては『東方雑誌』『小説月報』『新青年』に次いで堂々と 50 位内に並び，同誌の自負するごとく，その影響力はたしかに驚異的に成長している。ただその影響力を支えていた読者たちは，少なくとも名前から判断する限りでは，絶対多数が男性読者からなっていたのである（陳姃湲［2005 a］）。

　むろん女性読者がまったくいなかったわけではない。1924 年ごろには中国全国に 170 校を数える女子中等教育機関で，19000 名を超える女子学生が在学しており（教育部教育年鑑編纂委員会編［1934：135-138］），読者となりうる中国女性の絶対数は創刊当時と比べて飛躍的に増加していた。このような女性のなかには多くはなかったにせよ『婦女雑誌』の読者はもちろん，執筆者となった者もたしかに存在する（周叙琪［2005］）。ただより肝心な点は，特に『婦女雑誌』のテキストをどのように読み解くべきかという本章の関心に即していえば，『婦女雑誌』の読者のなかに女性が何人いたかであるより，このときに同誌が必ずしも女性読者のために編集されていたわけではないということである。

　そもそも編集陣は，読者のほとんどが男性からなっていたことを把握していただけではなく[36]，そのために女性問題を討論するという趣旨の正当性が問われかねないことまで熟知していた。女性の参加なしに女性問題が討論されているという疑いに対して，『婦女雑誌』の編集陣がとった公式的見解は，女性読者の存在を主張したり，あるいは女性たちを積極的に議論に招き入れたりすることではない。『婦女雑誌』の編集陣は，同誌が従来の「家庭主婦の読み物」から「女性問題を専門的に研究する」雑誌に変わったために，女性の身近な関心とはかけ離れてしまったことを認めたうえで，「女性問題は女性だけの問題

147

である以上に，両性問題であり，全人類の問題でもある」といい，男性が女性問題の討論に参加することを正当化していたのである[37]。

　五四新文化運動の高波はたしかに『婦女雑誌』にも影響し，良妻賢母主義の保守的な書物から，婦女解放論を標榜する進歩的なメディアへと同誌を変化させた。ただし，『婦女雑誌』が経験した変化の内実はそれだけではない。『婦女雑誌』の変化の起点となった改革は，既存の女性読者の読書需要を反映したものではなく，むしろ商務印書館を介して女性を排除したまま，その外側から与えられている。商務印書館の主眼は，『婦女雑誌』を中国女性の現状により符合させたり，女性読者の需要に合わせたりすることではなく，どちらかといえば，同誌をして五四新文化運動に同調する若い知識人たちの変化した読書趣向に迎合させることに置かれていた。その結果，五四新文化運動時期の『婦女雑誌』は従来の女性読者の代わりに，新思潮に同調する青年知識人たちを新たな読者として迎え入れたのであり，そこで繰り広げられた女性論も，中国女性の現状に目を向ける代わりに，近代西欧理論を基軸にしてしまったのである。

4　知識界の再編と女性論

　『婦女雑誌』が創刊当初の良妻賢母主義から一転して，五四新文化運動の新思潮に乗り換えるきっかけとなったのは，商務印書館の経営陣が同館全体の事業方針に基づいて行なった編集陣更迭の措置にほかならない。そもそも商務印書館では編集部にあたる編訳所の傘下に各雑誌社が設けられ，企画，執筆の依頼，編集など，雑誌刊行にまつわる業務はここに属するそれぞれの編集人グループに一任されており（商務印書館編［1992：743］），各雑誌の編集方針や誌面の性格は実質的に同編集長を中心とする編訳所内の人脈に左右されていた。なかでも『婦女雑誌』は通常は経営陣の関心外にあって（商務印書館編［1987：117］），その息が同誌に直接及ぶことはなく，その必要が認められたときに限って，たとえば同館全体の経営方針が変化したり，あるいはそれと『婦女雑誌』とのあいだに食い違いが生じたりした場合に，編集陣の更迭を介して妥当とされる方向へと同誌を間接的に向かわせようとしただけである。このような商務印書館との相互関係の図式は，『婦女雑誌』の次なる変化の経緯からも同様に

第4章　五四新文化運動と女性論の旋回

みることができる。

◆ポスト五四新文化運動の知識界の変容

　章錫琛に舵を取られた『婦女雑誌』の論調が激しさを増していく一方では，新文化運動をめぐる中国知識界の変容も続いている。五四新文化運動の震源地でもあった『新青年』の同人たちが 1921 年から瓦解しだしたことを機に，「1922 年から 1925 年のあいだだけで，新しく組織された文学組織や雑誌が 100 は下らなかった」ほど（茅盾［1990：453-461］），新文化運動の陣営はちょうど分裂を始めており，相互に攻撃と論争を繰り広げる最中だった（廖久明［2005］）。なかには，伝統を改造して新文化を創造するためには，言語，文学，歴史など中国固有の文化学問を整理することから始めなければならないという主張が，当時の知識界で絶対的な影響力を誇っていた胡適（1891〜1962）に率いられて力を得ていた（陳以愛［2002：23-24］）。たとえ「『反革命』の空気が天辺まで充満している」と評するほどではなかったにせよ（魯迅［1982：21］），中国知識界には新文化創造という目標を共有しながらも，無批判的な西欧思潮への追従を警戒する動きも，たしかに台頭していたのである。

　変化したのは中国知識界の勢力版図だけではない。かつて新文化運動に対応して各雑誌の改版を主導した張元済に代わって，1922 年商務印書館は王雲五（1888〜1979）を編訳所所長に迎え入れ，新たな経営体制を出帆させた。もっとも張元済が新思潮に応変するために，1920 年ころから刊行物の改革とともに進めていた人員更迭は，新時代の需要に対応しきれなくなった旧経営陣も対象にしており（張元済［1997：457］），新しい編訳所所長の人選はこのときから始められていた。最終的に編訳所所長として就任した王雲五は，「教育普及」を第一に掲げる経営精神こそは張元済を継承したものの（商務印書館編［1990：5-6］），実際の出版企画や経営理念まで張元済のそれと一致していたとは限らない。どちらも学者ではなかったにせよ，張元済が主に新学問を追求していたとすれば，王雲五は旧学問により詳しかった（劉洪権［2004］）。そして，張元済の出版経営が蔡元培を精神的支柱にしていたとすれば，1946 年まで王雲五に率いられた商務印書館は胡適を支えにして（王建輝［2000：198］），北京大学との協力のもとで漢籍の整理出版や「万有文庫」などの叢書出版に傾注して

いたのである。

当時の出版方向や王雲五の個人的性向からも察せられるように[38]，商務印書館は過激さを増していく『婦女雑誌』の論調を歓迎していたわけではなく，どちらかといえば「悩ましく思っていたものの，雑誌の売れ行きが好調だったため，まだこれといった意思表明はしていない」だけだった（商務印書館編［1987：83］）。しかし，章錫琛らはついに商務印書館をして意思表明に踏み切らせる決定的なきっかけを提供してしまう。いわゆる「新性道徳」論争がそれである。

◇「新性道徳」論争

ことの発端は，婦女解放を主張する同誌の論調がピークに達していた1925年1月，「新性道徳」特集号として刊行された『婦女雑誌』の巻頭記事として，周建人の「性道徳の科学的標準」と章錫琛の「新性道徳とはなにか」という二文が掲載されたことである。章錫琛によれば，両論に対して当時北京大学教授の職にあった陳大斉（1887〜1983）が『現代評論』に反論を発表したことが（陳百年［1925］），「王雲五を緊張させて，毎号の校正刷りに自ら事前検閲を行なわないと，印刷を許可しなくなった」（商務印書館編［1987：117］）という。では，10000部を超えるベストセラーに急遽歯止めをかけるほど，商務印書館を緊張させた論争は，いったいどれほど急激なものだったのだろうか。

論旨だけを要約すれば，両論は男女不平等でかつ個人の欲望を抑圧する方向に規定されてきた中国の伝統的な性観念を批判し，自由恋愛と優生学の精神に基づいて新しい性道徳を定立することを主張しており，たしかに相当進歩的な見方を示してはいる。ただ独身主義や同性愛までも自由に議論しあっていた当時の『婦女雑誌』の論調に即していえば，このような主張は飛び出て急激だったわけではなく，また性道徳自体も，実際には改版以来『婦女雑誌』誌上を常に賑わしてきたなじみのあるテーマである[39]。

他方，両論に対する陳大斉の反論は，「道徳は法律より厳格でなければならない」という前提のもとで，自由な性関係の妥当性を主張することは，中国旧来の一夫多妻制度を温存させる根拠になりかねないというものである。テキストそのものに即していうかぎり，陳大斉は，性道徳の方向性をめぐって周建人

第 4 章　五四新文化運動と女性論の旋回

と章錫琛に反対していたものの，ジェンダーをめぐる悪習に対する改革を認める点において両者に見解の違いはなく，彼の主張は『婦女雑誌』の論調全体に関わるものではない。いいかえれば，これだけで10000部を超えるベストセラーの刊行を食い止めるに足るとは言いがたい。

しかし，魯迅（1881～1936）によれば，「当時においてこれは些細な一事では済まされなかった。学者たちの声を代弁していた『現代評論』の一喝を食らっただけで，章錫琛さんはまもなく『婦女雑誌』編集の職を失い，商務印書館を出てしまったのである」（魯迅［1958 b：74-76］）。ただここで注目に値することは，ことの核心は――魯迅がみるかぎりでは――『現代評論』が代弁する「学者たち」であって，陳大斉でも「新性道徳」論争でもないという点であろう[40]。では，『現代評論』はいったいどのような雑誌だったのだろうか。また，商務印書館はその背後にいた誰を気遣って，『婦女雑誌』を10000部のベストセラーに導いた章錫琛を辞職させたのだろうか。

誌面内容に即していえば，『現代評論』は保守的な刊行物ではない。「英米留学帰りの自由主義的な学者たち」を基軸にして，1924年12月に創刊されたばかりだった同誌は，「政治，経済，法律，文芸，哲学，教育などの各方面の記事を網羅」する総合誌を標榜しており（倪邦文［1997］），論旨においても排他的な主張を堅持するよりは，「中産階級の自由主義を反映して，傍観的に時勢を議論する態度を取っていた」（黄裔［1991］）。このような性格は『現代評論』だけではなく，その執筆人たちを中心に形成されていた「現代評論派」と言われる一部の知識人たちに対しても同様にあてはまる[41]。それぞれ学問の領域を異にしているだけではなく，政治的態度や文化的趣向も相互に一致していなかった彼らは，強いていうならば「自由主義に基づいて，あらゆる文化的傾向を包容する多元さ」で括られるにすぎない（倪邦文［1997：38］）。

より実質的には，「現代評論派」という区分は，むしろ「語糸派」というもう一方の知識人たちに対して，はじめて意味をもつものである。先述したとおり，1920年代半ばになれば中国知識界は，北京で創刊された各種の新生雑誌を拠点に，「第二次思想革命」といわれる論争の時代を迎える。なかでも『現代評論』に対して，『語糸』『猛進』『狂飆』『莽原』などでは魯迅を中心にする批判と攻撃がくりかえされ（廖久明［2005］），1920年代後半の中国知識界は，

151

同じく北京大学を拠点にして「現代評論派」と「語糸派」が相互に対立する構図を構えていた（中国人民政治協商会議全国委員会文史資料研究委員会編［1983：173］）。各論点に対するそれぞれの見解から，両者の性格を明確に区別できる基準が見いだされるわけではなく，「現代評論派」と「語糸派」とは政治的立場や文化的趣向による区分であるというより，むしろそのような区分こそが対立の根拠となっていたのである（李東二［2000］）。

　「新性道徳」論争も例外ではなく，そもそもの起点こそは『婦女雑誌』だったとはいえ，いったん『現代評論』で取り上げられてしまったからには，魯迅や「語糸派」をも巻き込む筆戦につながらざるをえない。ましてや魯迅は周建人の実の兄でもある。彼は，すでに事前検閲が始まった『婦女雑誌』や敵地の『現代評論』に代わって，章錫琛と周建人の再反論を自らが手がける「語糸派」の雑誌，『莽原』に掲載させようとしたのである[42]。結果的には『現代評論』に先手を取られたために，論戦の第二ラウンドが実現されることはなかったにせよ，この過程で章錫琛と周建人の二人が「現代評論派」と対峙する魯迅側に擦り寄ったことは必至である。

　一方，魯迅を「語糸派」の中軸とすれば，反対側の「現代評論派」の精神的支柱となっていたのは，商務印書館のために王雲五を推薦した張本人でもある胡適である[43]。そもそも『現代評論』も商務印書館が発行を代行しており，「新性道徳」論争が繰り広げられた1925年の当時，商務印書館は王雲五と胡適との篤い信頼関係に支えられて，北京大学とのあいだで，叢書出版と漢籍整理を主軸にする協力関係を築いていく最中だった[44]。「『現代評論』の一喝を食らっただけで」，商務印書館が『婦女雑誌』の編集に歯止めをかけざるをえなかった背景には，胡適という大物学者と彼との協力関係に支えられていた当時の商務印書館の経営体制があった[45]。

　検閲措置はすぐに『婦女雑誌』の誌面に大きく影響しだす。4月号で女性の議会参加を強く主張したばかりだった章錫琛は（章錫琛［1925a］），うってかわって5月号では「女子学生たちが婦女運動に参加しても」「実質的な成果が挙げられるとは限らず」「却って多大な損失につながる」と言うようになった（章錫琛［1925b］）。このような事態が章錫琛の本意でなかったことは言うまでもなく，彼は「名前だけでも雑誌から削除してほしいと頼んだが，王雲五は

応じてくれなかった」(商務印書館編 [1987：87]) と述べている。

しかし,『婦女雑誌』誌上での態度とは裏腹に,章錫琛は1925年5月30日に起きたいわゆる「五・三〇事件」を引き金に商務印書館側と真正面から対峙しはじめる。「現代評論派」と「語糸派」の論争のもっとも大きい争点でもあった五・三〇事件は（李東二 [2000：72-79]),編訳所内でも報道をめぐって深刻な意見対立を引き起こした。反帝国主義的な立場にたっていた鄭振鐸,葉聖陶,胡愈之など若い編集陣が,より組織的な民衆運動をめざし,上海の各団体に声をかけて,「上海学術団体対外連合会」を組織するや（董錦瑞 [2004]),章錫琛も「婦女問題研究会」の名義で行動をともにしたのである（章錫琛 [1931])。このような動きが同年8月には館内の全労働者を巻き込む大々的なストライキにつながるや,商務印書館はついに『婦女雑誌』の編集から章錫琛と周建人をはずし[46],それぞれ国文部と『自然界』の編集部へと二人を左遷させる（商務印書館編 [1987：117])。ここで『婦女雑誌』はおよそ5年ぶりに新たに編集長を探さなければならなくなってしまったのである。

章錫琛に言わせれば,『婦女雑誌』は「常に商務印書館によって無視され続けていた」(商務印書館編 [1987：116])。ただより経営陣側に即して言うならば,商務印書館は経営全体に関わる不利益や危険を冒してまで,『婦女雑誌』を支援することはできなかっただけだろう。章錫琛のもとで『婦女雑誌』はたしかに10000部以上の売り上げを誇るベストセラーとなりえた。目下初回分だけで2000冊以上を出版する「万有文庫」の企画にとりかかっていた商務印書館にとって（張喜梅 [2001]),『婦女雑誌』は相変わらず主力出版品ではないだけではなく,ましてやそのために社運をかけた企画に雑音が生じたり,ストライキなど営業に直接な支障が招かれたりすることを黙認できなかった。10000部という『婦女雑誌』の売り上げのために,商務印書館が支払わなければならない代価は大きすぎたのである。

◇**安全な読書市場へ**

以上をふまえれば,章錫琛の後任に対する商務印書館の人選基準が容易に想像できよう。商務印書館はそもそも「現代評論派」や胡適の側近から後任を探すつもりはなかった。分裂と分派を繰り返す知識界のなかで,「現代評論派」

の手中に渡された『婦女雑誌』が再度論争の種となることは必至である。むしろ「現代評論派」からも「語糸派」からも距離を取らせて、そのような舌戦の空間から『婦女雑誌』を切り離した方が、商務印書館にとってはせめて安全だった。意中に適ったのは杜就田である。

　新しく抜擢された杜就田は、商務印書館ですでに20年近く、従兄の杜亜泉（1873～1933）を補佐し、『動物学』『物理学』『化学』など、数種の科学教科書の編集に携わってきた中堅編集者である（潘云唐［2003］）。ただ章錫琛からみれば、彼は「時代に合わず淘汰されるべき」人物にすぎず、この人事は重役の杜亜泉とのコネのせいで解雇することもできない「悩みの種」を処理するために、『婦女雑誌』が利用されただけの結果でしかない（商務印書館編［1987：117］）。だが他方からすれば、「頭の悪い」杜就田は少なくとも『婦女雑誌』を熾烈な論争の渦中に巻き込ませたりはできないはずだった。それだけではない。中国近代史のなかではむしろ撮影技術者や篆刻家として名を知られる杜就田は[47]、挿画、表紙、装丁など、『婦女雑誌』のビジュアル的な部分を改善させるうえで、芸術的な趣向を生かせる適格者でもある。

　もっとも、このような新たな編集方針は商務印書館の独断ではなく、章錫琛の辞職に際して、今後の方向性をめぐって読者より募られた意見をふまえたものでもある[48]。それによれば、翻訳記事があふれだす『婦女雑誌』の誌面は「欧米色が濃すぎて、白話とはいえ文語よりも難解」だし、度重ねて紹介される「独身主義のような謬見」も、中国の現状に合うとはかぎらず、「机上の空論」にしか感じさせない。より多くの議論を掲載するために文字を小さくしてカラー画報をなくすより、豊富な挿絵や美術的に工夫された表紙を欲する読者がいたのである（斌［1925］；素芬［1925］）。

　むろん誌上に掲載された意見は、事前に編集側によってふるいにかけられた結果であろう。しかし商務印書館はその選取過程から、少なくとも章錫琛の編集路線から疎外されていた読者の存在——言うまでもなく、そのほとんどは女性からなる読者たち——に気づくとともに、彼らの読書需要を満たすことで確保できる市場性をも確認できたはずである。「初等の知識レベルしかもたない一般女性には合わず、（現在の『婦女雑誌』は——引用者注）少数の人々に占有されている」という声から示唆されるように（解世芬女士［1925］）、絶対多数

第 4 章　五四新文化運動と女性論の旋回

の女性読者にとって当時の『婦女雑誌』はほど遠い存在となっていた。さらに，『婦女雑誌』が女性読者を排除したまま 10000 部以上の発売部数を誇るベストセラーに成長するあいだ，女性の読書市場の規模も順調に拡大し続けていた。中等教育機関だけで数えても，1912 年当時に全国で 700 名にも満たなかった女子中学生の数は，五四新文化運動を経て飛躍的な成長を続け，1925 年には 19037 名まで膨れ上がる（教育部教育年鑑編纂委員会編［1934：139］）。たとえ売れ行きの一定の落ち込みは避けられないにせよ，『婦女雑誌』はこのような女子学生を読者にして，少なくとも安定的で，かつ商務印書館の経営の邪魔になる危険性もない販売利益を上げることが見込まれたのである。

　章錫琛に同調していた青年知識人たちからみれば，杜就田の編集する『婦女雑誌』の内容は，単なる「笑い話のネタ」にすぎない（商務印書館編［1987：117］）。しかし『婦女雑誌』が青年知識人たちによって占有されているあいだ，女性読者たちが欲していたのはそのような「よりソフトな読み物」（解世芬女士［1925］）である。ここで『婦女雑誌』は男性青年知識人たちから再度女性読者たちのもとへと返されるべく，「女性の教養と慰安となる内容を中心に，健全な社会と家庭を養成していくとともに，さらには面白い芸術，論説および図画などを提供して，皆の無味乾燥な生活を潤す」メディアへと性格を変えた

図 4-2　1920 年代後半の『婦女雑誌』の豪華な表紙装丁

出典　『婦女雑誌』第 13 巻第 1 号，1927 年 1 月；『婦女雑誌』第 13 巻第 9 号，1927 年 9 月；『婦女雑誌』第 15 巻第 4 号，1929 年 4 月

図 4-3　章錫琛が編集する女性向け雑誌の類似した風格

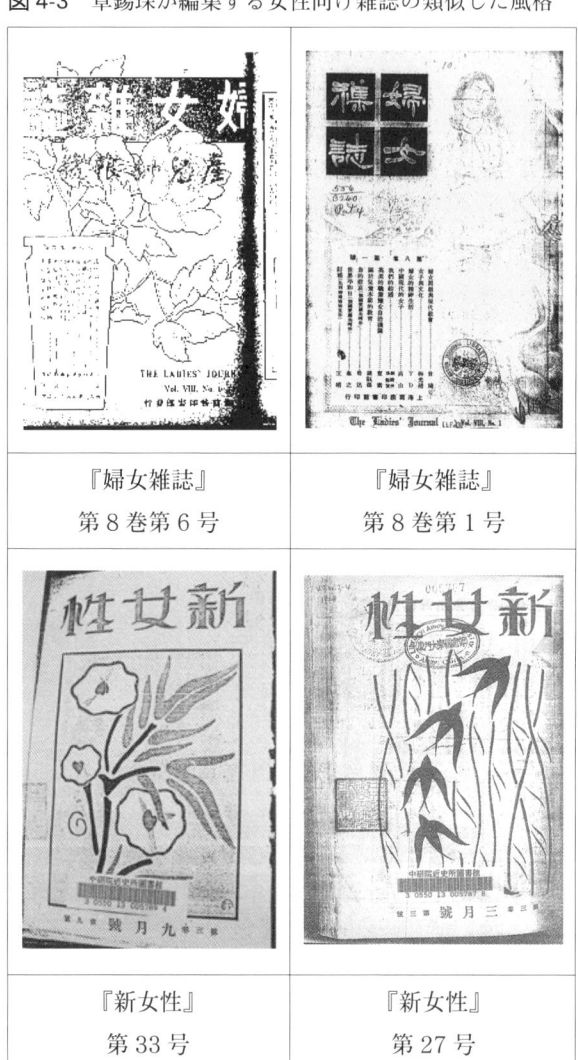

『婦女雑誌』	『婦女雑誌』
第 8 巻第 6 号	第 8 巻第 1 号
『新女性』	『新女性』
第 33 号	第 27 号

のである[49]。

　商務印書館の思惑どおり，改版後の『婦女雑誌』は女性読者の需要をつかみ，徐々に誌名に相応しく女性読者を確保するようになった。たとえば，読者たちの要請にしたがって維持されるようになった医療相談コーナーには，ようやく女性たちからも相談が寄せられるようになった（張哲嘉［2005：210］）。また 1930 年に上海地域の女子学生を対象に実施された愛読書の調査結果でも，『婦女雑誌』は雑誌類のなかで堂々と首位を占めただけではなく，全体からみても『古文観止』『紅楼夢』について 3 位に並んでいる（周振韶［1931］）。改版を経て『婦女雑誌』は男性読者の有無はさておくにせよ，少なくとも女子学生の最も好む読み物として数えられるほど，多くの女性読者を獲得できたのである。

　一方，このような雑誌の性格の変容が『婦女雑誌』の発売部数にどのような

影響を及ぼしたかを正確に知ることはできない。ただ10種以上の雑誌が次から次へと停刊されていくなかで（Drege［1978＝2000：113-114］），『婦女雑誌』が命脈を維持しえたことは，少なくとも同誌がそれだけの経営利益を維持できたからであろう。実際に同誌には，バックナンバーの譲渡や売却を求める読者の手紙が絶えず紹介されたり，再版の要求すら寄せられたりしただけではなく[50]，他社から受注される広告件数が上昇曲線を描いていることからも察せられるように（表4-4），雑誌の収入の大半を支える広告収入をも持続的に得ることができた。このように安定した発売収支に支えられて，『婦女雑誌』は杜就田の辞職する1930年6月まで[51]，女性読者たちの好む穏健な読み物として，そして商務印書館の思惑どおり，知識人たちの注意を引いたり，大きい論争を巻き起こしたりすることもなく，安穏に刊行されつづけられた。

◆『新女性』へと続く男性による女性論の系譜

他方，『婦女雑誌』から引き離されただけで，男性青年知識人たちがそのまま女性論の議論を放棄したわけではない。女性問題と縁がなかったまま上部の意志によって『婦女雑誌』の編集を強いられた編訳所内の若い男性知識人たちは，5年という時間を経た後は，女性問題を体系的に研究するために「婦女問題研究会」という組織を結成したほど，女性論を介して強い連帯感を醸成するようになっていた。章錫琛の離職とともに女性問題を議論する場が失われるや，彼らはそのような連帯感を原動力にして，かつての『婦女雑誌』の精神を継ぐべく新しい雑誌の創刊にとりかかったのである（中国出版工作者協会編［1985：11；39；59；63-64］）。そして，およそ4ヵ月の準備期間を経て，1926年1月に創刊号が刊行された『新女性』は，章錫琛の編集のもとで『婦女雑誌』の趣旨のみならず，執筆人や体裁，さらには読者層までを引き継いで[52]，青年知識人たちのために女性論を議論しあう新たな拠点を提供する。

男性知識人たちの女性論に対する熱情はそれほど長くは続かなかった。章錫琛らは『新女性』にとどまらず，それを母体にして開明書店を出帆させ，持続的に商務印書館から若い人材を吸収していく。1930年ごろになれば「不開明」だった商務印書館に対して，「開明風」や「開明人」という流行語まで生み出したほど，既存の大手出版社とは一線を画し「出版物の量よりはその質を重視

する」進歩的な出版組織としての地位を確保した（宋雲彬［2001］）。ただいったんその地位が確保されるや、開明書店は「これからは婦女解放論を鼓吹する代わりに」[53]、「叢書の出版，およびより実質的な問題を検討する書物の編纂に集中する」ために[54]、『新女性』を停刊させ、代わりに進歩的な総合雑誌を標榜する『中学生』を創刊させたのである。

　章錫琛に代表される青年知識人たちは、もっぱら女性のためを思って、婦女解放論の形成と発展に力を尽くしたわけでもなければ、また『婦女雑誌』から『新女性』に継承されたものも婦女解放論だけではない。『婦女雑誌』にせよ『新女性』にせよ、彼らはこのような女性論の舞台を拠点にして、自らの言論活動の基盤をも同時に築いた。いったんその基地が確保されたところで、彼らが選んだのは女性論をさらに深化させることではなく、叢書類や教科書の編集、そして総合雑誌の出版などを通して、言論領域の拡大を図ることである。

　それは青年知識人たちが使用済みとなった女性論の利用価値を見極めたがために、『新女性』を放棄したという意味ではない。「政党の権力が何よりも優先されて」「時代はすでにわれらを必要としなくなった」と明かす章錫琛のことばからうかがわれるように[55]、1930年という時点は単に『新女性』の停刊や『婦女雑誌』の編集体制の再調整があっただけではなく、女性論をめぐる中国言論界の勢力版図をより根本的に揺さぶった変化の起点でもある。政治陣営の側からみれば、長引く対日抗戦の場に女性たちをも効果的に動員する必要性が浮上したし、女性の側からみれば、女子高等教育の成長とともに女性論を議論しあえる女性知識人たちの数も順調に増えつづけている。このように変化した政治界と女性界の状況を背景に、『婦女共鳴』と『婦女生活』という女性自身を書き手と編集陣にする女性雑誌が、それぞれ国民党と共産党という政治勢力をバックにして創刊される（宋素紅［2003］）。このようにして1930年という時点を境に、婦女解放論の発展過程に即していえば、女性論が政治勢力を介して男性知識人から女性自身の手へと渡されたのであり、言論界や出版市場に即して言うならば、もはや女性論は政治勢力から距離が確保された安全な商品にも、言論活動の立地を確保できる拠点にもなりえなくなったのである。

　以上を総括すれば、女性たちをめぐる状況はもちろん、出版界や政治界までもが互いに複雑に影響しあいつつ、変容を繰り返していった1920年代後半に

第4章　五四新文化運動と女性論の旋回

おいて，「保守反動的な雑誌に逆戻り」(Nivard [1984]) させられた『婦女雑誌』の誌面が反映する歴史的文脈が理解できよう。飛躍的な成長を遂げる最中だった女子教育と，分裂と相互対立を続ける中国知識界を背景に，商務印書館は安定的な市場性を求めて『婦女雑誌』というメディアを，男性知識人たちから女子学生たちのもとへと返した。男性知識人たちのためには『新女性』という別の舞台が用意されたために，『婦女雑誌』は少なくとも政治圏が女性論を積極的に包摂する 1930 年までは，そのような言論とは一線を画したまま，女子学生たちを相手に五四新文化運動時期の女性論の成果を反芻し，意味の再生産を行なう場となったのである。

5　中国女性論と『婦女雑誌』
——時間的な連続性の空間的な非連続性——

　『婦女雑誌』に対する草分け的な研究を行なったニヴァールは (ibid), 誌面内容と編集長個人の趣向に基づいて，その雑誌の性格と論旨の推移を表 4-5 のように整理する。それによれば，民国初期に女子用書物として出発した『婦女雑誌』は，五四新文化運動のときに飛躍的な成長をなしとげ，本格的な女性論を議論しあうようになったものの，杜就田に編集長が回ってきたことを契機に，一転して「保守反動的な雑誌に逆戻り」させられたとされる。さらにニヴァールは，杜就田が辞職した 1930 年後半以降の「再興期」の誌面内容と「成長期」との連続性を重んじ，近代中国の婦女解放論はここでようやく再開の兆しをつかんだものの，まもなく 1931 年 12 月をもって同誌が停刊させられたために，実質的な発展につながる十分な時間をもてなかったのだとする。

　もし近代中国の婦女解放論の成長と発展の過程を究明するという関心にそって，もっぱら『婦女雑誌』の誌面だけに注目するとすれば，その 17 年間にいたる刊行期間のなかで，婦女解放を訴える論調は，たしかに 1920 年代後半にかぎって，一時的な衰退を余儀なくさせられたようにも見受けられる。さらに，『婦女雑誌』の誌面内容がちょうど編集長の個人的趣向に符合する形で変化していった点をもふまえれば，1920 年代後半の同誌は商務印書館の無関心のために杜就田という反動的人物に乗っ取られて——つまり時代の流れとは反して，

表 4-5 『婦女雑誌』の誌面の性格

	期間	誌面の内容	編集長
草創期	1915 年～1919 年	賢妻良母の養成	王蘊章，胡彬夏
成長期	1920 年～1925 年	婦女解放の鼓吹	章錫琛
復古期	1926 年～1930 年	反動復古主義	杜就田
再興期	1930 年～1931 年	成長期への回帰	葉聖陶，楊潤余

出典　ibid

婦女解放論を放棄せざるをえなかったようにもみなされる。

　しかし、『婦女雑誌』の雑誌の性格に変化をきたす契機となった数回の編集長更迭の背後にあったのは、商務印書館の独断や無関心な態度だというより、むしろ知識界と読書市場の推移に対する彼らの鋭利な観察と対応である。毎年数百種の出版品を生み出す巨大出版組織として、商務印書館は経営利益を確保するために、読書市場の潮流を的確に把握して対応していかなければならなかった。『婦女雑誌』は商務印書館を介して、中国女性やその女性論だけではなく、中国の読書界やそれをとりまく知識界全体とも有機的につながっていた。このように商務印書館との関係を介し、編集陣、執筆陣、そして読者たちの相互作用が集約的に反映された空間として『婦女雑誌』の誌面を複合的にとらえなおしたときに、17 年間を通して同誌が表出しているのは、近代中国の女性論が「反動的」な時期を乗り越えて単線的に成長しつづけていく過程であるというより、それ以上に中国社会のなかで女性論がたどってきた異なる文脈になる。

　では、以上のようなメディアとしての『婦女雑誌』の性格をふまえたときに——特に、その誌上から「賢妻良母」の経てきた変容の意味を考えるという本書全体の関心とも関連して——、『婦女雑誌』のテキストがもつ意味はどのように再考されるだろうか。

　まず注目されることは、『婦女雑誌』が刊行されていた 17 年のあいだに、五四新文化運動が発芽、開花、そして終息というサイクルを経ていた点である[56]。多くのメディアが創刊と停刊を繰り返すなかで、『婦女雑誌』だけがそのような流れから無関係だったわけではない。『婦女雑誌』は、ほかのメディアより変化する読書市場に敏感でかつ柔軟に応変できたからこそ、五四新文化

第4章　五四新文化運動と女性論の旋回

運動の盛衰という思想的激動期を生き延びられた。ここにこそその誌上のテキストが持つ最初の資料的価値があるといえる。『婦女雑誌』は数回の編集方針と誌面の性格の変化を経験した非連続的なメディアであったと同時に，そのような非連続性自体が時代潮流とともに変化していく読者たちの需要の反映だった点において，連続性をも備え合わせたメディアである。そのために『婦女雑誌』のテキストは，五四新文化運動以前と以後における女性論の落差を体現していると同時に，そのような落差にいたるまでの過程そのものも忠実に反映するのである。

　一方，このような『婦女雑誌』のもつ連続性の内実は，より具体的にどのように説明できるのだろうか。五四新文化運動の盛衰は具体的にどのように読者たちに働きかけ，彼らの『婦女雑誌』に対する需要を変え，再度その誌面上へと収斂されていったのだろうか。このような問題に答えるためには，執筆人，編集陣，出版社，読者，書店，さらには広告主までを含んで，同誌をとりまいていた人々と彼らの社会的文脈の成す相互影響のサイクルを吟味する必要があろう。たとえば，性別的にせよ階層的にせよ思想的趣向にせよ，その一角に起きた部分的な変容がサイクル全体へと波及されて臨界に達したときに——商務印書館の経営陣をして販売部数や流通範囲など量的な影響力の変化を懸念させたときに——，編集過程への介入と編集陣更迭を経て『婦女雑誌』誌面上の変化に表出されたのである。結論を急ぐならば，このようなサイクルの総体こそが，五四新文化運動を介して中国の女性論が経験した変容の内実として，本書が『婦女雑誌』のテキストの行間から読み取ろうとするものなのである。

　『婦女雑誌』はたしかに発行期間全体を通して一定の発行部数，つまり一定の影響力を維持することができた。そして，この点は『婦女雑誌』のテキストが反映する女性像や女性論に代表性と一般性をもたせる根拠となりえよう。しかし『婦女雑誌』誌上のテキストがより広範囲の社会像を反映しているとはいえ，その広さは中国女性をすべて概括するわけでもなければ，さらには中国女性だけを包括しているわけでもない。

　商務印書館は変わりゆく読書市場に応変して，『婦女雑誌』の方向性を調整していた。商務印書館の意図どおり，それぞれ異なる編集方針は誌面にそのまま反映され，さらにその誌面内容がひきつける読者層の変化につながる。ただ

商務印書館が反応していたのは，「一般的」だったり「代表的」な中国女性の変化だったとはかぎらず，また『婦女雑誌』の誌面がひきつけた読者も「一般的」だったり「代表的な」中国女性とはかぎらない。このように，それぞれの社会的文脈から『婦女雑誌』というメディアの生態を吟味したときに，もはやその誌上のテキストが体現しているのは，時間的な連続性である以上に，社会的文脈における非連続性にもなるのである。

　本書では，そのような非連続性こそが，本書が題材とする近代中国の女性論の一つの特徴であると同時に，五四新文化運動を前後して中国の女性論がたどってきた変遷の本質でもあると考える。周知のごとく女性論は必ずしも女性自らによって一人称的に語られてきたわけではなく，特に近代中国の女性論が五四新文化運動を経て経験した変化は，それを主導する主体の非連続性によってもたらされたといっても過言ではない[57]。五四新文化運動が「賢妻良母」にいかなる意味の変化をもたらしたかを考察するうえで，『婦女雑誌』のテキストのもつもう一つの意味は，それがこのような書き手の非連続性，さらにはその読み手の非連続性までを体現している点にこそある。おそらくそのような非連続性こそが，「賢妻良母」イメージにもたらされた変容を解くキーワードとなるだろう。

　次章からは，分析対象として用いる『婦女雑誌』に対する以上のような理解をふまえて，同誌全巻を五四新文化運動とそれを前後する三つに区分して分析を進めていく。まず1915年創刊から1919年まで同誌が賢妻良母主義を賞揚していた時期を五四新文化運動以前として，次に1920年より1925年までを，西欧思潮に影響され，進歩的論調が強調されていた五四新文化運動の時期に，最後に1926年以降停刊までを，保守反動的論調をみせていたポスト五四新文化運動に区分し，それぞれ第5章，第6章，第7章のなかで「賢妻良母」像が経ていく変容の様相と過程を明らかにしていきたい。

　　注
　　1）『婦女雑誌』については，徐楚影・陳新段［1987］が解題的に紹介しているほかに，Nivard［1984］，周叙琪［1996］，Wang［1999：67-116］，村田編［2004］，陳姃湲［2004］，周叙琪［2005］，劉慧英［2006 b］で踏み入った議論が行なわれている。なお同誌は，『婦女雑誌』目録資料庫（http://

archwebs.mh.sinica.edu.tw/fnzz）で，17年分の全文が閲覧できる。
2）かつて商務印書館に対する研究の主流は，同館が中国近代出版文化史上の麒麟児的な存在だった点を重んじ，出版物や出版過程そのものよりは，主に張元済や王雲五など商務印書館の経営陣を手がかりにしていた（Ip［1985＝1992］；周武［1998］；王建輝［2000］など）。そのために，商務印書館はこのような理想と良知を兼備した出版業者に率いられる良識的な文化組織として位置づけされ，学術，思想，政治，文化の各方面に多大な影響を及ぼした各種出版物を量産すると同時に，多くの若手知識人たちを起用，育成するなど，近代中国文化の揺籃地的な役割を果たしたと評価されてきた（楊揚［2000：3］；商務印書館編［1987b］）。
3）商務印書館の民営企業としての経営形態や商業的性格に着目した研究はまだ多くない。フランスとの比較史的観点から出発するDrege［1978＝2000］は，印刷，出版，発行などの業務が分離されない点を中国近代出版の特徴とみなし，このような経営形態として商務印書館の歴史をひもとく。また『学生雑誌』に注目する王飛仙［2004］は，商務印書館の商業性を前提にして，1920年代における中国知識界の変動を，同館が自社刊行物の売れ行きを維持するために，変化する読書市場の需要を把握し対応していく過程から再現した。ほかに謝暁霞［2002a］も商務印書館の経営方針に照らして，『小説月報』のメディアの性格に対する分析を行なっている。
4）（全面広告）『婦女雑誌』第1巻第1号，1915年1月。
5）中国初の女性向け雑誌である『女学報』は，同じく中国初の中国人経営の近代的女子学校だった「経正女塾」によって1898年8月に創刊された。ただその刊行期間は長くはなく，早くも翌年には停刊される（鮑家麟［2000：110-112］）。
6）同じ統計によれば，当時男子学生が対象になる一般学校は，全国に34000校を超えていた。
7）たとえば，1916年の『英文雑誌』創刊をめぐる予算資料によれば（張元済［1981a：129］），雑誌の販売価格は編集費用，稿料および印刷費用からなる出版コストをちょうど相殺できる程度で策定させられている。
8）たとえば，商務印書館が1915年に各雑誌から得た広告収入の総額は2460元だったが（張元済［1981a：82］），同年度の『婦女雑誌』の広告収入は最大値を見込んでも400元ほどにすぎない程度である（表4-2）。
9）創刊当初から4年間『婦女雑誌』の1件あたりの広告費用は，裏表紙に掲載される全面広告が40元，それ以外の場所の場合は半面広告が18元，全面広告が30元に定められていた。（奥付）『婦女雑誌』第1巻第1号，1915年1月。また，連続して広告を掲載する場合には，その期間に準じて多くて35％までの割引料金が適用されており，ほとんどの広告主はこのような優待がうけられる。本グラフでは割引制度を無視し，毎号あたりに予想される広告収入を他社広告ページ数と広告単価から単純算出して，広告収入の大まかな推移を示したもので，実際の広告収入はこれよりかなり少なく見込まなければならない。
10）前者としては『教育雑誌』『英文雑誌』『農学雑誌』『経済雑誌』『自然界』な

どが，後者に属するものとしては『東方雑誌』『学生雑誌』『婦女雑誌』『少年雑誌』『児童雑誌』などが挙げられる。これらの雑誌類は，商務印書館の編集部にあたる「編訳所」の傘下に設けられた各雑誌社がそれぞれ編集を担当しており（商務印書館編［1992：743］），編集から印刷，発行にいたるすべての出版過程は商務印書館によって管轄されていた。一方，たとえば『北京大学月刊』や『努力』のように，他団体で編集されたものを商務印書館が印刷と発行だけを代行する雑誌もある（Drege［1978＝2000］）。ただ，後者に対しては商務印書館が経営権をもたなかったために，一般に商務印書館発行の雑誌とは，前者のみを指すことが多い。

11）このようなコーナー組みは，集められた記事を便宜的に括るものではなく，編集方針を反映して事前に企画されたものである。たとえば，新コーナーが組まれるときは，編集方針の調整と関連して，大々的な宣伝と予告が行なわれていた。「美国恵爾斯来大学校学士無錫朱胡彬夏女士輯編婦女雑誌大改良広告（広告）」『婦女雑誌』第1巻第12号，1915年12月。

12）呉県正本女学校の校長を務めていた朱周国真によって作成された，女子学生用の参考書リストには，『婦女雑誌』も取り上げられている（朱周国真［1915］）。

13）たとえば，1916年3月には多量に購読された『婦女雑誌』の送り先がとある女子学校だったことが，経営陣に報告されている（張元済［1981a：25］）。

14）1910年代後半までに，商務印書館の各雑誌の販売部数は，『東方雑誌』が15000部，『教育雑誌』が10000部，『英文雑誌』が10000部，『小説月報』が8000部，『学生雑誌』が7000部程度だったが，『婦女雑誌』はそれらをはるかに下回って3000部にすぎない（劉曾兆［1997：100］）。ちなみに，発売部数が少なければ少ないほど，期待できる販売利益も減っていく。わずかな数の女性読者から販売利潤を得るしかなかった当時の女性向け雑誌は，このように予想される販売赤字を相殺するべく，いずれも高めに値段を設定しており，これによって読者層はさらに上流階層の裕福な家庭出身の女性に限定されるほかならなかった。たとえば，このような雑誌の草分け的存在だった『婦女時報』の小売価格は，1911年5月の創刊当時に0.4元である。つづいて1915年に同時に創刊された『婦女雑誌』と『中華婦女界』の値段は，『婦女時報』よりは低く抑えられていたものの，ほかの雑誌と比べてみれば，いずれもかなり高価品である。たとえば，創刊当初『婦女雑誌』の小売価格は1冊0.25元だったが，それは商務印書館の雑誌のなかでは0.3元の『東方雑誌』に次いで，『小説月報』と並ぶ高いレベルである。『学生雑誌』『教育雑誌』『英文雑誌』『少年雑誌』『法政雑誌』はいずれもその半額にもならず，1冊あたり0.05元ないし0.1元で販売されていた。（全面広告）『婦女雑誌』第1巻第1号，1915年1月。ほとんど同じラインアップの雑誌を発行していた中華書局も同様で，1915年当時に『中華婦女界』の小売価格は1冊あたり0.3元で，0.4元の『大中華』に次ぐ高い雑誌である。「中華八大雑誌（広告）」『中華婦女界』第1巻第1号，1915年1月。

15）20世紀初に上海文壇では，文学の娯楽性を重んじ，文語体で才子佳人類の小

第 4 章　五四新文化運動と女性論の旋回

説を書く文学流派が登場したが，その中心人物である徐枕亜が，「鴛鴦」や「蝴蝶」などの素材を好んで使ったことから鴛鴦蝴蝶派と呼ばれる。五四新文化運動の際に新文学運動陣営から批判されるまで，一時期を風靡する（賈植芳編［1990：22］）。

16）ただ1916年の1年間，『婦女雑誌』は実務を王蘊章に引き続き担当させながら，名義上の編集長として胡彬夏を起用したことはあった（謝菊曾［1983：38］）。胡彬夏と『婦女雑誌』の関係については，次章で詳述する。

17）『女子世界』は1915年7月に，『中華婦女界』は1916年6月に，『婦女時報』は1917年4月にそれぞれ停刊された（前山［2005ｂ］）。

18）（奥付）『中華婦女界』第2巻第1号，1916年1月。

19）（奥付）『婦女雑誌』第3巻第1号，1917年1月。

20）統計のもととなる資料や方法は異なるものの，中国全体の識字率は清末から1930年代まで10％以下に留まっていたとされる（陳徳軍［2002］）。

21）「志希」は羅家倫の筆名である。一方，『婦女雑誌』はもちろん（Nivard［1984］；周叙琪［1996］；陳姃湲［2004］），『東方雑誌』（若林［1978］），『小説月報』（謝暁霞［2002ａ］），『学生雑誌』（王飛仙［2004］）など，五四新文化運動のときに，本文がきっかけとなって商務印書館が各雑誌の改革に踏み切ったことは，すでに多くの論者によって認められている（張静盧編［1959：85-86］；Ip［1985＝1992：155］；楊揚［2000：89］）。

22）「本月刊刷新内容増闢小説新潮欄予告（広告）」『東方雑誌』第17巻第1号，1920年1月；「東方雑誌変更体例予告（広告）」『東方雑誌』第16巻第12号，1919年12月；「請看六巻婦女雑誌（広告）」『東方雑誌』第16巻第12号，1919年12月；「恭賀新禧並祝各界大進歩（広告）」『婦女雑誌』第6巻第1号，1920年1月。

23）記者「本誌今後之方針」『婦女雑誌』第5巻第12号，1919年12月。

24）『婦女雑誌』の小売価格は，ライバル誌の『中華婦女界』が停刊された直後である1917年1月に，従来の0.25元から0.3元に値上げされて以来，1920年まで同様に維持されえた。詳細は後述するが，1921年1月の改版にともなって，従来のカラー画報や豪華な装丁が取りやめられたことを機に，販売価格は再度0.2元にまで値下げさせられる。

25）記者「小説新潮本欄宣言」『小説月報』第11巻第1号，1920年1月。

26）実際に，『小説月報』の誌上で確認できる変化は，「小説新潮欄」というコーナーがひとつ加わえられたにすぎなかった（王飛仙［2004：103］）。

27）以下章錫琛の経歴に関連しては，章錫琛［1931］；魯迅［1958ａ：371］；中国出版工作者協会編［1985：172］；李立明［1977：380-381］が参考になる。他方，章錫琛が五四新文化運動時期の『婦女雑誌』に対して果たした役割については，同誌に登場する一連の筆名と関連して，その評価が大きく異なってくる。なぜなら，章錫琛は『婦女雑誌』にほとんど登場しておらず，単純にここから判断する限り，その編集態度は王蘊章となんら変わりがないように見受けられるか

らである。一方，同時期の『婦女雑誌』には「瑟廬」という筆名の論者が登場しており，社説や論説を執筆するだけではなく，同誌を代表して読者投稿に答えを出すなど，ほとんど編集長の役割を果たしていた。「瑟廬」については人名辞典類の記述をうのみにして，陳友琴の字であると断定する一部の論者もいる（周叙琪［2005］）。所見のかぎりでは，これらの辞典類では『婦女雑誌』以外に，『時事新報』の副刊である『現代婦女』の発刊辞にその署名が見られるとしている（陳玉堂編［1993：493］）。しかしながら，当時章錫琛が『婦女雑誌』以外に『現代婦女』の編集を同時に担当していた点を考慮すれば，瑟廬は陳友琴よりは章錫琛の筆名である可能性がより高いと考えられよう（章錫琛［1931］）。このような考証に基づいて，本書では「瑟廬」を章錫琛とみなしたうえで，議論を進めていくことを断っておきたい。

28）ただ章錫琛は商務印書館に入る前に，「明道女子師範学堂」で教職についたことはある（前山［2005a］）。ただ当時彼は国語と教育学の教授以外に，学校の事務行政を担当しており，さらには同校に関わるようになってから離職にいたるまでの始末も，おもに人脈的な問題で，この経験が彼をして女性問題に関わる注目する契機を提供してくれたとは言いがたい（章錫琛［1931］）。

29）日本で理学を学んだ周建人は，1921年から商務印書館に入社して『婦女雑誌』の編集に関わっていながらも，正式には生物学教科書の編集担当者であった（李立明［1977：194］）。さらには，1925年に章錫琛と一緒に『婦女雑誌』編集をやめさせられた後も，雑誌『自然界』の編集者に左遷されており，『婦女雑誌』の編集経歴を除けば，商務印書館での彼の仕事は常に生物学を主軸としている（商務印書館編［1992：227-230］；商務印書館編［1987：117］）。

30）梅生「読婦女雑誌的感想」『覚悟（上海民国日報副刊）』，1921年6月5日。

31）章錫琛が漢訳した本間［1923＝1924］は，出版の知らせとともに序文などが『婦女雑誌』にも掲載された（本間［1924］）。

32）「婦女問題研究会宣言」『婦女雑誌』第8巻第8号，1922年8月；「婦女問題研究会宣言」『婦女評論（上海民国日報副刊）』第52号，1922年8月2日；「婦女問題研究会簡章」『婦女雑誌』第8巻第8号，1922年8月。同会の発起人となった李宗武，沈雁冰，呉覚農，周作人，周建人，胡愈之，胡学之，倪文宙，夏丏尊，張近芬，張梓生，陳徳徴，章錫琛，黄惟志，程婉珍，楊賢江，蒋鳳子は，いずれも商務印書館編訳所内の編集者だったと同時に，『婦女雑誌』の主たる執筆陣でもある。

33）その代表的なものとして，「女子服装の改良」（第7巻第9号），「婦女雑誌に対する希望」（第7巻第12号），「どのようにして無学な女性たちを救えるか」（第8巻第3号），「私の理想的な配偶者像」（第9巻第11号）などがある。

34）「編輯余録」『婦女雑誌』第7巻第2号，1921年2月。

35）改版後の『婦女雑誌』の発売部数に関しては，「編輯余録」『婦女雑誌』第7巻第2号，1921年2月；「請読民国11年婦女雑誌（広告）」『婦女雑誌』第7巻第11号，1921年11月；「編輯余録」『婦女雑誌』第8巻第7号，1922年7

月；「編輯余録」『婦女雑誌』第8巻第8号，1922年8月；「編輯余録」『婦女雑誌』第8巻第12号，1922年12月；中国出版工作者協会編［1985：172］が参考になる。
36) 上記に挙げた読者アンケートなどのほかにも，編集部は珍しさが買われて掲載の機会が多くなることを狙って，一部の男性投稿者たちが女性を名乗っていることまで把握していた（晏始［1923］）。
37) 記者「我們今後的態度」『婦女雑誌』第10巻第1号，1924年1月。
38) 王雲五の教育的背景はほとんど独学に頼っていたために，必然的に中国伝統的な学問が中心となる（劉洪権［2004］）。
39) たとえば，瑟廬［1920ａ］；瑟廬［1920ｂ］；俞奇凡［1921］；雲鶴［1922］；克士［1922］；瑟［1922］；陳徳徵［1922］；無競［1923］など。ちなみに，章錫琛の本名が初めて執筆者として誌面本文に署名されていることの方がむしろ目に付く。それまでに章錫琛という名で書かれた正式な記事は一つもなく，編集者の名は読者投稿に対する返答でのみ数回現れるだけだった。
40) ここで簡単に陳大斉についてふれておこう。東京帝国大学で心理学を学んだ彼は，1914年より北京大学で教鞭を執っており，五四新文化運動の際には『新青年』の主な論客の一人でもあった。「新性道徳」論争が起きた1925年には，哲学系主任として胡適とともに「哲学研究会」を発足させており，『現代評論』に同記事を掲載させるまではこのような北京大学内の人脈も働いたと考えられる。ただし，その学風に対する後世の評価に即して言うかぎり，彼は保守陣営や現代評論派に分類される学者ではない（沈清松［1999］）。
41) 一般に現代評論派と分類される人物には，刊行責任者の王世杰と編集者の陳源以外に，胡適，徐志摩，高一涵，陶孟和，郁達夫，顧頡剛，楊振声，聞一多，沈従文などがいる（李東二［2000］）。
42) 陳大斉の反論を受けて，章錫琛と周建人もすぐにそれぞれ「新性道徳と多妻——陳百年先生に答える」と「恋愛自由と一夫多妻——陳百年先生に答える」を執筆し，『現代評論』に再反論を投稿したものの，2ヵ月待っても掲載されないままだった。ここで魯迅の手がける『莽原』が代わりに両文を転載する動きに乗り出すや（魯迅［1925］），『現代評論』は急遽方針を変え，2ヵ月後の「通訊」欄に二文の要旨を掲載させ，実質的に章錫琛と周建人から反論が発表される道を封鎖した。「通訊」『現代評論』第1巻第22号，1925年5月9日。
43) 胡適は『現代評論』の主な執筆人ではあったが，編集や刊行活動には直接に関与しておらず，魯迅が『現代評論』に対して繰り返していた批判と攻撃も，実際には胡適ではなく，陳源とのあいだで行なわれていた。ただし，いままでの研究成果にしたがうかぎり，「現代評論派」とはより実質的には胡適との精神的連結を主軸にする北京大学内の人脈であり（廖久明［2005］），魯迅の行なった攻撃も陳源ではなく，むしろ胡適に向けられたものだったとされる（李東二［2000］）。
44) もっとも胡適と商務印書館は，王雲五との個人的な関係をはるかに超える，長期にわたる協力関係にいた。胡適が商務印書館にかかわるようになったのは，

張元済が新文化運動に対応するために人材を集めていた1921年まで遡る。当時張元済は，新文化運動の旗手として中国知識界のスターに君臨していた胡適に注目し，彼に同館の刊行物の実質的な編集と企画を任せるべく，編訳所所長として招聘する動きに乗り出していたのである。当時アメリカ留学から帰国して，北京大学で教鞭を執っていた胡適は，1921年7月からわざわざ上海を1ヵ月ほど訪れて（中国社会科学院近代史研究所中華民国史研究室編［1985：144-150］），商務印書館の叢書計画などに対する諮問を行なった。ちなみに，このときに胡適が行なった講演の一つは，後ほど『婦女雑誌』にも掲載される（張友鸞・陳東原［1922］）。最終的に胡適は編訳所所長となることはなかったが，代わりに彼は自分の師でもあった王雲五を推薦すると同時に（王雲五［1967：77-78］），今後の協力をも約束する。1922年より編訳所所長となり，張元済が退任してからは商務印書館の経営を実質的に総括するようになった王雲五は，1920年代後半より胡適が主軸になっていた北京大学の「国故整理運動」を支え，商務印書館における漢籍出版へと結びつけたのである（陳以愛［2002］）。

45）付言すれば，魯迅は現代評論派だけではなく，王雲五に対してもはっきりした反対の立場を取っている（魯迅［1989：99］）。

46）「章錫琛啓事」『婦女雑誌』第11巻第8号，1925年8月。

47）1930年代の上海を代表する篆刻家であると同時に（王崇人編［2002：194］），西欧近代撮影技術を中国に紹介したカメラマンでもあった杜就田の面貌は（杜就田編［1913］；沈夏雲・杜就田［1923］），そのまま彼の編集する『婦女雑誌』誌面にも現れ，彼が編集長を務めるあいだ，『婦女雑誌』には1926年の1年間「撮影術顧問」コーナーが設けられたり，ページの余白には頻繁に自らの篆刻作品が飾られたりする。

48）「十二月号徴文」『婦女雑誌』第11巻第8号，1925年8月。

49）「編輯室報告」『婦女雑誌』第14巻第2号，1928年2月。

50）「編輯室的報告」『婦女雑誌』第12巻第7号，1926年7月；「編集室贅言」『婦女雑誌』第12巻第8号，1926年8月。また，1931年に『婦女雑誌』が停刊された後は，同じ性格の女性向け雑誌の創刊を求める女性読者の声が相次いだほど（姚黄心勉［1933］；陳周碧霞［1933］；林燦霞［1933］），同誌は多くの女性読者の支持を得ていた。

51）杜就田の辞職の理由については，陳姃湲［2004］が商務印書館によって解雇された可能性を指摘しているものの，明確な根拠はない。一方，彼が辞職してから，1932年1月28日の日本軍爆撃によって停刊を強いられるまでのわずか1年半のあいだ，『婦女雑誌』は葉聖陶と楊潤余（1902～？）の2名の編集長を経ていく。ただ，この期間の誌面の性格に明確な流れをみいだしたり，それが読者層に及ぼした変容を確認したりするには，1年半という時間は短すぎるだけではなく，編集長自らによって新たな編集方針が明かされることもない。もっともこの1年半についてさらに議論を進めることは，「賢妻良母」のイメージの変容から五四新文化運動の意義を探るという本書の関心に沿うとも限らないために，こ

こでは陳姃湲［2004］に比較的詳しい説明がなされていることだけを付しておきたい。
52）章錫琛は同誌が「女性のために編集しているにもかかわらず，意外にも読者の大半が男性によって占められている。さらに執筆者にいたっては，女性はほとんど見当たらない」と漏らしている。「排完以後」『新女性』第1巻第6号，1926年6月。
53）「廃刊辞」『新女性』第48号，1929年12月。
54）「婦女問題研究会為新女性廃刊啓事」『新女性』第48号，1929年12月。
55）「廃刊辞」『新女性』第48号，1929年12月。
56）五四新文化運動のような多角的かつ総体的動きの上限や下限を明確にすることは妥当でないばかりでなく，おそらく可能でもない。しかし，五四運動を1919年5月4日北京の学生デモを発端とする数ヵ月間の反帝国主義運動だけに限定させず，より幅広い思想文化全般における影響を重視する立場からは，五四新文化運動の流れを決定した一連の重大な事件は，1917年から1921年までの5年間で起きていたと認めるうえで，いくつか異見を提示している。たとえば，起点としては，新文学運動が本格的に始まる1917年をあげるものもいれば，雑誌『新青年』が創刊された1915年まで遡る見方も存在しており，終点についても，科学論争が終息する1923年を区切りとするものや，五・三〇事件が起きるまでの1925年までその影響が持続されたとみるものがいる（Chow［1967：5-6］）。いずれにせよ，五四新文化運動の上下限は，『婦女雑誌』が刊行されていた1915年から1931年までのあいだに収まるといえよう。
57）付言すれば，このような中国女性論をめぐる書き手の非連続性については，フェミニズムと関連してすでに議論がなされている。たとえば，孟悦・戴錦華［1993：27-41］は新文学運動の表出した女性像は，主に男性作家によって描かれていたため，女性の他方で造型された「器」にすぎず，したがって現代に登場しはじめた女性作家たちの女性像と断絶されるほかならなかったとする。ただし，本書で着目する非連続性とは，このような主体性をめぐる議論と批判ではない。それ以上に本書は女性論という言論の場を，そのような非連続するさまざまな社会的，歴史的文脈が互いに交差する結節点とみなし，その相互関係を読み解くことを試みる。

第5章

民国初期の新しい女性像「賢妻良母」
―― 1915年～1919年 ――

　1915年の創刊に際して『婦女雑誌』が掲げた趣旨は,「女子教育を提唱して,家政を補助」する知識と教養を提供する情報源になると同時に,「賢母良妻の模範像」[1]を読者に提示することである。このように創刊当初の『婦女雑誌』は,理想的な女性像として――つまり,かつてまだ存在したことのなかった「賢妻良母」のイメージを創出する場にもなっていた。本章では,五四新文化運動の影響を受けてこのような発刊趣旨に変動が生じる1919年までの『婦女雑誌』を対象に,伝統的な儒教規範の再確認や引用ではなく,新しい女性像として「賢妻良母」が作り上げられていく様相を追うと同時に,その過程がもつ意味についても吟味していきたい[2]。

1　新しい「賢妻良母」イメージの創出

　清末に女子学校教育を普及させるスローガンとして中国に登場した「賢妻良母」は――今日の基準からみれば,どちらかといえば,消極的で保守的な意味しかもたなくなったにせよ――,当時においてはかつて活動領域を家のなかに限定されていた女性たちを,学校という外の社会へ連れ出すといった,もっとも積極的でかつ進歩的な意味をもつ女性像であった。女子学生をターゲットにする『婦女雑誌』が,女子学校の掲げる理念や教育内容に準じて企画,編集されていたことは言うまでもなく,「賢妻良母」というスローガンもそのまま女子学校の教室から『婦女雑誌』の誌面上へと引き継がれている。たとえば『婦女雑誌』は創刊の辞で,「賢母良妻淑女[ママ]の教育」を受けた欧米列強の女性たちが,「後方の支えになって」富国強兵に寄与していることに比べれば,「わが国

第5章　民国初期の新しい女性像「賢妻良母」

の女性は依頼心が強く，教育もされていない」（劉璣［1915］）という反省から，「国内に多数の賢妻良母を養成する」（梁令嫺［1915］）[3]ことこそが同誌の創刊の意図であると明かす。このように『婦女雑誌』は当時の女子学校が賞揚する教育理念に準じて，中国女性を「賢妻良母」に改造しようとしたのである。

◇古き「賢母」と新しき「賢妻良母」

　以上のことばを吟味すれば，「賢妻良母」とはこれから養成していかなければならない女性――そのような女性はいまの中国にはいないという意味になる。ただそれだけではない。「賢妻良母」はいまだけではなく，かつての中国にも存在したことのなかった女性――を意味する。たとえば，創刊当初の『婦女雑誌』に頻繁に掲載されている碑文や弔詞で，故人を偲び，その美徳を称えるために使われたことばはもっぱら「賢母」であって，「賢妻良母」や「良妻賢母」「賢母良妻」などの四字熟語が用いられることはない（范姚倚雲［1915］；周閔［1915］；金祖沢［1915］；胡韞玉［1916］；呉鳳洲［1916］；林伝甲［1918］；孟森［1919］）。いずれも現実の女性たちとは区別される理想的な女性像を意味していたとはいえ，故人となった女性たちが象徴する古き良き「賢母」は，そのまま「賢妻良母」で置き換えられるわけではなく，二つのことばははっきり使い分けられていた。さらに，「賢母」と「賢妻良母」に共通するようにみえる「良き母」という役割も，その内実まで両者が同様だったわけではない。「孟母の三遷」など，絶えず古典に照らして意味を確認しなければならない「賢母」と比べれば，「賢妻良母」が古典と結びつくことはまずない。

　結論を急げば，「賢妻良母」はむしろこのような「賢母」と区別されてこそ，はじめて意味を成す女性像なのである。「賢妻良母」は――たとえ意味の核心は「孟母の三遷」と変わらなかったにせよ――，伝統や古典などなじみのあるものからそのイメージを求めない。「賢妻良母」は伝統のなかから「賢母」と「良妻」を拾って単純に組み合わせたものでもなければ，両者を「継承した」（呂美頤［1995］）ものでもなく，「賢妻良母」は新しい女性像になるために，あえてそれらと距離をおいて遠く外国からモデルを求めざるをえなかった。「清快丸」というある薬品を宣伝するために[4]，明治時期の日本と民国時期の中国でそれぞれ作られた広告図面は（図5-1），そのいったんをもっとも象徴

図 5-1　明治日本の雑誌と『婦女雑誌』における「清快丸」広告

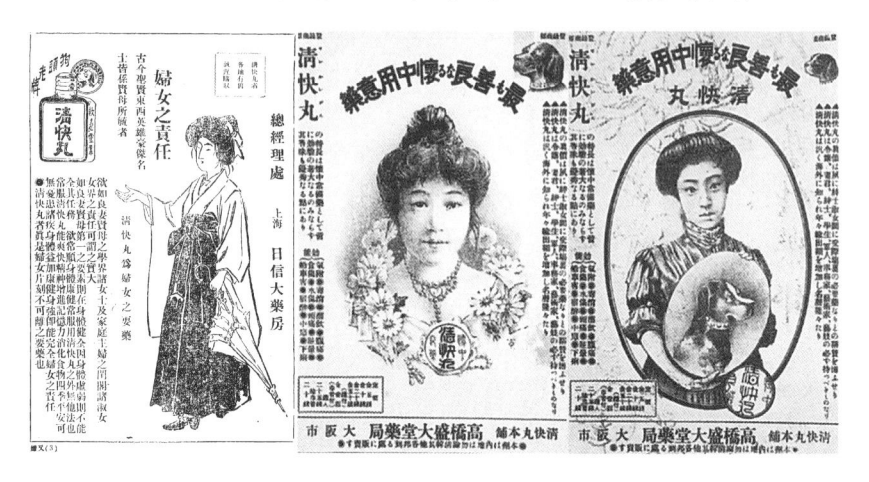

出典　左図は『婦女雑誌』第 1 巻第 4 号，1915 年 4 月；中図および右図は，内藤記念くすり博物館編［2003：26］

的に示唆する。

◇中国では袴，日本では洋装

　西洋医学が紹介されてまだまもない日本や中国では，医薬品は詳しい薬効の検証より，どちらかといえば新奇なイメージのほうに比重がおかれて宣伝されていた（黄克武［1988］）。清快丸も例外ではなく，創刊 1 年目の『婦女雑誌』に頻繁に登場する広告には，詳しい効き目に対する説明の代わりに，「良妻賢母になるための第一の要素は健康な身体」というキャッチフレーズを掲げて，賢妻良母になろうとする女性たちにこの薬品を服用しなければならないと言わんばかりである。興味ぶかい点は，広告図面にあたかも「良妻賢母」であるかのごとく袴を着用した日本女性のイラストが添えられていたことである。それだけではない。同じく清快丸を宣伝する日本の明治時期の広告に描かれたのは，袴ではなく洋装を身にまとった女性である。新奇な先進科学技術に相応しい新しい女性を象徴させるうえで，近代中国では女性に袴を着させていたとすれば，明治日本では洋装を用い外国のイメージを与えて，自文化から切り離すことが必要だったのである。

第5章　民国初期の新しい女性像「賢妻良母」

　新しい女性像のメタファーとして「賢妻良母」は伝統的な「賢母」や「良妻」ではなく，先進外国から新たなモデルを求められ，袴を着せられていた。ただ中国の「賢妻良母」たちは袴を洋装に改めて，日本女性から「欧米列強」の女性へと（劉瑗［1915］），さらに変身を続けなければならなかった。

◇理想像の源は日本からアメリカへ
　「賢妻良母」が中国の儒教伝統とは断絶された外来の女性像であると認める研究のほとんどは，日本の「良妻賢母主義」がその由来である可能性を指摘しており（瀬地山・木原［1989］；Lien［2001：191-196］；陳姃湲［2003a］；荒林・大浜・杉本［2004］），1905年前後に中国の文献に「賢妻良母」という表現が現れた背景には，日本からの影響が少なからず作用していたことが認められる（姚毅［1999］；陳姃湲［2003a］）。しかし，『婦女雑誌』が創刊された1915年ころの「賢妻良母」には，10年前の1905年とは区別される変化の兆しが見える。「賢妻良母」のモデルを見つけるために，日本ではなく欧米諸国が注目されたのである。
　もっとも「賢妻良母」が日本を経由して中国に伝来されたとしても，それがイギリスなど欧米の女性をモデルにしていたことまでが，中国に伝わったわけではない。1905年ごろの中国の「賢妻良母」に欧米のゆかりが残されていなかったとすれば，1915年の「賢妻良母」にもたらされた欧米文化の要素も10年前のそれに由来するとはいえないだろう。創刊当初の『婦女雑誌』の「賢妻良母」が欧米――特にアメリカの女性をモデルにして再構成されていた点は，新しいイメージを求める先進外国が日本から欧米へと旋回しつつあったことを示唆すると同時に，「賢妻良母」とは常にその具体的内容の脱却を可能にする，シニフィアンであったことを物語る。では，「賢妻良母」は具体的にどのようなアメリカ的特質をもたされ，またどのように読者に宣伝されたのだろうか。
　『婦女雑誌』における先進列強の影響は，翻訳記事の多さからも確認できる。なかでもアメリカの *Ladie's Home Journal* や日本の『婦人世界』から翻訳された記事の数は群を抜いており，日本とアメリカからの影響が同様に存在していたことをうかがわせる。ただし，日本語から翻訳された記事のなかでさえ，アメリカ文化を紹介するものが多数見つかる点は，たとえ日本語を介して間接

的に伝わるにせよ，新しさを提示しうる源が日本からアメリカへと移動しつつあったことを示唆している[5]。

このような翻訳記事の大半は先進的な医薬技術や育児法，新しい家事技術や家電用品などの紹介にとどまっており，先進列強の女性たちが営む理想的生活の様相は伝えたとはいえ（Nivard [1984：38-39]），そこから新たな徳目を抽出して読者に提示してはいない。翻訳記事が伝える外国の文物や生活様式は，読者たちにとってみれば，まだ手の届かない彼岸のものにすぎず，より身近な現実のものに歩み寄らせるためには，読者の立場にたった解釈と詮議が必要だったのである。このような仲介者としての役割を果たすべく『婦女雑誌』に登場したのが，1916年の1年間だけ同誌に編集長として名義を貸した胡彬夏である。

図 5-2　胡彬夏

出典　『申報図画週刊』第82号，1931年12月20日

上海大同大学創設者である胡敦復の娘として1888年に生まれた胡彬夏は[6]，経歴そのものからして，日本からアメリカへというルートを象徴するかのような女性である。1902年から1年間日本の実践女学校に留学したのち（謝長法 [1995：273]），1907年から1914年までアメリカのウェルズリー大学で学び，1915年錦衣を着て上海に帰った彼女が文筆活動の対象にしたのは，日本ではなく，もっぱらアメリカでの生活様相や女性たちである（胡彬夏 [1915]）。

新たに編集長として「わが国女性界のスター」[7]を迎えると伝えるキャッチフレーズからも見受けられるように，商務印書館が胡彬夏に期待していたのは，編集の実務能力より彼女の経歴やイメージがもたらすはずの宣伝効果——より具体的にはアメリカに代表される欧米文化の伝道者としての役割である。実際に彼女が編集長を務める1年間も，前任の王蘊章は実質的な編集業務を続けており（謝菊曾 [1983：38]），胡彬夏は毎月1篇ずつアメリカ見聞を社説として書いていただけである。これらの社説を通して，『婦女雑誌』は胡彬夏という

第 5 章　民国初期の新しい女性像「賢妻良母」

仲介者が中国の状況に即して再構成したアメリカの「イメージ」を，読者たちに伝えていたのである。

　最初に書かれた「20 世紀の新しい女性」という社説は（朱胡彬夏［1916］），アメリカで出会った 3 名の女性を紹介して，女性たちが備えるべき新しい資質を読者に提示する内容である。なかでも最初に取り上げられたメイ夫人を，胡彬夏は「この夫人こそが，私の思う賢母良妻の模範である」と称える。ではメイ夫人のどのような資質が，胡彬夏をして「賢妻良母」を連想させたのであろうか。あるいは，「賢妻良母」というシニフィアンに盛られる具体的内容として，胡彬夏はメイ夫人のどのような部分に着目したのだろうか。さらに，メイ夫人のどのような部分がアメリカなどの欧米諸国の女性には備わっていて，中国の女性にはないものとみなされただろうか。

　胡彬夏がメイ夫人に出会ったのは，春休みにホームステイに訪れたクラスメートのところである。そのクラスメートの姉だったメイ夫人は，5 歳から赤ん坊まで 3 人の子どもと弁護士の夫と暮らす上流家庭の若き奥様である。ホームステイのあいだ，彼女はことあるごとに胡彬夏を感心させている。それは，彼女が衛生的で清潔に整理整頓された家屋と衣服，栄養のバランスを考慮して用意された食卓，さらにはきちんと躾けられた子どもにいたるまで，家事と育児のすべてを「お手伝いさんなしに」ひとりで秩序正しく切り回しできる有能な専業主婦だからだけではない。そのためにメイ夫人が家事にあくせくするだけの日々を送っているかと言えば，実は彼女は婦人団体に招かれて「モンテッソーリ教育法について」講演を行なったりするほど，持ち前の幅広い教養と専門的知識を生かして，「育児の合間を縫って社会のための義務も果たしていた」。胡彬夏のあげる嘆声のとおり，たしかに「新奇でかつ不思議な女性」で，一般の女性は「まことに及びもつかず」，まさしく「心のなかに描いていた理想の新女性」というにふさわしい。

　ただし，「新奇でかつ不思議」なのはメイ夫人だけではない。メイ一家の住む家は，「室内が清潔に整理されており，埃やクモの糸などは何一つも見あたらなかった」。また，「青と白の布のスカートを身にまとった」夫人の洋服にせよ，「毎日着替えをする」子どもたちの「花柄が鮮やかで美しい」洋服にせよ，「まるでシルクのよう」に映るほどすべてきれいに洗濯されていた。食事とい

175

えば、「エビの缶詰一つとミルク一コップ、そして大匙一つのバターを順番に鍋に入れて」テーブルで直接煮込むスープが、「薄くパリパリとした淡泊なクラッカー」がひかれた皿に一人前ずつ分けられた後、「桃ゼリーやケーキ、トマトなどの果物」まで出される。衣食住のいずれをとっても、あたかも中国女性たちの一般的な暮らしぶりとの落差を見せつけるかのようである。それだけではない。中国の女性たちが家父長的権威や「相夫教子」といった伝統的規範に縛られているあいだ、メイ夫人はアメリカの一角できちんと躾けられた子どもと、「すすんで料理を手助けする」ほど家庭的な夫に囲まれて、「家族団らんを楽しむ笑い声が絶えない」和気藹々な家庭生活を営んでいたのである。

胡彬夏がメイ夫人を通して形象化している「賢母良妻の模範」は、単に「衛生」「秩序」「清潔」「教養」などといった素質を備え合わせただけで完成される女性像ではない。それ以上に「賢妻良母」は、中国との違いを一つ一つ強調して巧妙にセットされたアメリカの小道具に支えられて、中国の伝統や現状と引き離されてはじめて成り立つイメージだったのである。

しかし、このように新しい女性像として意味づけられていたはずの「賢妻良母」は、このときからすでに旧時代の女性像と混同されがちだった。胡彬夏が「賢妻良母」の生きた化身のごとく登場してからまもないころ、『婦女雑誌』には次のような手紙が寄せられる。

> ２年前より賢母良妻を訴える声が高まるや、急進派の人々はそれを妾〔ママ〕の教育だと罵りはじめている。本来賢母良妻という四文字は、……旧社会の女性を指しているわけではない。……いま守旧派たちが世間に満ちあふれているために、……この四文字は触れられるたびに必ず歴史上の古い人物を連想させて、さらには理想的な妾〔ママ〕につながってしまった[8]。

本来は進歩的な知識人たちによって賞揚されたはずの「賢妻良母」という新しい女性像が、社会の保守的な雰囲気につられて旧時代の女性像、なかでも「妾のような女性像」という意味で受けとめられるようになったという読者の危惧に対して、胡彬夏は自らの海外経験に基づいて次のような返答を行なう。

第 5 章　民国初期の新しい女性像「賢妻良母」

　13 年前の日本遊学のときに彬夏は賢母良妻ということばを初めて耳にした。……15 歳の子どもに妻や母の意味が分かるはずはなかったが，師の下田歌子が悉く提唱するとおりに受けとった。その後日本から帰国してふたたびアメリカ留学にたったので，10 年近く賢母良妻というものを耳にする機会がなかった。……去年上海に戻ってみると，店頭に出回っている雑誌や女子学校の教科書はみな賢母良妻という表現を使っていたので，ようやくこの名詞がすでに国中に流行っているとわかった。……ただ一つだけ思うことがある。アメリカでは賢母良妻ということばや文字を見聞きしないが，賢母良妻たる女性たちは，……日本や中国よりむしろ多いのである（胡彬夏 [1916]）。

　胡彬夏によれば，そもそも中国人には馴染みのない外来のものだった「賢妻良母」は，1900 年前後から何らかの経路で日本から受容され，1910 年代半ばには模範的な女性を象徴して活字メディアを賑わすほど定着した。ただ「賢母良妻の声は日本から始まり，徐々に中国で繁盛するようになったものの，声はニセモノのように空っぽで，その実情は取るに足りず」，「賢妻良母」の化身は，ことばこそは存在しないにせよ，アメリカでむしろ多数見つかるのだという。
　もっともこの見解は，中国の「賢妻良母」が日本ではなく，アメリカから由来したというような事実確認や訂正ではない。胡彬夏は「賢妻良母」は日本から伝来したと認めながら，そのような由来とは別に，「賢妻良母」というシニフィアンにより相応しい内実を，あえて遠くアメリカから見いだすのである。新しくかつ好ましいという二つの価値判断的要素を除けば，「賢妻良母」とは伝統から脱却をつづける女性像であったために，実際に盛り込まれる内実は常に入れ替えが可能なシニフィアンにすぎなかった。新しい何かを描き出すためには，伝統や過去など自文化に注目するより，むしろそこから引き離して外来文化に引き寄せる必要がある。ただその対象となる外来文化の源として，日本ではなく，アメリカが浮上しはじめたのである。
　1915 年ころの中国人からみれば，「賢妻良母」はまだなじみのあることばではなく，意味やイメージも伝統的な女性像とは区別されていた。ただ 1905 年の「賢妻良母」と比べてみれば，1915 年のそれは新しい女性を意味してい

る点こそは同じだったとはいえ，そのイメージの具体的な要素は，日本からアメリカに代表される欧米諸国の女性たちへと旋回しつつあったのである。

2　衛生観念と家庭経済の管理

「賢妻良母」は伝統的な女性像とは区別される新しい概念であるだけではなく，それを克服するために模索された女性像でもある。ただし，それは「賢妻良母」の内容を構成する資質が，伝統的な女性像のそれと完全に異なっていたという意味ではない。たとえば，「賢母」の最も中心的な使命である子女の養育は，「賢妻良母」になるうえでも緊要である[9]。「賢妻良母」になるためには，一部の伝統的な徳目を引き継ぎつつ，それとは異なる新たな能力をも同時に身につけなければならない。そのような新たな能力こそが「賢妻良母」を伝統的な女性と区別させると同時に，さらには当時の女性に最もつよく要求される資質でもあるといえよう。では，「賢妻良母」を伝統的な女性像と区別させる新しい資質とはどういうものであろうか。

『婦女雑誌』で用いられている表現をそのまま借りるなら，それは「家政」にほかならない。ただここでいう「家政」は，現代日本語や現代中国語のいう「家政」や，ひいては古い漢文での「家政」とその意味が完全に一致しているわけではない。

◇明治日本の家政と民国初期中国の家政

現代日本語の「家政」のことばのもつニュアンスは，次の二点に要約できよう。一つは性別的に女性がもっぱらするものであり，もう一つは日常生活を維持するためだけの単純かつ些細な事柄という価値論的意味である。『日本国語大辞典』（小学館）によると，「家政」は「一家をまとめ，おさめること。日常生活を処理していくこと，一家の暮らし向き」と定義されている。同時に「家政」は，「家庭内の暮らしに関するいろいろな仕事，またその仕事のきりもり」という意味の「家事」の同意語でもある。今日日本語のなかで「家政」とは，「家政婦」ということばからも象徴されるように，「家事」の同意語として専門的知識による技術よりは単純労働を，男性よりは女性を連想させる。一方，現

第5章　民国初期の新しい女性像「賢妻良母」

代中国語における「家政」の意味も，現代日本語のそれとさほど変わらない[10]。

そもそも古い漢文における「家政」の意味は，現代日本語はもちろん，現代中国語のそれとも完全には一致しない。諸橋轍次編『大漢和辞典』によれば，「家政」とは「家の取り締まり，一家を治めること，家計，家生」の意であり，例文として挙げられている「君子朝端，賢才家政」「唯有｣伝₌家政｣，家風重発揮」を見るかぎり，雑多な日常仕事という「家事」よりは，家全体を運営したり管理したりするという意味に近く，女性よりは家長である男性によって主宰される任務を指していたと考えられる。

一方，「家政」ということばは，古くから日本に伝わっていたわけではなく，明治中期までは日本語の文献に現れてこない。むろん「家を治める」という考えや概念そのものが明治中期まで存在しなかったわけではない。たとえば，『家治心得』など，江戸時代の書物には「一家の経済」や「一家の生計」などという言い方を用いて家庭経営が語られている。その意味を指すことばが別に存在していたとすれば，明治中期以降の日本語に登場する「家政」は，それとは異なる新たな意味をもたされたことになる。現代日本語の「家政」が引き継いだ意味は漢文のそれではなく，明治中期に振興した近代女子教育理念のもとで，意味を改められた新語の「家政」だったのである（常見［1971：19-30］）。さらに，近代女子教育の理念とともに中国に渡った明治日本の新語「家政」は，中国語の「家政」にも影響を及ぼし，その意味を本来の古い漢文から日本語のほうに寄り添わせてしまう[11]。

『婦女雑誌』が創刊された1915年当時は，中国の近代的な女子学校教育が，日本をモデルにしてちょうど振興しだした時期でもある。つまり，当時の中国でいう「家政」は，女子教育というパイプを介して，漢文の元来の意味に明治日本の「家政」が混ざり合った，流動的でかつ可変的なものなのである。ましてや『婦女雑誌』自体が，このような女子学校の教育課程で用いる参考書として企画編集されたものだった。では，そのシニフィエが模索される最中だった当時に，おそらくいまのわれわれの知る「家政」とも，漢文のなかの「家政」ともかぎらない『婦女雑誌』誌上の「家政」とは，具体的にどのようなものだったのだろうか。また，『婦女雑誌』はどのような「家政」の資質や能力をもって，「賢妻良母」の中身を作り上げていたのだろうか。

179

図 5-3 表紙からみる『婦女雑誌』の賢妻良母主義[12]

第 1 巻第 1 号 　　第 1 巻第 2 号 　　第 1 巻第 3 号 　　第 1 巻第 4 号

第 1 巻第 5 号 　　第 1 巻第 6 号 　　第 1 巻第 7 号 　　第 1 巻第 8 号

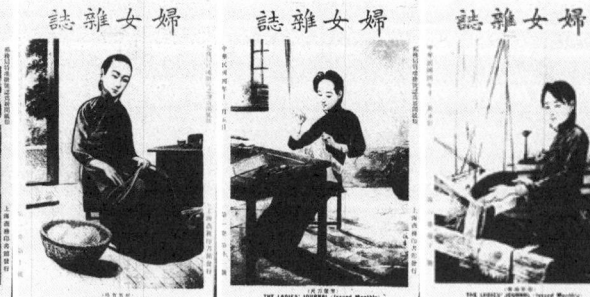

第 1 巻第 9 号 　　第 1 巻第 10 号　　第 1 巻第 11 号 　　第 1 巻第 12 号

第5章　民国初期の新しい女性像「賢妻良母」

◇「家政」と「学芸」

　まず目につくのは，「家政」というコーナーである[13]。同コーナーは新しい科学知識を読者たちに提供することを目的にして，創刊当初から設けられていた。ただどうも新しい科学知識であるかどうかだけが，「家政」コーナーに盛られる記事を決定する唯一の基準だとはかぎらない。『婦女雑誌』には「学芸」というコーナーが同時に設けられており，理化学や動植物学，数学など基礎科学に関する記事だけではなく，たとえば，化粧品製造，洗濯，衣服保管，さらには食品調理にいたるまで，「家政」コーナーに移してもおかしくない内容も多く扱われている。では，新しい知識を「家政」コーナーと「学芸」コーナーに振り分ける基準ははたしてなんだろうか。

　注目に値する点は，コーナー組み自体がなくなった1922年まで「学芸」コーナーが何らかの形で引き継がれたこととは違い[14]，「家政」コーナーは「賢妻良母の養成」という編集方針と一緒に1920年から取りやめられた点である[15]。編集方針の変動から比較的少なく影響されていた「学芸」コーナーに比べれば，「家政」コーナーは「賢妻良母の養成」という編集方針をより強く代弁していたために，それと運命をともにせざるをえなかったのだろう。たとえ今日のわれわれからみればどちらも似たような単純な家事技術にすぎないにせよ，当時では「賢妻良母」になるためにより肝心な資質と能力は，「学芸」よりは「家政」という名で括られていたのである。では，「賢妻良母」の女性像と直接つながっていた「家政」とは，具体的にどのような資質と能力からなっていたのだろうか。

　もっとも『婦女雑誌』のいう「家政」とは，衣食住と礼儀作法からなる今日の家政学教科書の内容と完全に一致するわけではない（王徳瓊編［1959：1-2］）。たとえば，洗濯，裁縫，染色など衣生活と関連する内容は，「家政」コーナーではなく，もっぱら「学芸」コーナーに振り分けられる。食生活のなかでも調理法の紹介は「学芸」で括られる。衣食住に関連するということは，ある知識を「家政」ならしめる十分条件ではなかったのである。

　結論を急ぐなら，「家政」コーナーの記事になるためには，衛生と経済を内容にしなければならなかった。1915年の1年間をサンプルにすれば，医療，薬品，美容，保健，看護など近代的な衛生知識に関連する記事数は，「家政」

コーナーの半分以上にものぼる。簿記，予算編成，家計簿から家庭内副業にいたるまで，家庭経済に関連する記事も「学芸」ではなく，もれなく「家政」コーナーとして紹介される。このように，「家政」として強調されていたのは，伝統的な女性たちも営んでいた衣食住などの新技術であるというより，どちらかといえば，衛生知識と経済観念のように，伝統的な女性たちの生活や知の範疇からは外れていた近代的な新知識である。「賢妻良母」が新しい女性像だったとすれば，その新しい女性に要求された資質も，伝統的な知識の枠組みから距離をとったまま作られていたのである。では，衛生と経済について，『婦女雑誌』は具体的に女性たちに何を教えていたのだろうか。

◇ アメリカのように衛生的な社会

『婦女雑誌』が提供していた衛生をめぐる新知識は，看護，感染予防法，食品衛生，住居衛生，体育保健，医薬品情報，婦人科知識から美容にいたるまで，内容こそは多岐にわたっていたものの，相互にはある共通する文化的文脈が存在する。このような新知識は本質的にすべて近代西欧科学に由来するだけではなく，より理念的にも読者たちを西欧社会にモデルを置く未来像へ導こうとしていたのである。たとえば，ほとんど英語からの翻訳記事からなる衛生情報には，理想的な身体像として西欧女性の挿画が加えられたり[16]，次のようなアメリカのスウィートホーム像が描かれたりする（沈静［1915］；朱胡彬夏［1916］；彬夏［1916a］；章元善［1916］；盧効彭［1918b］）。

> アメリカ家庭といえば，和気藹々な小天国である。家長は，昼間賑やかな街中で仕事に駆け回った後，夜帰宅すれば適当な休養と愉快な感覚が得られ，疲れた頭を冷やし，心をほぐすことができる。子どもたちにとって，家庭はすなわち健全な境地である。礼儀と品格について父母を模範とでき，目に付く家政園芸のすべてが手本となり，衛生保健について見慣れ聞き慣れることから，常に勉強していることになる（彬夏［1916b］）。

『婦女雑誌』は衛生知識と清潔観念を女性に注入し，中国の家庭を改良しなければならないと呼びかける。その改良された後の理想像として描かれていた

のは，あたかも「夫が仮借なき競争で充ちた外の世界で，一日の労働を終えた後に避難することのできる，安全と調和と休息と快適さを具えた天国」(Purvis [1991＝1999：6]) といったヴィクトリア朝のそれを連想させるようなアメリカ家庭像にほかならない。「賢妻良母」になるためには，単に知識や習慣としてだけではなく，イメージや理念としても，中国の現状を離れて欧米社会に近寄る必要があったのである。では，衛生知識とともに「賢妻良母」の身につけるべき家政能力の一つであった経済管理能力は，具体的にどのように語られていたのだろうか。

◇一家の経済は女性が管理すべし

　衛生知識だけではなく，『婦女雑誌』が提供する経済知識も，そのほとんどは日本語や英語から翻訳されたものである[17]。しかし，経済知識は衛生知識とは異なり，その観念や理念が中国社会にまったく馴染みがなかったわけではなく，財産の配分や管理は伝統社会でも「家政」のもっとも肝心な部分である。ただその責務は家長となる男性に属するとされており，女性の資質として考えられていたわけではない[18]。西欧社会に由来する衛生観念が中国女性に内在する資質ではなかったとすれば，男性に占有されていた経済知識もなお，中国女性の外部のものになる。その境界が洋の東西にせよ，ジェンダー役割の区別にせよ，衛生と経済という，いずれも伝統社会の中国女性とは切り離された素質を内容にしていた点において，「賢妻良母」は真新しい女性像だったのである。

　もっとも，かつて男性家長に担われていた経済を管理する任務を（鐘詳財 [1997]），女性の責務へと改めるために用いられたものは，「男は外を主とし，女は内を主とする」という常套句である[19]。ただしこの言い回しを支えていた理念までが旧かったわけではない。女性も国家に寄与すべきであるという近代ナショナリズムのもとでこのことわざが真に意味していたのは，男性が「外」で働いて一所懸命「生利（生産）」する一方で，女性だけが無為徒食すべきではなく，女性も「内」で「生利」できる方法を考えなければならないということである（飄萍 [1915 a]）[20]。「女は内を主とする」ということばは，「女は外を主にすべからず」という遠まわしの警告から，うってかわって「たとえ職を

もって生計を立てずとも」「夫が遠く出て家計を支えているときに，家を治め子女を教育して」「夫の負担を分け合う」ように呼びかけるかけことばへ変身したのである（丁鳳珠［1915］）。「男性が外で働いているあいだ，女性が内を整理すること」がもっとも自然な社会分業であると同時に（飄萍［1915 b］），国家と天下のために女性が果たせる唯一の責任でもあるという近代ナショナリズムのロジックに支えられて（俞淑媛［1915］），家庭の経済を管理する責務は，男性家長から主婦である女性の手中へと渡された。

それだけではない。勤倹と節約を勧め，奢侈を戒めるなど，どちらかといえば消極的に消費を減らす方向で定められていた規範も，物価（王庭［1917］；盧効彭［1918 a］），貯蓄（飄萍［1915 a］；聶管臣［1918］），予算（荘瑛［1915］；宗良［1918］），簿記（周海［1915］），保険（宗良［1917 b］）などの西欧近代の経済知識体系の影響のもとで，より積極的な生産活動を包摂するようになる。「女は内を主とする」という分業理念に符合さえすれば，女性の生産活動は大いに奨励される。当時の表現を借りれば，それこそが「女子職業」だったのである[21]。このようにして「女子職業＝副業」は夫の経済的負担を軽減させるために，女性が生産活動に加わることを意味して，「賢妻良母」たちが西欧女性たちに学ばなければならない資質の一つとなった。

わが国の女性は，自立できる職業をもっている人はそもそも少なく，さらには日常家政すら上手にできるものがいない。欧米の女性たちが，医師や看護婦などの仕事について，生利［ママ］しつつ自立していることを見ると，その程度にはまさしく天地の差があるといえる。今日の女性なるものは，裁縫，料理，教育および会計の四つ以外にも，たとえば刺繍などの他の能力も仕事にできるくらい上達させ，仕事を選び，充分に身に付けなければならない。自らの力で生きていけるようになって，生活のすべてを他人に依存しなくなると，すなわち男性の負担もさらに軽くなる。これこそが家庭の最大の幸福なのである（鸞儀［1917］）。

以上の紡織や刺繍のほかにも，家事を管理しながら女性が家庭内で従事することのできる生産活動として，家畜飼育や農作物栽培がとりわけ頻繁に勧めら

れた[22]）。消費の管理だけではなく，生産面においても家庭経済をサポートしなければならないという意味で，「女子職業＝副業」は「賢妻良母」になるうえで必要な「家政」能力の一部へと収斂されたのである。

3 「賢妻良母」を支える名分
──国家のために，民族のために──

◇近代ナショナリズムと女性論

清末から民国初期にかけて，中国ジャーナリズムを大きく賑わしたテーマの一つに，ナショナリズムの概念がある。戊戌変法から辛亥革命を経て，社会全体として政治意識や社会思想の急激な変動のさなかにあった当時の中国では，満洲族を排斥しようとする種族主義，議会制度を基礎とする国民統合論，外国列強の侵略や華人迫害に対する民族主義など様々な形の近代ナショナリズムが，政論家や知識人，革命家たちによって台頭しはじめた。このような近代ナショナリズムのもとで，個人と国家，個人と社会との関係も，「国民」という概念を用いて再構築される。たとえば，廃止された科挙体制に代わる新たな教育体系として実用的知識が重視されたのは，それこそが世界に伍していく「国民」の資質だからである（吉澤［2003：7-26］）。

女性をめぐる言説も例外ではない。清末に不纏足論や女子教育論を起点に男性知識人によって始められた近代中国の女性論は，たとえ「賢妻良母」「国民の母」「女国民」などと表現を変えていたとしても，あるいは，纏足論，女子教育論，女性参政権などと論点を広げていたにしても，最終的には国家に寄与できるか否かで女性の理想像や存在価値を決めている。中国社会が先進列強に追いつくためには，男性のみならず，女性の貢献も必要であるというナショナリズム的発想のもとで，救国という事業に女性をも参画させることこそが，女性論の変わらない前提となっていたのである（夏暁虹［1995＝1998：141-176］）。

『婦女雑誌』が賞揚する「賢妻良母」もむろんそうである。「欧米列強が世界を牛耳るのは，丈夫な船や大砲の利だけに理由があるのではなく，実は賢母良妻淑女の教育によって」「国民の後ろ盾ができている」からである（劉瑥［ママ］［1915］）。「賢妻良母」を養成する真の意義は，それが女性をして中国の富国

強兵に参画できる唯一の方法であるからにほかならなかった。

◇近代ナショナリズムが決める新しい資質

ナショナリズムを最終的なよりどころとする論理は,「賢妻良母」の存在意義や必要性を議論するときにかぎらず（劉人鵬［2000：161-163］), その具体的資質やイメージを作りあげるうえでも緊要である。たとえば, 医療衛生の観念と知識が要求されるのは, 女性自らが健康になるためだけではない。それ以上に「賢妻良母」には,「将来のために痩せこけている民族を徐々に健全な人種に変えていく義務がある（瓢萍女士［1915］)」。また,「生理がどうだとか, 衛生がどうだとか, 教師たちが昼夜に教えている」理由は,「女性同胞の自然な発育を保護」するだけではなく,「強国強種こそが心身の図るべき目標〔ママ〕」だからである（沈維楨［1915］)。「衛生知識がまだ幼稚で, 毎年病気で死亡する者が数知れない」現状を顧みると,「わが国の女性たちは一刻も早く」「衛生学および治療の方法について日々精進させ, 社会に利益をもたらさなければならない（沈芳女士［1915］)」。強国の基礎となる健全な国民を養成するために,「賢妻良母」には母体, 子どもと家庭の健康を守る義務があり, この義務を果たすことこそが, 女性が衛生的知識を身につけなければならない究極的意義だった。

家庭経済を管理できる能力も同じく, ナショナリズムによって正当化される。「賢妻良母」が計画的に家庭経済を管理したり, 副業で利益を得たりできれば, 個々の堅実な家庭経済の総計が堅実な国家経済に直結される。家で鶏を飼育して安く卵を得ることでさえ, ナショナリズムの枠組みのなかに組み込まれたとたん,「国民健康においても, 一家の経済においても, 一国の利権においても, すべて莫大な利益」につながったり（盧効彭［1918a］), 全国民の健康や国家経済にかかわったりする重大任務へと格上げされたのである。

◇ナショナリズムと旧道徳

ナショナリズムによって意義づけられるのは, 衛生知識や経済管理能力のような, 目新しい資質だけではない。子女を養育する任務や道徳倫理観など, 伝統的な女性規範もナショナリズムのもとで改めて意義づけられれば,「賢妻良

第5章　民国初期の新しい女性像「賢妻良母」

母」の規範へと収斂されることができた。

　たとえば，「賢妻良母」の子女や夫に対する義務や態度は，一見「孟母三遷の教え」（『列女伝』巻一之十一）や「荊釵布裙」（『列女伝』巻八之十八）のような古き儒教経典に準じられているようで，より究極的には「国家人民のひとりひとりを道徳的にな」らしめるために要求されたものである。「賢妻良母」のなかに収斂された「孟母」や「孟光」のイメージは，単に個々人の家族との関係に基づいていたというより，それ以上に良質の国民を養成する母像，良質の国民経済を導く主婦像として，国家と社会との関係のもとで再解釈されたのである（游桂芬［1915］）。

　さらに，「礼儀廉恥」（『菅子』牧民）や「修身斉家治国平天下」（『礼記』大学）など，あたかも伝統的な旧道徳そのものであるかのように見える（ただし同時にかつて女性に結びつけられることはなかった）価値観も，それらが近代ナショナリズムのもとで再度意義づけられるや，「賢妻良母」という新時代を代表する女性像のなかに内包されていく。

> 礼儀廉恥という国を支える四つの要諦がなく，人格と良心の二つが皆なくなっており，亭林先生（顧炎武——引用者注）のいっていた天下の滅亡と何ら変わらなくなってしまった。ある者は，革命は心を革めることから始めるべきで，治国はまず治家を先行するべきだといい，またある者は国の根本は家庭にあり，さらに家庭の基本は個人にあるという。そこで，わたしは国のためを思って立ち上がり，わが国の姉妹各位の前で告げる。賢母良妻の真意を理解して，幸せでかつ楽しい家庭を作り出すことこそが，わが中華民国を文明と富強に導く基礎である。目の前の奢侈や放縦にだけむさぼりついて，将来の零落を忘れるな。志のある女性同胞たちよ，願わくはこのようになっておくれ（胡品原［1919］）。

　このように近代ナショナリズムを介せば，よい家庭をつくりあげることも国家のために「賢妻良母」が果たすべき義務になる（宗良［1917a］）。それだけではない。ナショナリズムは，国家のためを思うなら，女性はむやみに家庭という枠組みを離れてはいけないというロジックにもつながっている。

187

女子学生はもとより国家の構成員であると同時に，社会の構成員でもある。女子学生が将来賢妻良母をめざすなら，国家や社会の責任に対しても，実にその半分を男性と分担しなければならない。……たとえ学生時代には国家や社会の事業に直接加わることができないにしても，すべてにおいて女子学生は社会の模範となり国家の援軍となるべく準備しなければならない。ただ上述したようなことを実行する以外にも，どうすれば将来に家政の一部を担当することで，男性の責任を軽くし国家社会のことに専念させて，男性が身内のせいで疲れはてて気落ちさせないようにできるか，ということについても考えなければならない。また児童に対する家庭教育は，社会国家の前途とすべて直接深い関係がある。このような任務を果たすことこそが，すなわち女性が国家への忠誠を果たし，社会への忠誠を果たすことである。したがって，私の言う「理想の女子学生」とは，騒がしい集会場に出掛けたり，無益な演説を聴いたりせず，国家社会の現象に常に留意しつつ，精密な知識を積んでいき，将来の社会を改良することを自らの責任とするものである。その影響が広がっていけば，つまり国家が改良できるのである。その一挙手一投足がすべて社会の模範になり，女性界が自ずとそれに感化されるようになって，初めて将来の良妻賢母になるに足るのである（瓢萍女士［1915］）。

このように「賢妻良母」に新しく要求された資質だけではなく，それと同時にその内実や活動を制限する基準も，さらには「賢妻良母」が厳守しなければならない旧道徳を選び出すバロメーターも，みな国家や社会を構成する一部分として女性の役割をどのように再定義するかにかかっていた。賢妻良母が衛生知識を具備する必要があったのは，不潔で病に満ちた中国の現状を改善させるためである。経済を管理する能力を備えなければならないのは，外国列強の利権侵奪に苦しむ中国を富強にするためである。近代西欧に照らされて導かれた「富強」と「衛生」という未来中国のイメージこそが，「賢妻良母」の新しい資質を決定させたとすれば，「賢妻良母」が継承しなければならない「慈母」や「倹約」などの旧規範は，未来像のなかに「伝統」がどのように組み込まれていったかを象徴するのである。

第5章　民国初期の新しい女性像「賢妻良母」

注
1）「婦女雑誌四巻大刷新広告（広告）」『婦女雑誌』第3巻第12号, 1915年12月。
2）当時の『婦女雑誌』には「賢母良妻」を中心に,「良妻賢母」「賢妻良母」「良母賢妻」など異なる語形が混在しており，たとえば，一つの文章のなかでも異なる形で混用されるなど，きちんと使い分けられていたわけではない（陳姃湲［2003ｂ：263-348］）。このような状況は，これらのことばが当時中国語としてまだ定着していなかったことを物語る。
3）作者梁令嫺は梁啓超の次女，梁思順のことである（須藤［2001］）。
4）「清快丸」とは，日本でも明治後期から大阪の高橋盛大堂薬局より発売されていた家庭用常備薬で（内藤記念くすり博物館編［2003：26］，中国では日信大薬房という主に日本輸入薬品小売業を中心にする日系製薬会社が取り扱っていた（林震編［1918］；上海市医薬公司・上海市工商行政管理局・上海社会科学院経済研究所編［1988：340-341］）。
5）より具体的には，1919年まで「賢妻良母」という表現が使われた翻訳記事は，日本語からのものが1篇だけで，残りはすべて英語から翻訳されたものである。
6）『申報図画週刊』第82号, 1931年12月20日。
7）「美国恵爾斯来大学校学士無錫朱胡彬夏女士輯編婦女雑誌大改良広告（広告）」『婦女雑誌』第1巻第12号, 1915年12月。
8）「施淑儀女士来書；賢母良妻！妾婦教育！」『婦女雑誌』第2巻第4号, 1916年4月。手紙を寄せた施淑儀は女流文人である（胡曉真［2005］）。
9）「子女の撫育」「母教」などの表現で子女の養育が賢妻良母の任務としてあげられていた（游桂芬［1915］；王三［1915］；蘧珍［1915］）。
10）『辞源』（商務印書館編輯部編, 商務印書館刊）によれば,「家政」は「家事」と解釈されているだけである。
11）家政にかぎらず，近代中国の女子用教科書の多くが日本語から翻訳されていたことからもその影響のほどが察せられる（陳姃湲［2003ａ：31］）。
12）『婦女雑誌』第1巻の表紙イラストは，裁縫，洗濯，料理など家事をする女性が主なモチーフとなっており，ここからも「賢妻良母の養成」という編集方針が視覚的に象徴されている。
13）『婦女雑誌』にかぎらず，当時ほとんどの女性向け雑誌には似たような構成のコーナーが設けられていた（徐楚影・焦立芝［1984：681］；游鑑明［2005］）。ただこのようなコーナーの名称は,「実業」（『女子世界』；『女界灯学報』；『女報』）「科学」（『女子世界』）「家庭」（『中国新女界』；『女報』）「女子教科」（『女報』）などと一致しておらず,「家政」というコーナー名が使われたのは,『婦女雑誌』と『女子雑誌』が最初である。ここからも，当時の「家政」のことばがシニフィエの変化を経る最中だった点が示唆されよう。
14）正確なコーナー名は「学術」や「常識」などと改められていたが，続けて連

189

載される記事があったために，実質的には同じ枠組みだったとみなすことができる。
15) 記者「本雑誌今後之方針」『婦女雑誌』第5巻第12号，1919年12月。なお，胡彬夏が編集を担当していた1916年1年間は，「家政」の代わりに「家政門」というコーナー名が用いられていた（表4-3）。
16) 『婦女雑誌』の衛生関連記事の挿絵としては，ほとんど西洋人女性の写真が用いられており，優等な身体像として西洋人的体格を提示している（馬竜麦爾柯［1915］；春城訳［1915］）。
17) たとえば，日本語から翻訳されたものとしては，瓢萍［1915a］；王廷［1917］；西神［1917］；盧効彭［1918a］が，英語から翻訳された記事は，宗良［1917a］；［1917b］；［1918］；曹楊廉蔭［1918］などが挙げられる。
18) 最近の研究結果では，伝統時代の中国女性が相続権や佃戸契約権など一定の経済的主体性をもっていたとする史料が多く示されるようになり（唐力行［1999：272-273］；中国女性史研究会編［2004：4-8］)，前近代社会の中国女性が財産権を所有していたかどうかをめぐってはまだ異論が多い（秦［1990：9-13］）。しかし，「同居共財」を中国伝統社会における家族の指標であると認めるとすれば（中田［1943：1309］），女性が家産の管理権を有する家長になること自体は法律的に可能だったとはいえ，それは家に男性がいないなど，特殊な場合に限られてしまう（大塚［1985：47］；滋賀［1967：292-302］）。理念や規範は必ずしも現状と連続しない。『女論語』『内訓』『女範捷録』『新婦譜補』などの伝統時代の女子用書物からみるかぎり，勤倹でかつ奢侈を好まないことが女性の徳目としてあげられることはあっても，財産を主動的に管理するような資質が強調されることはほとんどなく（山崎［2002：140-142；183-187；318-323；485-487］），儒教規範が女性の経済的主体性を内容としていなかったことがうかがわれる。
19) たとえば，「女位を内に正し，男位を外に正す」（『周易』巻四家人）や「男は内を言わず，女は外を言わず」（『礼記』内則巻二七）という典拠がある。
20) イギリス人宣教師ティモシー・リチャードによって使われ，一時の中国言論界を風靡した「生利」という常套句は，女子教育振興や纏足廃止を主張するうえでも一つの論理的根拠を提供した。清末の知識人たちは，今まで分利者（消費者）にすぎなかった女性が生利者（生産者）になるためには，纏足と無学の二つの障害から解かれる必要があると考えていた（夏暁虹［1995＝1998：39-40］；劉人鵬［2000：164］）。
21) そもそも「女子職業」ということばは，最初から専業主婦と区別して，女性が家庭外で従事する生産活動を意味していたわけではない。「女子職業というのは，……保育，管理，操作」であり，「子女の保育と家政の管理は，賢妻良母の皆さまの」「天から命じられた適任」であると認められ（王三［1915］），「賢妻良母」として「内＝家庭」を管理する役割こそが，「女子職業＝天職」であると考えられていた。『婦女雑誌』で用いられる「女子職業」の意味が，「専業主婦＝

第5章　民国初期の新しい女性像「賢妻良母」

賢妻良母」とは区別される家庭外での生産活動に変化するまでは，五四新文化運動を待たなければならない。たとえば，1919年5月号のある翻訳記事の文末には，「今日の論者たちのなかには，わが国の旧習が女子を家庭の付属品として扱ってきたとみなし，女子の職業教育を提唱することで，自立心を養成させてそれを矯正しようとするものがいる。……私はこの文章を翻訳して初めて，張氏が女子教育に対し，もっぱら賢母良妻になることを求めているだけで，才女になることは求めていないことがわかった」と加えられており（張登仁［1919］），「女子職業」ということばの意味が家内副業から家庭外での生産活動へと変化しつつあることが察せられる。

22) 魚や鶏などの飼育は非常に頻繁に取り上げられるテーマの一つである（方秀貞［1915］；童貞［1915］；盧効彭［1918a］；徐松石［1919］；西神［1919］）。また，農作物栽培も大いに奨励された（鵑儂［1915］；鴛湖寄生［1918］；李淑珩女士［1917］）。

191

第6章
新女性イメージの創出
―― 1920 年～1925 年 ――

　創刊以来『婦女雑誌』は当時の女子中等教育が目標とする「賢妻良母主義」に合致するように編集され，女子学生や女子学校を中心に安定な販売ルートを確保してきた。一方，当時は五四新文化運動の機運も同時に熟しつつあり，言論界，教育界，文学界，知識界のいたるところで中国社会が揺るがされはじめたときでもある。1919 年ごろには，その影響はもはや『婦女雑誌』にも及び，刊行趣旨を「賢妻良母の養成」から「婦女解放の提唱」へと一新させ，近代西欧思想に傾倒する青年知識人の絶対的な支持を得るまでに成長した。

　かつて教科書のごとく『婦女雑誌』に親しんでいた女子学生たちは，果たしてこの変化についていったのだろうか。もっとも『婦女雑誌』を教材用に団体購読していた女子学校では（張元済［1981a：25］），このような「不穏雑誌」を学生たちに引きつづき読ませようとしたのだろうか（楊長陞［1923］）。

　このような疑問が示唆するように，『婦女雑誌』の改革がもたらした変化は，その言論のレベルが陳腐な旧式雑誌から，一躍「中国女性問題の権威」[1] へと躍進できたというような，平面的で単線的なものではない。『婦女雑誌』の改革は「女性」というテーマだけを維持させておいて，その思想的背景はもちろん，読み手や書き手までをすべて入れ替える立体的でかつ全面的な地殻変動のターニングポイントだったのである。

　では，女子学生たちから『婦女雑誌』を引き渡してもらった青年知識人たちは，同誌の往年のヒロイン役だった「賢妻良母」に対して，どのような眼差しを向けたのだろうか。また，彼らの視線はどのような立場から出発したのだろうか。さらに，かつてこのヒロインを追い求めていた女子学生をほとんど欠席させておいたまま進められた再解釈の過程は，結果的に「賢妻良母」の意味に

第6章　新女性イメージの創出

どのような刻印を残したのだろうか。

1　ノラと新女性イメージの創出

　五四新文化運動という全般的かつ徹底的な文化革命のもとで，青年知識人たちは中国女性をどのように改めようと試みたのだろうか。彼らが中国女性のためにつくりあげた「新女性」[2]像の本質は，どのように説明できるだろうか。青年知識人たちによって新女性の象徴として掲げられた「ノラ」を手がかりに，その答えを探っていきたい。

◇ノラ，中国を訪れる

　民国初期の新しい女性像の代名詞が「賢妻良母」だったとすれば，五四新文化運動は「ノラ」をモチーフにしてさらに新しい女性像を創出した。そもそもノルウェーの劇作家イプセンの戯曲『人形の家』のヒロインのノラが，中国で初めて紹介されたのは1918年『新青年』誌上を通してである[3]。それ以来ノラは中国文壇に一大センセーションを巻き起こしつつ，各種文字メディアにひっぱりだことなっただけではなく（Tam［2001：241-243］），この演劇を見て家出を実践に移してしまう女性がいたほど（中国社会科学院近代史研究所編［1979a：1020］；碧遥［1935］）——たとえ中国女性の「普遍的な人生目標」（陳暉［1999：63］）になったほどではないにせよ——，フィクションの世界を通り越して現実の女性たちにもたしかに一定の影響を及ぼしていた。

　そもそも『人形の家』は，裕福な家庭の主婦のノラが，病気の夫のために無断で借用証書を偽造し金を借りていたことが，夫にばれてしまうことから始まる。真相を知った夫ヘルメルの態度から，ノラは実は今まで自分がおもちゃのようにもてあそばれていただけで，幸せだった結婚生活も単なる人形遊びにすぎなかったことを悟り，自立した真の人間として歩みだすために，夫と子どもを捨てて家を飛び出してしまう。1879年夏にイタリアで書かれたこの戯曲は，同年12月コペンハーゲンで初演されてから（Marker・Marker［1989：46］），イギリス，ドイツ，フランス，イタリアなどヨーロッパ全域にわたって空前のセンセーションを巻き起こした（許慧琦［2003：73］）。さらに「ノラ現象」は

193

ヨーロッパに限らず，20世紀初の東アジアでも時間と空間を隔てて再演される[4]。しかしその方向性までが，時空を超えて普遍的だったわけではない。

もっとも『人形の家』を女性の人格的覚醒を訴えるフェミニズム的宣言として理解する今日のとらえ方も[5]，イプセンの本来の創作意図どおりだとは限らない（毛利［1984］；阪口［2004：5］）。「イプセンほど誤解された作家はない」と言われるほど（Ibsen［1879＝1907＝1939：149］），そのテキストの内実は読者の処する時空にゆだねられ，常に異なる文脈のなかに改めて組み込まれてきたのである[6]。

◇ノラは女性である以前に人間だった

『人形の家』のテキストがもつ可変性をふまえれば，ノラが中国でどこよりも強い影響力と長い生命力をもちえたことは（Tam［2001：3］），その受け手となった青年知識人たちによって，ノラの含意が中国社会固有の問題意識に合わせて入れ替えられたからにほかならない。中国でノラが体現していた女性像は，イプセンが生み出した原形のままだったというよりは，五四新文化運動のもとで積極的にノラの受け手となった青年知識人たちの意図——結論を急げば，「健全なる個人主義」（胡適［1930］）——を反映して屈折されたものだったのである。

「五四新文化運動のもっとも大きい成果は，第一に個人を発見したことにある」と指摘する郁達夫（1896～1945）のことばのように（趙家璧編［1935：5］），胡適，周作人，陳独秀（1879～1924），茅盾など新思潮を代表する青年知識人はもちろん，かつてはナショナリズムの代表的論者だったはずの梁啓超，章太炎（1869～1936）でさえ個人の存在意義を問い始めたほど（裴毅然［2000：126-127］），1910年代半ばから個人主義はナショナリズムに代わって当時の思潮を代表するキーワードとなった。

一方，五四新文化運動の個人主義は，中国現代化という目標を清末以来のナショナリズムと共有する（Schwartz［1986＝1989：5-11］）。辛亥革命の挫折によってナショナリズム路線の失敗が明らかになるや，それに代わる新たな方途として個人主義が浮上したのである。青年知識人たちはナショナリズムの前轍を踏まないためには，「個人の根本の覚醒に基づく根本的解決」（林崗

[1989：418-424]）を模索しなければ——つまり，現代化を妨げている旧道徳，旧宗教，旧文学など一切の桎梏をまず破壊して，「自覚した個人」を単位に社会制度や価値観を立て直さなければならないと考えた。このように現代化を促す道具として意義づけられたときに，個人主義は伝統思想と専制支配に対する徹底的な批判と破壊をも内包する——いわば「破壊に似せた完全な建設」（胡適［1918］）として生まれかわって，中国古来の思想体系と断絶され，外来のものとして表象される必要が生じたのである[7]。

　ここにこそ青年知識人たちがわざわざ遠く北欧からイプセンとノラを招き入れて，自分たちの個人主義を代弁させた理由がある。胡適や魯迅など五四新文化運動の旗手たちに迎えられたイプセンは，中国の現状を打破するという使命を背負わせられ，「芸術家としてではなく社会改革家として」[8]中国に訪れた。この点はノラをはじめて紹介した『新青年』の「イプセン特集号」の巻頭論文からも確認できる。

　もし個人が自由の権利をもたず，また責任を負わないとすれば，すなわち奴隷と同じになる。したがって，いくら楽しんでいようと，いくら喜んでいようと，それは真の楽しみではなく，個人の人格を発展させることはできない。……完全なる自由をもち，また自ら責任を負うようになれば，すべてが変わってくる。家庭がそうであって，社会国家もそうである。自治の社会や共和の国家とは，個人の自由選択権を保持し，個人自らの行為に対する責任を維持させることにほかならない。もしそうでなければ，決して自らの独立した人格を養成することはできない。社会と国家に自由でかつ独立した人格がなければ，まるでアルコールのないお酒であり，イーストのないパンであり，頭脳のない人間である。このような社会と国家は決して進歩する希望がないのである（ibid）。

「イプセン」は胡適の手によって，個人主義の象徴であると同時に革命と社会建設の手段である「イプセン主義」に生まれかわらせられ（清水［1995：2］），少なくとも1920年代までは中国におけるイプセンの内実を規定した（Chang［2004：38］）。むろん「イプセン主義」に導かれて紹介されたノラが代弁して

いたのも、「イプセン主義」を体現する人格——つまり、現実を自覚して、独立した個人に生まれかわるために、行動しうる「健全なる個人」にほかならない。胡適がノラに託した使命は、婦女解放やフェミニズムの旗手になる以前に、まずリアリズムと個人主義の先覚者となることだったのである。

　個人の個性を発展させるためには、二つの条件が必要である。一つは個人の自由意志を保つことであり、もう一つは個人に責任をもたせることである。『ノラ』のなかでヘルメルのもっとも大きい間違いは、ノラを「おもちゃ」としてしか扱わず、彼女が家庭の責任を負うことを許さずに、またノラが自らの個性を発展していく機会をも奪ったことだった。だから、いったん目覚めだしたノラは夫を憎みきれず、家庭を捨てて遠く離れる決意をした（胡適［1918］）。

　以上の胡適の解説が示唆するように、ノラは「女性」である以前にまず「人間」として、中国を訪れたはずだった。ただ「人間に対する発見は、女性や子どもに対する発見へと波及される。男性が非人間的な存在のままだとすれば、男性の奴隷である女性はさらに非人間的である。彼女たちは奴隷の奴隷であり、家畜の家畜であり、ひいてはモノにすぎない」。つまり、「五四新文化運動の精神は最初から女性と子どもを解放させることを内包しており、人としての覚醒のなかには、女性としての意識と子どもに対する発見が内在されていたのである」（劉再復［1997］）。

◇ノラはなぜ中国女性を変えることができたか
　「人間」から「女性」に波及されたのは、五四新文化運動の精神だけではなかった。「『イプセン特集号』は中国女性問題の産声である」（沈雁冰［1922］）ということばに見られるように、五四新文化運動のもとで婦女解放運動や女性論がモチーフにしていたのもまた、ノラというイプセン主義の化身だったのである。
　もっとも胡適の「イプセン主義」は個人主義の擁護以外に、中国伝統の家庭制度を打破すること、社会的に迫害されるマイノリティの立場を理解すること

をも主張に内包しており（Eide［1987：20-22］），伝統的な家庭制度のもとで迫害されつづけてきた代表的なマイノリティ集団として，女性たちが注目されるようになったのは，どちらかといえば，自然な成り行きである。ただノラに導かれた婦女解放思想の鼓吹という成果は，もはや「波及効果」や「副産物」（張暁麗［1998：110］）として片付けられるものではなくなる。個人主義の先鋒になるという使命を背負わされて意図的に中国に迎えられたはずのノラは，本領ではなく，むしろサイドワークのほうで，より大きな成功を収めたのである（許慧琦［2003：116］；阪口［2004：5］）。

では，「女性としてではなく，未来の超人の象徴として」（劉大杰［1935：62］）訪れたはずのノラが，さらには女性自らによってではなく，男性知識人たちの手によって受け入れられたはずのノラが，最終的に新女性の象徴として定着されてしまったのはどのように説明できるだろうか。台湾の新鋭研究者の許慧琦は，「脱性化（desexualization）」[9]という概念を援用して，次のように分析を試みる。

> ノラの言行は個人の覚醒という特質を体現するものだったために，まずは男性たちによって受け入れられ，女性たちが見習うべき模範として巧みに作り練られることができた。……つまり，当初「脱性化」されたノラをめぐる言論は，ノラの定着に莫大な力を発揮したと同時に，以降それが新女性イメージとして創出されていくうえで有力な装置となった。なぜなら，ノラの特質は男性たちによっても支持されえたからこそ，その新女性としてのイメージはさらに広く受け入れられることができたからである。……ノラは当初現代的人格＝男性の理想的典型とみなされたからこそ，より「上位」レベルから民衆に向かって新女性イメージとして投射されることができた。そして，当時社会の個性解放の宣揚は，日々高まる女性問題の重要性とともに，ノラが新女性イメージとして定着できうる客観的環境をも作りだした（許慧琦［2003：141-142］）。

女性がまだ社会の弱者だった当時，婦女解放とは女性だけの力でやりとげられる課題ではなかった。男性青年知識人の絶対的な支持を得たノラであるから

こそ，それをモチーフにした新女性像は，男性を介して女性たちへとより効果的に浸透しえたのである。また婦女解放運動も，同じくノラを理想とする男性の援助に後押しされたからこそ，かつてなかったほどの成果をなしとげることができた。ただ助けられただけではない。新女性像にせよ，婦女解放運動にせよ，その内容や方向性もまた男性の手に委ねられていたのである。

近代的な人格を象徴するという使命を背負わされ，男性青年知識人によって中国に招かれたノラは，「女性」であるよりは，性差を超越した普遍的人格として，女性的な特徴を人為的に削り落とす「脱性化」の過程を経て具現されなければならない。そして，ノラに托された含意は，本領を離れて女性論に援用されたときにもそのまま維持されたために，それをモチーフにして作られた新女性像は，「独立性，社会への責任感，改革の精神，批判力，互助の精神，公衆への貢献，勉学欲，開放的で率直な態度，そして健康な身体」（Wang [1999：82]）など，いずれも女性であるよりは性別を超越した超人的な存在になること——女性性（feminity）を中和してより男性化すること——を求めていたのである[10]。

個人主義を軸にするイプセン主義の内容が，女性論のなかのノラの含意を決定したとすれば，婦女解放運動の方向性を決定したのは，五四新文化運動という母体にほかならない。「征服する地位に立ち，征服される地位に立つべからず，……個人の独立的かつ自主的な人格を尊重し，他人の付属品となるべからず」（陳独秀 [1916]）という五四新文化運動のキャッチフレーズは，そのまま婦女解放運動のなかに置き換えられ，「独立した個人」になって，男性や家庭の「付属品」や「寄生虫」の地位から抜け出すこと（Nivard [1984：41]）が女性に要求された。教育平等権と職業権の獲得および自由結婚の保障など，五四新文化運動のなかで婦女解放運動が得た成就も（呂芳上 [2000：177-206]），このような女性論にそれぞれ呼応する。女性を男性やほかの家族に付属させる「家庭」から連れだす基礎としての教育権，女性が男性や家族から経済的に独立することを可能にする条件としての職業権，さらに家庭における女性の自主権の確立を意味する自由結婚の権利は，「覚醒，反抗，独立と自主への追求，向学心，責任感」（許慧琦 [2003：380]）など，いずれも女性をして性差を超越した人格とならしめるうえで必要な措置でもある。

第6章　新女性イメージの創出

　このように新女性のイメージは，担い手にせよ，理念にせよ，さらには用いられたモチーフにいたるまで，個人主義という五四新文化運動が本来掲げていた目標とほとんどの文脈を共有して，言うならば，それに付随されて副作用のように創出されたといっても過言ではない。ジェンダー概念を用いて，この副作用が成功にいたる過程を再度読み解くとすれば，それは，社会的地位における男女間の落差を利用すると同時に，そのために結果的に女性性を除去してしまうという，いわば「脱性化」を呈するプロセスにほかならない。では，このようなプロセスとしての「脱性化」は，『婦女雑誌』のテキストのなかにどのように溶け込まれているのだろうか。

2 『婦女雑誌』と「脱性化」する中国女性論

　「創刊当初は家庭のなかの女性の読み物として」編集されていた『婦女雑誌』は，1920年の編集陣更迭を経て，「婦女解放」を掲げる進歩的メディアへと一新される[11]。ただし，その後の『婦女雑誌』は「女性を討論する雑誌」ではあっても，「女性たちが討論する雑誌」だったとはかぎらず（陳姃湲［2005a：36］），それ自体として「脱性化」的な構造を内在し，女性を疎外しつつ女性論を形成していくメディアでもあった。では，執筆人や編集陣，また読者など，メディアの外縁で形成された「脱性化」的な構造は，どのようにそのテキストのなかに内在化されていったのだろうか。

◇開かれた門戸，高くなった敷居

　結論からいえば，それは知識伝達スタイルの変化に導かれた結果にほかならない。編集陣更迭から始まる連鎖作用は，白話文の採用で代表される新しい「コミュニケーションのスタイル」（若林［1978：16］）と融和されるや，読者をも巻き込みつつ，テキストのなかへと波及される。もっとも新しい編集者たちは「われらだけで偏った議論を進めていく出版物としてではなく，全国男女が女性問題を研究討論する開かれた空間」[12]として『婦女雑誌』を位置づけしようとしていた。『婦女雑誌』の実情により即していえば，その新しい「コミュニケーションのスタイル」とは白話文だけではなく，積極的に図られた執筆

陣と読者との意見交流をも含むのである。

　このようにして『婦女雑誌』は，執筆者が読者たちを「賢妻良母」という目標に一方的に啓蒙し訓導する宣伝物から，執筆陣と読者の双方的なコミュニケーションを仲介する媒介へと変わる。同様に『婦女雑誌』を舞台にして創出された理想的な女性像であったにせよ，編集側によって予め内実を定められ，既製品として一方的に読者たちに渡された「賢妻良母」と比べれば，改革後の『婦女雑誌』で表出される新女性は，読者たちとの討論を介して模索されつつあるプロセスをも含む可変的なものだったのである。

　しかし，この「開かれた空間」は開かれているだけではなく，同時により深刻な疎外を孕む空間でもある。そもそも当時の中国女性の就学率は全国的に1％にも満たず（周石華・朱文叔［1924］），意見を発表し交流をすることはさておき，何かを読んで理解することですら，ほとんどの女性には不可能である。ましてや「研究と討論」のために「白話とはいえ文語よりも難解な」（竹友［1925］）内容に傾いていく『婦女雑誌』は，結果的にわずかだった従来の女性読者までを遠ざけたのである。このようにして，一見開かれたメディアのようにみえて，たとえ編集側が意図的に女性を排除したわけではなかったにせよ，女性に対する『婦女雑誌』の敷居はむしろ高くなってしまった。

　ただ執筆人と読者の性別が男性に偏っていたという事実は，その全員が男性だったならまだしも[13]，『婦女雑誌』の「女性をめぐる言説が，男性に僭越させられて主導権をにぎられていた」（許慧琦［2002：60］）という結論を導く十分条件にはならない。より肝心な点は，『婦女雑誌』の女性論を主導した男性執筆者たちが，女性を男性とは区別して「他者」として認識し，その延長線上で「婦女解放」を理解していた点を，そのテキストから検証することであろう。以下，五四新文化運動時期の『婦女雑誌』の女性論を貫くこのような「脱性化」的な構造を，特に「解放」「建設」「改造」というキーワードを手がかりに考察していきたい。

◎解放 vs. 建設と改造

　「賢妻良母の養成」から「婦女解放の提唱」[14]へと編集方針を急遽旋回させた『婦女雑誌』は，読者たちに向けてこのような軌道修正に対する弁解を行な

第 6 章　新女性イメージの創出

う必要があった。「婦女解放」という，当時にしては一見過激すぎるようなことばを説明して，その過激さを中和するために，編集陣たちが頻繁に用いたことばは「建設」と「改造」である（雁冰［1920］）。

　改革第 1 号のページを捲ってみよう。最初に目に当たる社説から，婦女「解放」と「建設」の関係が説かれている。そこでは，婦女解放を達成させるためには，旧制度や旧礼法を貶すより「建設方面」の討論が必要であるという前提のもとで，教育を通して女性の素養を培養すると同時に，技術をもたせて女性の生活を独立させなければならないと主張する（佩韋［1920］）。さらに，まるで本文記事のごとく挟まれてある広告文案では，婦女解放論をめぐる賛否両論をとやかく繰り広げる必要はなく，代わりに女性の「建設」を討論すべきであるといい，徳育と知育と体育を通して，女性に男性のような能力を養わせなければならないと敷衍する（梅［1920］）。

　「建設」だけではない。「改造」も同様に「婦女解放」の意味を潤色する常套句となっている。たとえば，真の婦女解放とは「女性の人格的成長を高めようとするもの」でなければならず，したがって「新女性たちは皆自らを改造」していかなければならないと説かれたりする（雲舫［1920］）。のちに婦女解放の先鋒に立った章錫琛の見解も当時は例外ではない。

　　およそ婦女解放は必然的な世界潮流である。しかし，もっぱら外部から与えられた解放だけでは，本質に対する積極的な改造をともなわないために，いわゆる女性問題を解決できないだけではなく，かえって争いを増すことになる。したがって，改造たるものは婦女解放の最初の急務であると同時に，最後の目的である。改造せずして解放を語れず，また改造せずして完成に達しえず，解放と呼ぶに足りない。これこそが，わが国の女性問題を論じるうえで，解放より改造を重視しなければならない所以である（瑟廬［1919］）。

　このように，いったん「婦女解放の提唱」へと編集方針が改められたとはいえ，従来の編集方向がすぐに否定されたり断絶されたりしたわけではなく，女子教育という「賢妻良母」の内実は「建設」や「改造」ということばを介して，「婦女解放」の実現を促す――あるいは，それを準備する――女性自らの使命

へと改められて意義づけられていた。いうまでもなく，このような論法は従来の読者たちに対する配慮であると同時に，編集陣たちの女性論に対する理解が未熟なままであることをも物語る。しかしそれだけではない。婦女解放論という課題に直面させられた男性青年知識人たちの態度と立場をも垣間見させてくれるのである。

改革当初の男性論者の多くは，従来男性や伝統社会によって束縛されていた女性たちを解放する必要性こそは認めたとはいえ，そのためには男性が女性を解放してやる以上に，女性自ら「改造」と「建設」に努めていかなければならないと考えていた。このような認識は，女性問題の解決を「男性から女性に与えられるもの」，あるいは「女性自ら内部的に準備していくもの」のどちらかに分けて把握することを原点としており，たとえ男性論者たちが婦女解放論を擁護かつ支持する立場に立っていたにせよ，より本質的には女性を自らの彼岸に存在する，さらには自らより下位にある「他者」とみなす立場から相変わらず離れられなかったことを物語る。胡適のことばを借りれば，男性青年知識人たちにとって「解放が女性の外部に対する要求であるとすれば，改造とは女性そのものに対する要求」（張友鸞・陳東原［1922］）なのである。

より肝心な点は，女性問題を「解放―改造/建設」，あるいは「男性方面―女性方面」といった二項対立的にとらえる図式が，改革直後だけに限られたものではなく，その後も一貫していたことである[15]。たとえば章錫琛によると，「『解放』の二文字は自動詞で用いるべき」なので，「婦女解放とは女性自らが男性の束縛から抜け出してもたらされるべきであり，男性の力によって解放されてはならない。同時に婦女解放は，女性自らのことであって，決して男性に対する叱責であってはならない」（瑟廬［1921］）。周建人も例外ではなく，女性が権利を取得していくうえでは，「闘争せずに座ったままですべての権利を手にしてしまう」こと以外に，「女性自らの努力とフェミニズムを支持する男性たちが協力する」方法があるといい，女性だけでは婦女解放はなしとげられないといわんばかりである（克士［1923］）[16]。

編集陣だけではない。このような立場は，投稿記事の内容から判断するかぎり，読者たちにも共有されていたことはもちろん（晏始［1923］；陳其善［1921］；致堂［1921］；張嫻［1922a］），ひいては生物的な性差を乗り越えて，女性筆

者たちにも染みこんでおり[17]、『婦女雑誌』の女性論に普遍的に内在されたのである。

　もしこのように女性を一人称ではなく、二人称として把握する視線のもとで、「新女性」像も創出されたとすれば、たとえ話者と読者という次元における討論と対話は行なわれたにせよ、そのような新女性像は、女性との落差を内在化している男性的認識を反映して、女性を疎外したまま創出されたものになる。女性の立場からみるかぎり、「賢妻良母」と同じく、新女性も男性知識人同士で合意された理想像として、「他者」たる女性たちに与えられた既製品だったのである。

◇非女性化する新女性イメージ

　他方、江勇振は『婦女雑誌』の女性論に孕まれている「男性は「人」、女性は男性の「他者」であるという観点」（江勇振［2005：264］）は五四新文化運動時期にかぎらず、ひいては17年の発刊期間全体を貫く連続性であったとまで断言し、そのような女性論が陥ってしまうジレンマを「人文主義の盲点」（ibid）という表現を用いて説明する[18]。それによれば、「男性執筆者たちが女性の弱点を批判する時、その改めるべき、理性、独立性、知識欲、勇敢さ、強健さなどは——すべて男性、あるいはヒューマニズムにおける「人」の理想」（ibid：253）にすぎなかったと指摘する。

　　かつての女性たちは社会から家庭のなかへと追いやられていた。これこそが彼女たちの真の人生観を埋没させてしまった唯一の原因である。いまもはや女性たちは再度家庭から奮い立ち社会のなかへと戻ろうとしている。彼女たちが真の人生観に到達することは、社会文化を進歩させることにほかならない。なぜなら、社会とは進化するものであり、またそのような進歩を促すものも人なのだからである。いったん「人」と認められたからには、もはや男女の区別はなくなる。したがって、新女性の人生観とは、人としての責任を尽くすことでしかない（信庸［1920］）。

　このように『婦女雑誌』の論者たちは、「新女性」になるためには女性たち

が現にもっている弱点を克服しなければならず，したがって「男女の区別」を乗り越えて「人としての責任を尽く」さなければならないと呼びかける。ただし江勇振にしたがえば，このような「人文主義」的な発想は男性というスタンスから脱却することがなかったために[19]，女性の弱点も「普遍的な意味での『人』である男性がもつ長所——理性，創造力，分析力，自然を征服する能力など」(Soper [1990 : 229]) に照らされてはじめて認識されたものにすぎず，結果的に女性に対して「男性になることを要求する婦女解放運動，つまり第三性化する婦女解放運動」(瑟廬 [1923 a]) として表出されたのである。

　五四新文化運動のとき，『婦女雑誌』は従来の「賢妻良母主義」を一新し，婦女解放を賞揚する進歩的メディアへと生まれかわった。ただしその内実は，その外縁と内縁を問わず，テキストに孕まれるジェンダー構造の変質をもふまえて吟味されなければならない。執筆者にせよ編集者にせよ読者にせよ，五四新文化運動時期の『婦女雑誌』から，女性はほとんど疎外されている。社会的地位における男女の落差をふまえれば，婦女解放論はむしろ「男性に主導されたがゆえに，より効率的に社会全般に浸透できた」(許慧琦 [2002 : 86])。ただし男性を主な言論主体にして，女性を疎外したままに形成される婦女解放論と女性論は，女性たちの実情をふまえて帰納的に考察されたものであるというよりは，対象化，客体化，理論化，そして抽象化を経て，概念的に——さらには男性自らの理想に照らして——抽出された，いわば虚像的なものにすぎなかったのである。

3　「賢妻良母」と旧女性イメージの創出

　『婦女雑誌』が婦女解放に看板を塗りかえ，新女性を議論する舞台へと変貌するあいだ，ヒロインの座から降ろされてしまった「賢妻良母」はどのような運命をたどったのだろうか。この問題を考えるためには，「脱性化」という新女性が議論されるプロセスの本質から吟味しなおす必要があろう。

◇旧女性と新女性は二卵性双生児である
　先述したとおり，許慧琦が概念化した「脱性化」とは，新女性のイメージが

女性性の中和や超越など，性差の否定という方向性を帯びていた点だけを意味するわけではない。「脱性化」の核心は，むしろその創出の過程に介在する他者性にこそある。「かつて西欧ではそれぞれ異なる歴史段階で完遂された「個人」としての自覚と「女性」の発見という二つの課題を，中国の青年知識人（ほとんどは男性からなる——引用者注）たちは五四新文化運動のなかで同時に達成しようとした」（劉再復［1997：85］）。このように，中国女性たちを縛りつづけてきた桎梏を打破する兆しは，男性の努力に助けられてようやく見えてきたのである（陳東原［1928→1994：3］）。ただし，それは男性青年知識人たちの自覚をふまえてはいても，中国女性自らの要求と現状を反映していたとはかぎらない。

新女性のイメージが形成される過程に介在するこの他者性は，たとえ新女性そのものほど意識されることはなかったにせよ，その裏で同時に進行されていた旧女性のイメージの創出にも大きく関連する[20]。いや，むしろこの他者性こそが，新女性の創出に旧女性の形成をもともなわせた要因であるといわなければならない[21]。たとえ男性たち自らは「新女性とは旧女性を改造したものにほかならず，したがって，新女性を養成していくことは，旧女性に対する研究から出発しなければならない」と認めていたにせよ，そのような研究が見いだした「保守的である」とか，「判断力に欠けている」などの旧女性の欠点は（張希遠［1921］），いずれも「革新的な思想，批判力，互助性，健全な体質，快活な態度」（雲舫［1920］）といった新女性の資質から照らされて，それと対をなすべく抽出されたものである。女性自らの現実と乖離されて創造された新女性を意義づけるためには，その新女性から逆照射された旧女性像を想像しだす必要がある。つまり，旧女性に対する反省から新女性が創出されたというより，新女性の創出こそが旧女性に対する想像を必要としたのである。

一方，新女性に求められていた資質そのものは，女性だけに欠けているものでもなければ，女性だけに必要とされるものでもなく，たしかに性別を超越して普遍的な人格として創出されていたとはいえ，それ自体が女性性を否定したり除去したりする文脈を含んでいるわけではない。

新女性ということばはもはや一種の流行語の名詞のようになっている。しか

し，いったい何を新女性と呼ぶのだろうか。ただの人々だけではなく，おそらく新文化運動を自負する人たちも理解しているとはかぎらないだろう。ここでわたしが新女性について解釈をしてやろう。率直な気魄，充満した血気，これこそが新女性がもつべき精神であり，旧迷信を打破して，新家庭を建設すること，これこそが新女性の責任である。このふたつの条件を満たしてようやく新女性と呼ぶに足るのである（黄河済［1920］）。

以上で新女性の必要条件として挙げられる「率直な気魄」と「充満した血気」などは，たしかにいずれも男性にも同様に要求される普遍的な素質である。ただし，このような資質をもつことがそのまま女性性を否定したり，除去したりすることにつながるとはかぎらない。結論からいえば，「女性性の除去」とは，新女性そのものに対して行なわれたというより，むしろ対をなすべく反語として創出される「旧女性」に女性性をもたせることで遠まわしに進められていた。

婦女解放の声がまだ始まっていなかったとき，女性たちは社会的にも経済的にも他人の支配を受けてきた。この時期の彼女たちにとって，独立の資質と自由の精神など人生観と呼べるものはすべて埋没されていた。男性の勢力範囲のもとで屈服せざるをえなかった彼女たちにとって，真の人生観とはそもそも存在しておらず，もっぱら服従と従順することだけを天職にしてきた。……新女性は旧女性とは明らかに区別される。……新女性にとって学問とは，……人生に必要なものを提供する手段であり，学術や芸術を深める工具であり，個性を発展させる本能なのである（信庸［1920］）。

このように新女性の独立性や自主性といった特質は，それだけで非女性的なものであるというより，男性に依頼する旧女性の性別役割に照らされてはじめて，女性性を超越したものとして意味づけされていた。「家庭のなかで雑務をするだけで，家庭のほかの物事については，できるかぎり社会的な仕事をこなさないように，またできるかぎりそのような能力を養成しないようにされてきた」女性たちの生活は，「性質的にはっきりと剛柔を区別することは，人格的にみてよくない現象である」というジェンダー認識のもとで（王平陵［1921］），

新女性が克服しなければならない旧女性たちの「女性性」として改められたのである。

◆賢妻良母は旧女性の代名詞
一方，上に挙げた記事は，次のように続く。

旧女性たちは望ましい教育を受けられなかったために，彼女たちの本質を埋没させて，奴隷のような賢母良妻になるしかなかった（信庸［1920］）。

なるほど，「賢妻良母」はかつての新しい女性の化身から，うってかわって旧女性のシンボルの役目を背負わせられている。それはこの記事だけに限られたわけではない。「自らの力で食べていき，自らの意志に従って行動するという新女性」に比べれば，「賢妻良母」は「結婚前は父にしたがい，夫が死んだ後は子どもにしたがうといった寄生的」な旧女性にほかならない（顔筠［1924］）。「夫に向かって『わたしはあなたと同じく人なのです』と叫んだノラ」に比べてみれば，「良き母となり良き妻になることだけが人生の極意であると思い込んでいる賢妻良母」はそのまま古い女性に片づけられてしまう（何覚余女士［1924］）。もはや「賢妻良母」は新しくないばかりではなく，新女性となるために女性たちが改めなければならない弱点と難点の総体になっていたのである。

しかし，妻や母という役割に重点が置かれる「賢妻良母」は，全人格的な存在を意味する「新女性」と対をなす恰好のことばであるとはいえ，とりわけそもそもの意味あいが外来性や近代性の強調であった点を想起すれば，それは旧女性につながりうる必要条件ではあっても，十分条件ではない。では，新女性に逆照射されて想像された「旧女性」像は，なぜ女性性や依頼性という意味あいを託すシンボルとして「賢妻良母」を選ばざるをえなかったのだろうか。

このような疑問に答えるためには，五四新文化運動時期の『婦女雑誌』の女性論がそれ以前と断絶されているだけではなく，より本質的にはその否定と破壊を志向していた点に注目する必要があろう。五四新文化運動に因んだ改革によって，かつて同誌の思想的根拠となっていた清末ナショナリズムが『婦女雑

誌』から脱却，ひいては否定されていくや，そのようなナショナリズムに基づいて創出された「賢妻良母」という女性像も克服されるべき対象とならざるをえなかったのである。では，清末ナショナリズムと五四新文化運動という二つの思潮は，どうして，またどのようにして「賢妻良母」に対して相反する認識を導き出したのだろうか。以下は雑誌改革の前夜である1918年から，およそ1年間にわたって繰り広げられた大学男女共学をめぐる賛否論争を通して[22]，双方の立場から見いだされる「賢妻良母」の異なる意味について吟味していきたい。

◇大学男女共学案をめぐる論争

論争の発端は，大学男女共学の一案に対する意見を求める読者の手紙を受けて[23]，1918年5月『婦女雑誌』が社説として王卓民[24]の「わが国の大学に男女共学は時期尚早であるを論ず」の一文を掲載したことである（王卓民［1918c］）[25]。高まりつつある五四新文化運動の気運のなかで，同文は青年知識人たちの反発を買い，ほぼ半年を過ぎた1918年11月号には康白情（1865～1958）[26]の反論が同誌に掲載される（康白情［1918］）。王卓民の当初の記事が同誌の立場を代弁する社説として組まれていたことを想起すれば，再反論を用意せずに編集部がその掲載を許したはずはない。なるほど，ただちに『婦女雑誌』には次号から，王卓民の長文の再反論が2回にわたって連載される（王卓民［1918d］；［1919］）。この再反論は康白情の再々反論と続いただけではなく（康白情［1919a］），瞿宣穎（1894～1973）[27]という援軍まで得て（瞿宣穎［1919］），男女共学の問題は1919年4月まで同誌を賑わせる[28]。

論争そのものに即して言えば，反論が繰り返されるにつれ，本来の論題から外れたところで，やや非難と攻撃が飛び交ってしまったきらいはあるものの，それゆえに双方の認識の違いはむしろ剥き出しになってしまう。「賢妻良母」も例外ではなく，王卓民によって大学男女共学に反対する論拠の一つとして用いられるや，争点の一つとして舌戦に巻き込まれる羽目になった。

今日社会が女性に期待するのは，賢母となり良妻となって，家庭をうまく切り盛りし，子女を養育することでしかない。およそ賢母良妻とはそもそも大

第6章　新女性イメージの創出

学を卒業しなくてもかまわない。したがって，供給と需要の論理から言って，わが国の女性はまだ大学に進む必要すらないのである。いわんや男女同学をや（王卓民［1918 c］）。

「賢母良妻」を女性の唯一な活路とみなす王卓民の見解が，「団結して生存をはかるべき集団」として「国家」や「民族」を把握する清末以来のナショナリズムを（吉澤［2003：33-34］），その背景にしていた点は言うまでもない。ナショナリズムに基づくかぎり，女子教育とは女性みずからの問題である以前に，女性の属する国家と社会の需要を考慮してその方針を決めなければならず，多数の優良な国民を量産することは，少数の優良な女性を教育することより優先されなければならない。

もし今日の女子教育が良妻賢母を多く輩出できるとすれば，必ず教育根本に裨益できる。一家のなかに良妻賢母がいるとすれば，必ず聡明な子どもができる。もし一国のなかにたくさんの良妻賢母がいるとすれば，必ず優秀な国民が多くなり，将来に国が義務教育，普通教育および強制教育を実施する際に，半分の努力だけで倍の成果を上げることができる。一人二人の特殊な女性を養成することは，普通の女性をたくさん養成することには及ばず，これこそが当面の急務なのである（王卓民［1918 d］）。

このような王卓民の見解が，集団主義的な発想から出発する清末ナショナリズムを代弁していたとすれば，康白情は五四新文化運動の賞揚する個人主義に立脚して「普通の女性をたくさん育てるだけではなく，少数の特殊の女性も同時に育てなければならない」と反駁する（康白情［1919 a］）。また，男女平等という，もう一つの五四新文化運動の価値観に即していえば，「男性に望まれるものが賢父良夫」でないからには（康白情［1918］），女性に対しても賢妻良母になることだけを強要してはならず，男女を問わず大学教育の門戸は平等に開かれなければならなくなる。

ただこれだけでは十分とは言いがたい。反論として成り立たせるためには，単に異見を提示する以上に，双方の見解を比較検討し，是非を──少なくとも

優劣を——判断できる基準こそが肝心なのである。ここで康白情が用いたのは，時間軸における社会の変化，つまり社会進化論である。社会進化論のもとで，ナショナリズムと個人主義とは単に異なる二つのイズムである以上に，淘汰と代替という優劣がはっきり分かれる概念になったのである。

　今日の社会が女性に賢母良妻になることだけを期待しているのは，どこに理由があろうか。……今の教育当局が女性をそうならしめているのである。……経済法則に基づいて言えば，……世界が文明に近づくにつれ，各種技術の分業化が進み，多様でかつ精密になる。将来になれば，炊事，裁縫，子女の養育など多くの仕事が家庭から消え，今日のいわゆる賢母良妻の仕事は，歴史のなかの死語になってしまうことを目の当たりにするだろう（ibid）。

　かつて社会や国家に貢献できる唯一の女性像として意味づけされた「賢妻良母」の女性観は（王卓民［1918 c］），康白情の提示する未来の世界像の前で，もはやナショナリズムとともに「今日の社会」のなかに閉じ込められ，将来的には「死語」になるとまで断言されてしまう。康白情だけではない。後からこの論争に加わった瞿宣穎からみても，「今後の世界の大勢が向かうところは，平民主義であり〔ママ〕，法律であり，人道であり，自由であり，幸福」であるから，「平民主義に違反しており，法律の範囲を抜きんでており，人道に反しており，自由を破滅させ，幸福の実現を妨害する」王卓民の見解は，「自らすすんで世界潮流に逆らっていく」ものとして，もはや「今日」からさらに古典のなかの「礼法」へとまで遡及させられていく（瞿宣穎［1919］）。
　「賢妻良母」の役割は将来的に消滅するという康白情に対して，王卓民は「ただ分業の細かくなり盛んになったところで，女性の生育も分業にして，人に任せられるかどうかまでは知らない」といい，「良妻賢母」とは「歴史のなかの死語」でないだけではなく，「永久に人類とともに存在しつづける」と再度返した（王卓民［1918 d］）。注目に値するのは，王卓民が用いた「人類の存続」という時間的な絶対性を覆すために，康白情が空間的な相対性を用いている点である。

第6章　新女性イメージの創出

今日のいわゆる賢母良妻とは何者であろうか。……つまり閉鎖的な経済時代の遺物にほかならない。もし交通が発達する経済時代になれば，話は違ってくる。……労働平民主義〔ママ〕（Industrial Democracy）がもはや世のなかに勢い凄まじく広がっている。ロシアとドイツ革命の勢いが止まっておらず，将来に革命が成功さえすれば，社会制度は大いに変わり，その凄まじい勢いはすぐに世界を席捲していくに違いない。中国の進歩がたとえ後れていようと，中国人の意識がたとえ愚昧であろうと，独り世界潮流の渦中から外れていられるのだろうか。労働平民主義が実現し，社会制度が変われば，男女はともに天職に働くようになる。分業がさらに盛んになれば，家庭を切り盛りし，子女を教育する責任は，一家の女性だけにかかるとはかぎらなくなる。これこそが，今日のいうところの賢母良妻というものが，かならず歴史上の死語となってしまうゆえんである（康白情［1919 a］）。

　ナショナリズムが「賢妻良母」に付与した「人類の存続」という，あたかも永久不変であるかのような価値は，康白情が提示するドイツやロシアという異なる世界像の前で，もはや中国という空間だけに限定された相対的意義しかもたなくなり，ここで「賢妻良母」の含意全体が揺るがされうる余地ができてしまったのである。ナショナリズムが「賢妻良母」という女性像を擁護した理由は，それが伝統を継承するからではなく，中国という有機体の生存競争に寄与し，中国の未来像を実現するためになると考えられたためであった。ただ，西洋思潮の提示する異なる世界像の前で，ナショナリズムが展開する中国の未来像は――たとえまだ実現されていないままであったにせよ――，未来性という本来の時間的意味を失い，封建時代の遺産に旋回させられてしまったのである。その未来像の一部であった「賢妻良母」が同じ運命をたどったことは，言うまでもなかろう。

　雑誌改革の前夜である1918年を背景とする同論争は，中国の未来像，女性の未来像，さらには男女共学という実案にいたるまで，清末ナショナリズムと新思潮が互いに角逐する様相を垣間見させてくれる。ただ，1920年の雑誌改革によって，清末ナショナリズムが退場を強いられるや，すでに未来の女性像としての位相が揺るがされつつあった「賢妻良母」は，青年知識人の手のなか

211

で一転して，新たな新女性に対比される旧女性像の代名詞として用いられてしまったのである。

注
1） 梅生「読婦女雑誌的感想」『覚悟（上海民国日報副刊）』，1921年6月5日。
2） 中国語のなかで近代的自我に目ざめた新しい女性（New Woman）を意味することばとしては，日本語と同じである「新女性」のほかに，「新婦女」も併用されており，民国時期には「新婦女」のほうがより一般的だった。ただ，日本語と中国語のあいだに特記すべき違いは認められず，さらに中国語のなかで両者が使い分けられているわけでもないために，本書では現代日本語に準じて「新女性」ということばを使って議論を進めていく。他方，1920年代にもなれば，「新婦女」や「新女性」は理想的な女性を意味するだけではなく，若い女性を指す一般名詞としてもよく使われるようになる。「旧婦女」や「旧女性」も例外ではなく，「新女性＝新婦女＝若い女性」に照らして，年齢層の高い中年女性たちの代名詞としても頻繁に用いられる（彭季能［1920］）。理想像の創出をめぐる過程を検討する本書では，このように代名詞的に使われた「新女性」や「旧女性」は分析の対象に含めない。
3）『新青年』は1918年6月に「イプセン特集号」を組み，なかで『人形の家 Et Dukkehjem』を翻訳紹介した（羅家倫・胡適［1918］）。当時はヒロインの名前に因んで「娜拉」がタイトルとなったが，現在はほかにも『玩物之家』『傀儡家庭』などで呼ばれている。一方，イプセンが中国に紹介されたのはそれより10年も早く，魯迅の「文化偏至論」および「摩羅詩力説」が発表された1908年まで遡る。ただ当時はまだほとんど影響力を発揮しておらず，イプセンとノラが中国に広まるのは，1918年「イプセン特集号」の刊行が起点になったと認められる（Tam［2001：34-35］；許慧琦［2003：90-94］；Chang［2004：26］）。同号には，胡適の巻頭記事「イプセン主義」および袁振英の巻末記事「イプセン伝」のほかに，『人形の家 Et dukkehjem』（羅家倫・胡適訳「娜拉（A Doll's House）」），『人民の敵 En folkefiende』（陶履恭訳「国民之敵（An Enemy of the People）」），『小さなエイヨルフ Lille Eyolf』（呉弱男訳「小愛友夫（Little Eyoff）」）の3作品が翻訳紹介された。
4） 1920，1930年代の中国のいわゆる「娜拉熱（ノラブーム）」（周昌竜［1995：28］）や「ノラ現象」（貴志浩［2000］）のほかにも，日本では1892年坪内逍遥が翻訳紹介したときに文学界全般に重大な影響が及ぼされたり，1912年『青鞜』が「付録ノラ」という特集を組んだときには「和製ノラ」と流行語が出まわったりするなど（堀場［1991：32-33］），各界で「イプセン現象」が繰り返された（中村［1997］）。朝鮮も例外ではなく，1921年に梁建植によってはじめて紹介された『人形の家』は，1930年代には「ノライズム」という造語まで作り出させたほど，社会各方面に大きい波及力を発揮した（안미영［2003］；최지영

[1992]）．

5）中国女性史（許慧琦［2003：116］）にかぎらず，日本女性史（金子［1996］；堀場編［1991：32-33］）や朝鮮女性史（최지영［1992］；文玉杓［2003］；최혜실［2000］）においても，『人形の家』は近代的な婦女解放論の起点を示すメルクマールとみなされる．

6）ヨーロッパを例にしてみれば，現代欧米におけるイプセンに対する評価は「近代劇の父」として主に文学史や演劇史で行なわれているが（Tam［2001：2-3］），生前には文学界でよりは，個人主義，フェミニズム，リアリズムなど社会政治的な文脈で取り上げられることが多かった（Esslin［1980：71］）．

7）このことは，五四新文化運動の個人主義が，明清時期からすでに中国に内在していた類似の概念とは断絶されたまま（De Bary［1970］），西洋近代思想に新たな根拠を求めなければならなかった背景をも説明する．付言すれば，アダム・スミス，ミル，モンテスキュー，カント，ニーチェなど，西欧の個人主義の主な理論や概念が中国に紹介されたのは，辛亥革命のときまで遡る（周昌竜［1995：14-15］）．ただそれをどのように中国の現状に適用していけるかに関する積極的討論と試みは，五四新文化運動のときを待たなければならない．

8）「通信：論択戯劇」『新青年』第6巻第3号，1919年3月．

9）desexualization とは，元来「性的魅力や能力などを取り去る」という意味の desexualize の名詞形であるが，タームとしてフェミニズムや女性史の領域に定着されているわけではなく，この方面の事典類から該当する項目は見つからない（Lovell；Wolkowitz；Andermahr［1997＝2000］；Humm［1995＝1997］；Boles；Hoeveler；Bardwell［1996＝2000］）．一方，ノラが新女性像の形成に及ぼした影響を分析するうえで，許慧琦が英語の desexualization の訳語として本来用いた中国語は「去性化」である（許慧琦［2003：116-130；141-142；380］）．その意味をさらに日本語で伝えるうえで，本書が「中性化」「超性化」「無性化」あるいは「去勢化」ではなく，「脱性化」ということばを用いるのは，「去性化」に託された意味が，単に性差の除去そのものに限られるわけではなく，その除去の過程に介在する権力関係までを含んでいること——いわば，脱構築的な文脈をも内在している点——を示唆するためである．たとえば，フランスのフェミニスト，マドレーヌ・ペルティエ（1874～1939）は，女性の劣等な社会的地位は女性性の存在に起因するとみなし，女性性を取り除くことでのみ地位改善が可能だと主張しており（Scott［1996：126］），単に女性性や男性性を意識的に中和したり除去したりするという概念だけを言うとすれば，早くも20世紀初から存在していた．許慧琦の用いる「脱性化」の意味——特にその脱構築的な文脈——は，ペルティエと比べればむしろより明らかになる．ペルティエのいう「女性性の除去」が女性自らを主体とする反面，「脱性化」はその過程が男性によって主導されたという権力構造により着目する．つまり「脱性化」とは，女性を「普遍的人間」に下位的な，あるいは従属的なカテゴリーであるとみなす男性が主体となって，女性性の除去や中和を経てより普遍的人間に近づけられた女性像

を創出することを意味する。許慧琦はこのような文脈が孟悦のいう「desexualizing effect」(Meng [1993：135]) にも相通じると付言する (許慧琦 [2003：116-117])。

10) ここで，女性性そのものが独立した概念ではなく，男性性に対して相対的に形成されていたことを想起する必要があろう。ただ中国文化の男性性については，昨今ようやく問題が提起されるようになったものの (Chiang [2004]; Louie [2002]; [2003] など)，欧米との比較が主な観点をなしているだけで，中国の男性性そのものの本質に対しては議論の余地が多く残されており，本書ではこれ以上議論を深めない。

11) 記者「我們今後之態度」『婦女雑誌』第10巻第1号，1924年1月。

12) 「本誌第八巻革新予告 (広告)」『婦女雑誌』第7巻第11号，1921年11月。

13) 女性執筆陣や読者の面々は，わずかながらその詳細が詳しく確認されている (周叙琪 [2005])。

14) 記者「本雑誌今後之方針」『婦女雑誌』第5巻第12号，1919年12月。

15) たとえば，陳其善 [1921]; 致堂 [1921];「恭賀新禧並祝各界大進歩 (広告)」『婦女雑誌』第8巻第1号，1922年1月など。

16) 「克士」は周建人の筆名である (曾健戎・劉耀華編 [1986：262])，ほかにも『婦女雑誌』の記事に署名されている周建人の筆名としては，「高山」がある。

17) 女性と偽って投稿する男性が少なくなかった点を考慮すると，執筆者の性別はむやみに判断すべきではなかろう。記者「我們今後的態度」『婦女雑誌』第10巻第1号，1924年1月。ここでは，身分と所属が明かされているため，比較的に信憑性がもてる記事から，方民耘 [1923]; 江素涵 [1924] の2編だけをその例に挙げておく。

18) 『婦女雑誌』に内在する男性的観点を分析するという江勇振の問題意識は，社会的・歴史的文脈をふまえているというより，テキスト分析に焦点がおかれているために，読者におけるジェンダー関係などその外縁にまで注意が払われているわけではない。その延長線上で指摘される『婦女雑誌』に17年間を貫かれた連続性も，論調やテキストを対象にして抽出されたものである。

19) たとえば，周建人は「専制的考えをもたない男性」という「新たな人間」の生産を，フェミニズムのもうひとつの「極めて重要な希望」であるといい，フェミニズムを男性の人格的成長を促す手段として位置づけていた (高山 [1923])。それだけではない。科学的に検証すれば，人類の中心は男性ではなく女性であるという女権政治論 (gynecocracy)［ママ］については，「女性中心説はフェミニズム歴史のなかで一定の使命を果たしたとはいえ，現時点においてはすでに科学的根拠を失っている」といっている (高山 [1924])。「新書紹介——女性中心説」『婦女雑誌』第8巻第7号，1922年7月。さらに，「編集後記」ではこのような——本来は単なる一意見にすぎなかったはずの——見方について，わざわざ支持を表明し，あたかも同誌の公式的見解であるかのように力づける。「編輯余禄」『婦女雑誌』第10巻第3号，1924年3月。

20) もっともここでいう「旧女性」とは，必ずしも物理的な時間軸における「現在」や「未来」と区別される意味での「過去」の女性を指しているとはかぎらない。『婦女雑誌』誌上の論者たちの多くは，未来的要素と過去の矛盾点が混在する「過渡期」として現状を把握し，現時点から旧時代的な要素を取り除くことこそが——つまり現状に残されている旧時代の遺物を徹底的に破壊することこそが——，未来を建設するための当面の急務であると考えていた（謝遠定［1924］；陳友琴［1924］；汪汝幹［1924］；顔筠［1924］；楊干青［1923］；尚一［1923］）。このような現状認識のもとで，未来の女性像の創出こそを懸案とする五四新文化運動の女性論が旧女性を区別しだす分岐点は，過去と現在のあいだに置かれているというよりは，現在と未来のあいだにこそある。ここでいう「旧女性」とは次章で論じるそれと比べれば，未来像に相反する理念をふるいにかける過程ではじめて認識されるもの——つまり，実質的には現状の女性たちのもつ旧時代の性質を意味していたのである。
21) 近代中国における「新女性」像の創出が，「旧女性」像の形成をともなっていた点は，須藤［2003］が1903年大阪内国勧業博覧会での人類館事件を手がかりに，類似した分析を行なった。ただし須藤は「民族がジェンダーを規定」する清末のナショナリズムこそが，新旧女性像の同時形成の要因だったとみなし，民国成立以降については議論を進めておらず，五四新文化運動を経れば「女性個人の生活に密着した形」で女性論が形成されるようになるといい，異なる様相が呈される可能性を示唆する。
22) ここでまず，近代中国の各大学に男女共学の制度が普及されていく過程を簡単に概略しておきたい。中国で初の女子大学生が誕生したのは，創立の当初より男女共学の教育方針を堅持していた広東嶺南大学が梁就明という女性の入学を許可した1917年のことである（盧燕貞［1989：61］；甘乃光［1920］；黄菊艶編［1995：141］）。しかし，当時中国では中等教育においてですらまだ男女別学を制度としていただけではなく（朱有瓛編［1983：39-40］；「1914年12月教育部整理教育方案草案」『教育公報』第8号，1914年12月），女性の大学教育の必要性もなかなか認識されておらず，この先駆的な事例が直接中国の各大学に影響を及ぼしえたわけではない。実質的にはこの問題が各界の注目を浴びるほど，五四新文化運動の気運が成熟することを待って（劉巨才［1989：435］；盧燕貞［1989：61］；程謫凡［1934：104］；呂芳上［2000：181-187］；蒋純焦［1999］），1920年2月中国最高学府の北京大学が女子学生の傍聴を許可（「婦女新聞：北大開放女禁之新猷」『婦女雑誌』第6巻第3号，1920年3月），つづく8月に8名の女子学生の入学を許可したことが，中国に男女共学制度が広まる直接的な契機となった（劉長飛・王紅坤［2001］）。
23) 1918年，嶺南大学の先例にならって上海滬江大学が男女共学実施を決議するや，『婦女雑誌』には読者から一通の手紙が寄せられる。そこでは，第一に女子学校を別途に設立する経費が節減される，第二にアメリカなど先進国ではすでに実施されている，第三に社会全体に男女平等の意識を広めていけるなど，男女共

学を実施する利点もたしかにあるが、「女子初等教育すらまだ幼稚な水準にとどまっている現時点の中国で、急に男女共学に踏み込むことが果たして効果を挙げられるか」と疑問を提示する（「通信問答」『婦女雑誌』第4巻第5号、1918年5月）。

24) 王卓民については、『婦女雑誌』に1918年から簡単な短文を掲載させていたことのほかに（王卓民［1918a］；［1918b］）、その社会活動や思想的性向などを詳しく知ることはできない。ここでは『婦女雑誌』が彼の記事をもって同誌の立場を代弁させていた点に注目し——少なくとも男女共学問題にかぎっては——、王卓民の見解が五四新文化運動以前の同誌を代弁していたとみなしたうえで、議論を進めていくことを断っておきたい。

25) 同文は男女共学に反対する理由として、中国の礼法に反する、賢妻良母という女性の天職に大学教育は要らない、社会の風紀を乱す、学業の志を乱されてしまう、大学の尊厳たる名誉を損なう、という五つを挙げている。

26) 1918年の当時に北京大学に在学していた康白情は、傅斯年、羅家倫、楊振声、顧頡剛、俞平伯などとともに雑誌『新潮』を創刊させたり、「少年中国学会」を発起したりするなど、五四新文化運動を主導する先鋒的立場にたっていた（伍加倫［1995：66］）。なかでも男女共学問題をめぐる言論活動はとりわけ活発で（康白情「大学宜首開女禁論」『晨報副刊』、1919年5月6日〜5月10日；康白情「北京学生界男女交際的先声」『晨報副刊』、1919年5月20日；康白情［1919b］；［1919c］；［1919d］など）、この一案を社会問題化されるきっかけとなった『少年中国』の「婦女号」の編集にも直接携わっていたほどである。このように男女共学論を世論化した張本人が『婦女雑誌』を通してこの問題に目ざめたと認めていることを想起すれば（康白情［1919b］）、同論争は同誌の編集陣も自負するように（瑟盧［1924］）、中国各界に男女共学問題に対する注意を喚起させる役割を果たしたといえよう。

27) 社会史や地方誌の研究で知られる瞿宣穎は（瞿兌之［1995：3-6］）、初期の『婦女雑誌』に翻訳記事を寄せていた多くの男性執筆陣のなかのひとりでもある（周叙琪［2005］）。訳文ではない記事としては、ここに紹介する男女共学問題に関する投稿文が唯一である。

28) 王卓民側からこれ以上反論がつづかず、ここで論争に終止符を打たれたことは、必ずしも論争そのものの成敗を物語るとはかぎらない。1919年3月には、羅家倫など五四新文化運動の陣営から同誌の論調全体に対する攻撃が加えられていたり（志希［1919］）、他の総合雑誌でも男女同学問題が大きく取り上げられはじめたりしており（中華全国婦女聯合会婦女運動歴史研究室編［1981：257-300］）、当時は『婦女雑誌』がむやみにこの論争を続けられる状況ではなかった。

第7章

「賢妻良母」の伝統化
—— 1925年～1931年 ——

　「徳先生」と「賽先生」[1]——つまり，民主と科学という西欧近代思潮の精神を二つの軸にして，旧制度と旧思想を打破し個人の理性に基づいて中国を現代化しようとする五四新文化運動は，伝統の桎梏から女性たちを解放することもその一環である。新文化運動の波がついに『婦女雑誌』まで及ぼされるや，その知的趣向に合わせて婦女解放を鼓吹する方向へと一新された同誌は，1920年から「中国女性問題に関するもっとも権威のあるメディア」[2]として君臨しつつ，青年知識人のあいだで絶対的な影響力を誇った。

　ただし，『婦女雑誌』の婦女解放論の原動力でもあった五四新文化運動そのものは，1923年ごろより思想啓蒙運動から政治運動へと変質を始める（李沢厚［1991：1-54］）。伝統を打破するという新文化運動の出発点が向かう先も，「破家立我」という個人主義から「破家立国」という集団主義へと傾斜されるや（呂芳上［2000：249-250］），女性論も大きく揺れだし，「人」として生きるために家を飛び出したノラたちに対して，再度家に戻り「国民の母」となることを要求する声が聞こえるようになった。1925年には『婦女雑誌』も「少数の一部の人々に占有された雑誌ではなく，一般女性の忠実な同伴者である面白くソフトな読み物」[3]になるために編集体制を変え，それを機に実質的には「反動復古主義」のメディアへと変質する（Nivard［1984］）。

　復古主義に傾く1920年代後半の『婦女雑誌』において，ノラを夢みる女性たちに向けられていたのは，かつて青年知識人が見せていた熱烈な歓迎ではなく，むやみな欧化風潮を懸念する批判と警戒の眼差しだった。新思潮に触れた若い女性たちが陥りかねない浪費ぶりと怠惰さは，「花瓶」と「アクセサリー」ということばで戒められ，家庭のなかで社会と国家に奉仕する女性像が大いに

賞揚されるようになる。さて，このように女性論の内容が反動復古主義を呈していくなかで，「賢妻良母」は果たして理想的な女性の代名詞という往年の名誉と地位を復権できたのだろうか。

1　新文化運動に対する牽制と反動

1925年初めに刊行された「新性道徳」特集号のまいた種が，遠く1000キロ以上を離れた北京大学の教授同士の舌戦へとつながるや，一波わずかに動いて万波随うことを恐れた商務印書館の経営陣は，章錫琛や周建人らを編集陣からはずし，同年8月に杜就田を長とする新しい編集体制を出帆させる。ただ章錫琛の辞職を伝える社告とともに掲載されたのは[4]，新任編集陣や彼らが持ち出す新たな編集趣旨ではなく，「本誌に対する意見」という投稿募集広告である。過激さを増していく急進的な論調に歯止めをかけなければならないということを除けば，科学教科書の編集から突如『婦女雑誌』を任せられてしまった杜就田はむろん，急遽このような人事に踏み切らざるをえなかった商務印書館の経営陣も，従来の編集方針に替わる具体的な代案を用意していたわけではなかった。

編集方針を改めることから始めなければならなかった新任編集陣は，「かつて編集陣が見落としてきた点」——つまり，従来の同誌に反対的な意見——を「読者から広く収斂したうえで，それに基づいて改革を図ろう」[5]とした。なかから7編の当選作が公開されたのは，それからおよそ四ヵ月後の1925年12月のことである。むろんここで選ばれた意見が読者全体の見方を代弁するとはかぎらず，実際にはこのような意見が果たして多数派だったのかどうか，またほかにはどのような異見が寄せられていたかなど，募集結果の全貌を検証することはできない。むしろ「当選作」として堂々と並べられた意見の方向性が互いに相当一致している点をふまえれば，それが編集方針を決定させたのか，それとも先に採択された編集方針によって当選が決められたのかまでは判断しきれないにせよ，今後はこのような読者の目線に合わせて，同誌が編集されるという宣言にほかならないだろう[6]。では，彼らはかつての『婦女雑誌』をどのように批判していたのだろうか。また，今後の『婦女雑誌』に対して彼らは

第7章 「賢妻良母」の伝統化

何を求めていたのだろうか。

◇従来の『婦女雑誌』に対して募られた意見

一介の女性向け月刊誌にすぎなかった『婦女雑誌』が，一躍ベストセラーの地位に昇りつめられたのは，西欧思潮に基づく理論的な討論が，五四新文化運動という時代潮流に迎合できたからにほかならない。しかし，五四新文化運動の気運が衰退しだすや，ありし日のセールスポイントはそのまま今日の欠点となってしまう。東西の社会的な背景が異なることに気づいた読者たちからみれば，もはや欧米フェミニズム理論が中国女性問題に解決策を提示してくれるとはかぎらなくなる（徐学文［1925］）。ただ今後の編集方針を探し求めていた新任編集陣の目にとまったのは，西欧理論が果たして中国に根を下ろせられるかどうかという問題ではない。

彼らの注意を引いたのは，中国における西欧理論の効用性などはさておき，それを理解することすら容易ではない初等教育程度の知的レベルしかもたない女性たちの存在である。彼女たちにとってみれば，欧米色の濃すぎる翻訳記事があふれだす『婦女雑誌』は，白話だとはいえ，文語よりも理解を苦しませ，現実味，実用性，娯楽性に欠けて，難解で面白くない読み物にすぎない。少数の人々に占有されず，みなの興味にあう雑誌として彼女たちに認めてもらうためには，簡潔でやさしい表現を用い，平易でソフトな素材を扱うことこそが肝心だった（竹友［1925］；趙棟臣［1925］；解世芬女士［1925］）。

難解さを気にする読者たちが口をそろえて要求したのは，表紙や装丁により気を配り，写真と挿絵を増やすことである（斌［1925］）。もっとも文字ではなく，視覚や聴覚など，より直接的に感官に訴えかけられる要素を介することは，メディアの難易度を低く抑える究極の方法ではある[7]。ただそれだけではない。「芸術を陶冶する可能性と素質は，女性のほうが男性をはるかに超えている」というジェンダー認識と結合されるや，無味乾燥な社会でストレスとプレッシャーに苦しむ人々のために，芸術を提唱して人々のメンタルな部分を補うことは，『婦女雑誌』の義務であると同時に，女性の社会に対する貢献にもつながると意義づけられた（素芬［1925］）。

芸術性とともに，もう一つのキーワードとなったのは実用性である。女性観

の改革と知識的な啓蒙に注力してきたかつての論調は，若い男女に至大なる影響を及ぼした，きわめて意義の高いものから[8]，一瞬にして「嫌気がさしてくるほどあきあきと続く非現実的な討論」（徐学文［1925］）となってしまう。このような立場にたつ読者たちにとって，家事知識，衛生知識，育児知識，副業情報など，身近でいますぐ活用できる実用的な情報に比べれば，フェミニズム理論などは所詮遠くの火事にすぎなかった（左企［1925］）。なかでも最も普遍的にその必要性が認められる分野は，衛生や医療に関する情報である。たとえば，章錫琛の辞職と同時に「医事衛生顧問」のコーナーもいったん中止が宣言されたにもかかわらず[9]，健康相談や諮問を求める読者の手紙は絶えず，「通訊」コーナーを設けて部分的に答えを出さざるをえないほどである[10]。

　美術中心の芸術性と健康情報中心の実用性という二つの方向性は，そのまま新しく起用された編集陣の得意分野でもある。4章で触れたように，篆刻家として名を知られるほど，美術に造詣が深かっただけではなく，当時中国切ってのカメラマンでもあった杜就田は，間違いなく『婦女雑誌』を「読む雑誌」から「見る雑誌」に生まれかわらせる適任者である。また1926年1月より「通訊」コーナーから独立し，正式に再開された「医事衛生顧問」コーナーを担当した程瀚章は，ほかに記事の執筆も直接手がけるなど，健康情報を読者に提供する役割を果たした[11]。この二人に率いられるあいだ[12]，『婦女雑誌』はフェミニズム理論を討論する旧態を完全に脱し，凝った表紙デザインと豪華なカラー画報が楽しめるグラビア雑誌であると同時に，延べ1000件以上の医療相談を行なってきた健康情報誌へと生まれかわる。

　このような方向性は編集方針としても正式に公表された。あたかも読者の意見に基づいて練られたかのごとく，「本誌に対する意見」の当選作の発表を待って掲載された社告では[13]，まず少数の人々に占有されてきたきらいのある同誌を，ソフトで面白い内容に中身を変えて女性たちの忠実な伴侶にさせると抱負を明かす。そのために，今後は「人情味，常識，芸術」を三つの主軸にして，格調の高い文章の代わりに，分かりやすく平易な文体を用い，紙面に多くの挿絵を加えて文字だけでは意を尽くせない部分を補助すると宣言した。

第 7 章 「賢妻良母」の伝統化

◈「賢妻良母」の復権

　一方，『婦女雑誌』の経験した変化は，その内容が理論的討論からソフトな娯楽性の読み物に変わったり，読者の知的レベルが低く抑えられたりすることだけにとどまらない。『婦女雑誌』というメディアに介在される読み手と書き手の存在に注目すれば，かつて「討論」を介して平等に並べられていた両者の関係は，「訓導」というコミュニケーション・スタイルのもとで上下関係に変化せざるをえなかった。注目に値する点は，このような変化がなにも意表をつかれた結果ではないことである。初等教育程度の知的レベルしかもたないとみなされた読者たちは，『婦女雑誌』が「民衆を引導するスター」となって，女性たちを改造し，指導していく責任と義務があると認める（竹友［1925］；斌［1925］；趙棟臣［1925］）。では，「訓導」が向かうべき「建設的な進歩と改良の方向性」（徐学文［1925］）については，どのように考えられていたのだろうか。『婦女雑誌』がこれから「『穏健中正』な態度で，明らかにしていく青年女性たちの従うべき軌道」[14]とは，具体的にどのように形象化されていたのだろうか。

　婦女解放という昨日までの方向性は，一瞬にして「今日の女性たちが脱皮しなければならない流俗」（ibid）となっていた。「望ましい旧道徳までひっくるめて攻撃しまくったり」（竹友［1925］），「むやみに自由恋愛を提唱したりする」（徐学文［1925］）婦女解放という路線は，もはや「新女性たちを，いざとなればすぐに離婚したがらせたり貞操を攻撃したりする弊害へと陥らせた」（竹友［1925］）元凶でしかない。代わりに宣揚されたのは，「良妻賢母」という「女性たちの歩むべき正道」である（趙棟臣［1925］）。なるほど「復古反動主義」（Nivard［1984］）といわれるにふさわしく，「良妻賢母」は 5 年あまりを経てここでついに復権を果たした。しかし「良妻賢母」というキャッチフレーズに内包される実際の含意まで，10 年前の民国初期に戻されたわけではない。

　女性の歩むべき「正道」とはいったいなんだろうか。「男女交際」なのか，違う。「肉欲」なのか，むろん違う。「独身主義」なのか，絶対に違う！……「種族を繁殖させる」ことだけが，女性の功労であり，女性の本務であると断言する。とすれば，女性の正しい人生観とは「賢母良妻」になることのほ

221

かにありえない。……家庭のために，国家のために，また民族のために，女性は誰もが「良妻賢母」となる必要がある。いま中国の女性はみな「独身主義」という幻想に惑わされている！にもかかわらず，中国の女性を指導する責任を負っている『婦女雑誌』ですら，「良妻賢母」を養成する問題について，十分な注意を払っているとは思えない。……第一に独身主義という謬見を一掃し，第二に女性を指導していくこと，これこそがわたしが『婦女雑誌』に対して期待する唯一のことなのである（趙棟臣［1925］）。

以上でみるように，その出発点こそは五四新文化運動に対する反動と否定だったとはいえ，一転して女性たちの正しき人生観に格上げさせられた「良妻賢母」が意味するのは，かつて婦女解放論によって攻撃されていた「賢妻良母」——ひいては清末ナショナリズムの賞揚していた「賢妻良母」も含めて——の含意をそのまま引き継いだり，そこに完全に回帰されたりできるものではない。もはや「良妻賢母」は，男性に従属する「寄生虫」や「付属品」を指す五四新文化運動の「賢妻良母」でもなければ，清末女子教育が量産しようとした「生利者」たる「賢妻良母」でもなく，その意味は「産む性」としての女性へと旋回させられている。「賢妻良母」ということばが真に戒めようとしたのは，独立した個人となることを希求したり，自由恋愛を求めたりする婦女解放論の本意そのものではなく，独身主義や男女交際，肉欲へと二次的に再解釈された新女性のイメージである。

では，『婦女雑誌』が五四新文化運動のもとで「独立した個人」として創出したはずの新女性像は，なぜ20年代後半の中国社会のもとでは——より厳密にいえば，とりわけ『婦女雑誌』が代弁しようとする人々にとっては——「独身主義」だったり，「男女交際」だったり，ひいては「肉欲」とまで潤色されてうけとめられてしまったのだろうか。『婦女雑誌』と一緒に，おまけにかつてそこで繰り広げられていた婦女解放論と新女性像まで手渡されてしまった人々の立場は，西欧近代思潮を信奉した青年知識人たちとはどのように異なっていたのだろうか。20年代後半の『婦女雑誌』がみせた論調の背後には，どのような社会的文脈の移動と認識の変化がふまえられていたのだろうか。

第 7 章　「賢妻良母」の伝統化

2　近代消費文化と女性

　近代西欧文明が運んできたのは徳先生と賽先生だけではない。西欧の科学精神と自由思想のとりこになった若い知識人たちがノラという新女性像を創出させているあいだ，他方では押し寄せてくる各種舶来品に刺激された都市文明と消費文化のもとで，女性に対する商品化も同時に進んでいた（羅蘇文［1996：407-439］；Lee［1999＝2000］）。ここで『婦女雑誌』から目をそらして，しばらく外の街を眺めてみよう。

◇「花瓶」や「アクセサリー」となる女性
　1920年代から1930年代にかけて，上海，香港や天津など発達した沿海都市では，あふれだす舶来の奢侈品と嗜好品に促されて，女性の身だしなみにも多くの変化が生じていた。キャンパスや繁華街に一歩足を踏み出せば，白粉をつけて髪を短くカットしたうえで，身体にフィットするチャイナドレスをまとった若い女性たちに出会う（許慧琦［2003：278］；張燕風［1994ａ：78-81］）。女性たちは西欧文明がもちこんだ舶来品や新しい消費スタイルの享受者だっただけではない。それ以上に，そのような女性の存在は新しい娯楽とレジャースタイルを助長する一つの文化コードとなって，同時に消費されてもいた。
　街のあちらこちらで配られるチラシや日めくりカレンダーには，流行りのファッションで身を包んだ若く綺麗な女性たちが，タバコ，石鹸，香水，化粧品，ウォッチ，洋酒などの舶来の奢侈品や嗜好品のすばらしさを笑顔でささやきかけている（ibid）。また暇つぶし用に作られたグラビア雑誌のページをめくれば，真新しい暮らしぶりを楽しむ若い女性たちのモダンな身だしなみが見える（余芳珍［2005］；李克強［2000］；高郁雅［1999］）。一方，単に女性のイメージだけが消費されたわけではない。それ以上に，たくさんの生身の女性たちが商業文化につられるように，実際に接客に応じていた。
　清末から急ピッチで都市化と商業化が進められていた租界都市では，西欧資本主義のもとで従来とは異なるスタイルの娯楽と享楽サービスを提供する公共施設も移植されはじめる（劉志琴編［1998：84-86］）。1920年代には，上海や

図7-1　1920年代の商業広告チラシのなかの女性たち[15]

出典　張燕風［1994b：69；102；63］

　香港はもちろん天津や北京などでも，飲み屋，レストラン，旅館，社交サロン，劇場，グラウンド，ボーリング場，公衆風呂，カフェー，美容院，ダンスホール，マッサージ店にいたるまで，新生の各種レジャーとサービス施設が，中国人の客を相手に繁盛しだすようになった（羅澍偉編［1993：152-153］；陳代光［1997：334-335］）。雨後の筍のごとく増えたのは新種のサービス施設だけではなく，そこで接客業に従事しうる労働力に対する需要も同時に激増する。そのような需要に吸収されたのが，大都市が抱えていた過剰な女性労働力――とりわけ単純労働力――だった。

　全世界的な経済恐慌の渦中に中国も巻き込まれる1920年代から，各都市では生産に従事していた女性工場労働者たちのリストラが相次いだだけではなく，破綻した農村経済が送り出す女性労働力まで流れこまれるようになった（許慧琦［2003：252；283］）。高いレベルの教育を受けたわけでもない彼女たちの再就職口となったのは，かつて女子教育が勧めてくれたような女教師や女医など高尚な専門職でもなければ，養蚕，養蜂，園芸，果樹栽培などの地味な家内副業の類でもない。ダンサー，歌手，女優などエンターテイナーでなければ（Don［2000：147］；Henriot［1997＝2004］），彼女たちは販売員や飲食店の店員など「女招待」[16]と呼ばれる接客業に就くことを選んだ。

第 7 章　「賢妻良母」の伝統化

　むろん従来の中国に広い意味でサービス業に就く女性労働力が皆無だったわけではなく，特に踊り子，妓女，娼妓などは遠く古代からその存在が確認される（王金玲・徐嗣蓀 [1997]）。ただ多かれ少なかれ性が売りに出されてしまうこのような仕事は一般には憚られており，労働力を確保する手段はほとんど人身売買，誘拐や拉致などに頼られていた（姚毅 [2005]；喬峯 [1923]）。多くの場合，このような職業に従事することは，女性の自由意志による結果とはみなされなかった。他方，近代文明に促されて登場した新種の女性サービス業が古来と区別される点は，女性の性が商品化されるスタイルの相違だけにあるわけではない[17]。「女招待」と呼ばれる女性従業員たちは——たとえ雇用関係そのものに人身売買的な要素が内在されていたとしても——，労働にみあう報酬が支払われるという募集広告を介在して，自発的に雇い主と出会う（許慧琦 [2005]）。女性がこの種の労働市場への参入を決定するキーポイントは，もはや女性自身の自由意志へとシフトされつつある。

　注目に値する点は，変容しつつある女性労働市場において，青年知識人たちの当初の本意とは裏腹に，婦女解放論に背負わされてしまったもう一つの任務である。たとえば，女招待を募集する業者が若い女性たちの注意を引きつけるために用いるキャッチフレーズとなったのは，「女性職業を提唱する」[18]という五四新文化運動が謳った流行りの常套句である。それだけではない。関係当局に女招待を禁止する根拠を提供したのも，「女性の人格を保持し，望ましい女性の職業を養成」[19]するという，耳慣れた婦女解放のスローガンである。かつて女性の人格的な自立を支える手段として意義づけられていた女性の経済活動は，その議論がいったん知識人の手中を離れて商業文化のなかへと押しだされるやいなや，女性に対する商品化を促すと同時に，女性の逸脱を警戒しようとする保守的な情緒とも結託し，本来の意図とは無関係なまま両刀遣いにされたのである。

　婦女解放論の独り歩きは労働市場に限らない。旧伝統と旧思想の桎梏から離れることのできた新女性のイメージは，商業広告のなかで「モダンな消費スタイルを先導するシンボル」（羅蘇文 [1996：436]）となったかと思えば，今度はこのような享楽風潮を戒める寓話の悲劇的なヒロインとなって——男性や家族制度ではなく——，物質文明に惑わされつつ「花瓶」や「アクセサリー」と

して弄ばれるノラをも扮していた（許慧琦［2003：262-286］）。ここで再度『婦女雑誌』に戻ってページを開けてみよう。

◇商業広告メディアとしての『婦女雑誌』

凝ったデザインの表紙をめくれば，鮮やかなカラー画報が何枚も続く。伝統的な水墨画や勉強に励む女子学生たちの写真が出てくるかと思えば，頻繁に登場するウエディング写真のなかの花嫁は一人残らず全員が白いドレスにベールをかけている[20]。グラビアページに次ぐのは，本文記事ではない。全巻を通して要所要所に挟まれる広告は，本文より前から始められただけではなく，本文の後まで続き，本文よりはるかに人目を引く（陳培愛［2001：46］）。では，『婦女雑誌』はいったいどのような広告メディアとなっていたのだろうか。資本家たちは『婦女雑誌』の読者たちを相手に，何をどのように売り込もうと考えていたのだろうか。

外部から『婦女雑誌』に受注される商業広告は，中国都市に近代消費文化が花開きだすとときをほぼ同じくして，1920年代半ばから倍増する（表4-4）。変化は量的な増加に止まらない。『婦女雑誌』が二度目の改版を経た1920年代後半には質的な変化まで加わり，従来医薬品一色だった広告は，美白クリーム，化粧水，パウダー，美容石鹸，歯磨き粉，香水，ヘアワックス，リップス

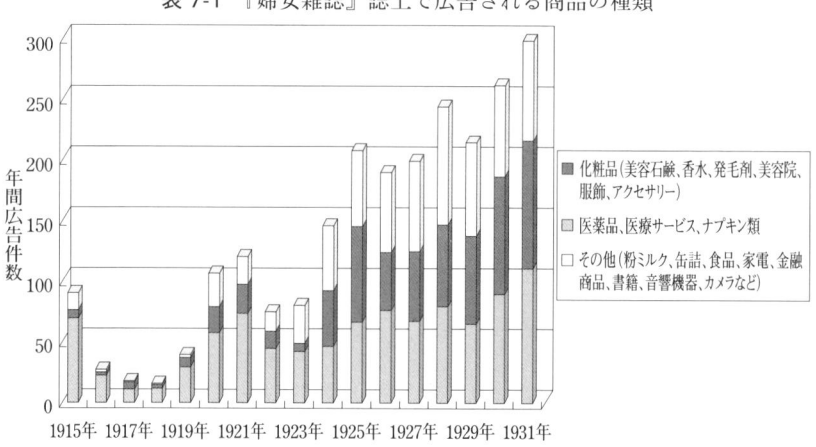

表7-1 『婦女雑誌』誌上で広告される商品の種類

第7章　「賢妻良母」の伝統化

図7-2　『婦女雑誌』が売り出すローマ字商標の商品の数々[21]

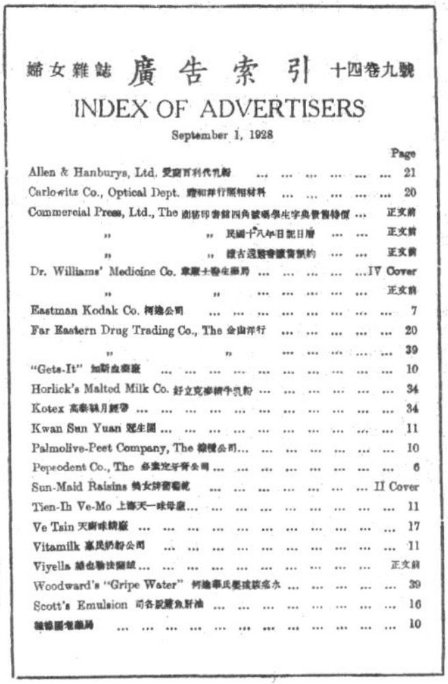

```
婦女雑誌　廣告索引　十四巻九號
        INDEX OF ADVERTISERS
              September 1, 1928
                                        Page
Allen & Hanburys, Ltd. 愛蘭百利代理行 ……… 21
Carlowitz Co., Optical Dept. 禮和洋行照相材料 ……… 20
Commercial Press, Ltd., The 商務印書館四角號碼學生字典會售特待 …正文前
         〃        〃        民國十八日記日暦 …正文前
         〃        〃        續古逸叢書發售預約 …正文前
Dr. Williams' Medicine Co. 惠廉士發売事務局 ……… IV Cover
         〃        〃        ……………………… 正文前
Eastman Kodak Co. 阿迪公司 …………………… 7
Far Eastern Drug Trading Co., The 金鋼洋行 ……… 20
         〃        〃        ……………………… 39
"Gets-It" 加尼血藥 ……………………………… 10
Horlick's Malted Milk Co. 好立克麥精牛乳粉 …… 34
Kotex 高樂娜月經帶 ……………………………… 34
Kwan Sun Yuan 冠生園 ………………………… 11
Palmolive-Peet Company, The 棕欖香皂 ……… 10
Pepsodent Co., The 多慶定潔齒素 ……………… 6
Sun-Maid Raisins 純女牌葡萄乾 ………………… II Cover
Tien-Ih Ve-Mo 上海天一味和醤 ………………… 11
Ve Tain 天師痔瘡藥 ……………………………… 17
Vitamilk 蕃民奶粉公司 ………………………… 11
Viyella 綿毛機綿織品 …………………………… 正文前
Woodward's "Gripe Water" 利如華兒童健康飲水 … 39
Scott's Emulsion 司各脫鱈魚肝油 ……………… 16
綺麗牌香皂廣告 ………………………………… 10
```

出典　『婦女雑誌』第14巻第9号，1928年9月

ティック，ハンカチーフ，オーダーメード用の洋服生地，ストッキング，シャンプー，除毛クリームにいたるまで，女性用のファッション商品へと移りだす（表7-1）。もはや資本家たちは『婦女雑誌』を，このような商品に興味を持ち，客となってくれる若い女性たちが手に取るメディアとみなすようになった[22]。

変わったのは商品の種類と顧客層だけではない。それとあわせて購買者の注意を引くマーケティングの方法も確実に変化していた。かつてわざわざ漢字に直されていた商標は，一切がローマ字で打ち出され，どの商品も舶来品であることが大きく強調される（図7-2；図7-3）。イラストの女性たちも，流行りのヘアスタイルに最新のファッションを身にまとわされ，ひいては顔まで西洋人のシルエットに似せられる（図7-3）。若い女性たちを引きつけるためには，欧米というイメージで商品を包みだす必要があると考えられ，女性の消費行為はそのまま欧米物質文明の延長線上に置かれた。

商務印書館の取った編集陣更迭と改版という措置は，単に青年知識人たちが小難しい横文字をひっぱりつつ討論を重ねる学問的な舞台から，『婦女雑誌』を引き下ろしただけではない。女性の労働力とイメージの両方が商業文化によって積極的に接収されつつあった当時，野放しにされた『婦女雑誌』はまず資本家たちによって目をつけられ，かつてそこで創出された新女性像は，広告という商業的コミュニケーションを介し，今度は「消費文化を先導する女性のイメージ」（羅蘇文［1996：436］）へとシフトさせられた。では，本文ページの中身はどうだろうか。今日のファッション誌のように，本文記事と広告とが一体となって，女性たちに豊かな物質文明と余裕ある暮らしぶりの楽しみを囁きかけていたのだろうか[23]。

227

図 7-3 『婦女雑誌』の広告図面のなかの各種舶来の女性用品[24]

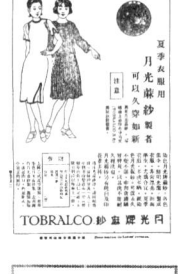

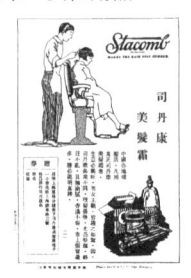

出典 『婦女雑誌』第 16 巻第 1 号，1930 年 1 月

◈「欧風を慕って，身につけたのは虚飾だけ」

まず巻頭に並ぶのは，「わが姉妹たちに忠告す」「近来フェミニズムの失敗と救済法」「今後わが国の女性たちがもつべき覚悟」など，おのずと筆者の意図が分かってしまいそうなタイトルがつけられた論説である（章縄以［1926］；彭善彰［1927 b］；徳恩［1928］）。続く投稿特集といえば，「堕落した若き日々」（第 12 巻第 2 号），「虚栄という悪夢から目を覚まして」（第 12 巻第 4 号），「欧風を慕って，身につけたのは虚飾だけ」（第 13 巻第 8 号），「清貧に甘んず」（第 13 巻第 11 号），「勤勉節約」（第 14 巻第 1 号），「幸せとは精神の喜びにこそあり」（第 14 巻第 6 号）などが題に出されており，あたかも読者に対して相槌をうってほしいといわんばかりである。募られた投稿も期待を裏切ることなく，読者たちは自分自身のことや身近な実例を取り上げつつ，同誌が提示する「女性たちの歩むべき正道」に大いに共鳴していた。では，『婦女雑誌』の執筆人と読者たちが異口同音に飛ばす罵声と野次の標的となったのは，より具体的

第 7 章　「賢妻良母」の伝統化

には女性のどのような姿だったのだろうか。五四新文化運動のなかで青年知識人の目に映った「女性」が，旧伝統と旧制度の桎梏で苦しむ中国人の化身であったとすれば，1920 年代後半の『婦女雑誌』をとりまく人々が見ていたのは，どのような社会的文脈で浮き彫りにされた「女性」だったのだろうか。

まず多くの論者の視線がとまるところは，女性の外見である。外見といえども，身体がやせたとか太ったとか，肌が白いとか黒いとかの問題ではない。論者たちが目を光らせたのは，ショートカットのヘアスタイル（患生 [1926]；甯菱秋 [1928]），ハイヒール（李一粟 [1931]；朱涼月女士 [1925]），ブラジャーやガードルといった下着（唐華甫 [1927]；夏克培 [1927]；華君 [1931]），そして顔にこてこてと塗られた舶来の化粧品など（蘋実 [1927]；李寓一 [1927]），もっぱら西欧文明が運んできた真新しい身だしなみのほうである[25]。1920 年代半ばの当時，このような女性たちも確かに目につくようになっていたのだろう。しかし，各地では纏足解放運動がまだ積極的に繰り広げられなければならなかったほど（Ko [2001＝2005：155-162]；楊興梅 [1998]），より多くの中国女性たちはこのような装いとは縁のない生活を送っていた。

ところが，見慣れない装いにくぎづけになってしまった論者たちの筆鋒のもとで，このような欧風の着飾りは，もはや女子学生たちの千篇一律なおしゃれとまで過大視される（王平陵 [1927]）。五四新文化運動のときとは違って，当時の『婦女雑誌』はたしかに少数の青年知識人の手中から——男性話者にせよ，女性読者にせよ——，多数の一般の人々に返されていたのかもしれない。しかしそこで生身の女性が見えてきたわけではない。同じく西欧近代文明に由来しても，理論的討論に傾く横文字の言説に比べれば，より直接的に感官を刺激する広告イラストのほうが，おそらく多数の一般の人々の興味に合ったのだろう。なるほど，一般の人々に返された『婦女雑誌』の視線の先に訪れたのは，商業メディアのもてはやした女性のイメージのほうだったのである。

一方，モダンな新女性の装いは，ショーウィンドーから女性を訓導する場へと引きずられてしまうや，今度はそのまま奢侈と逸楽の象徴として，社会全体に悪影響を及ぼしかねない女性の悪態へと一転させられる。たとえこのような風潮がごく一部の上流階級の女性にかぎられていると気づかれても，彼女たちの奢侈でかつみだらな流行は，人も殺せるほど怖い威力をもつ伝染病を引き起

図 7-4 『婦女雑誌』で皮肉られる新女性の日常

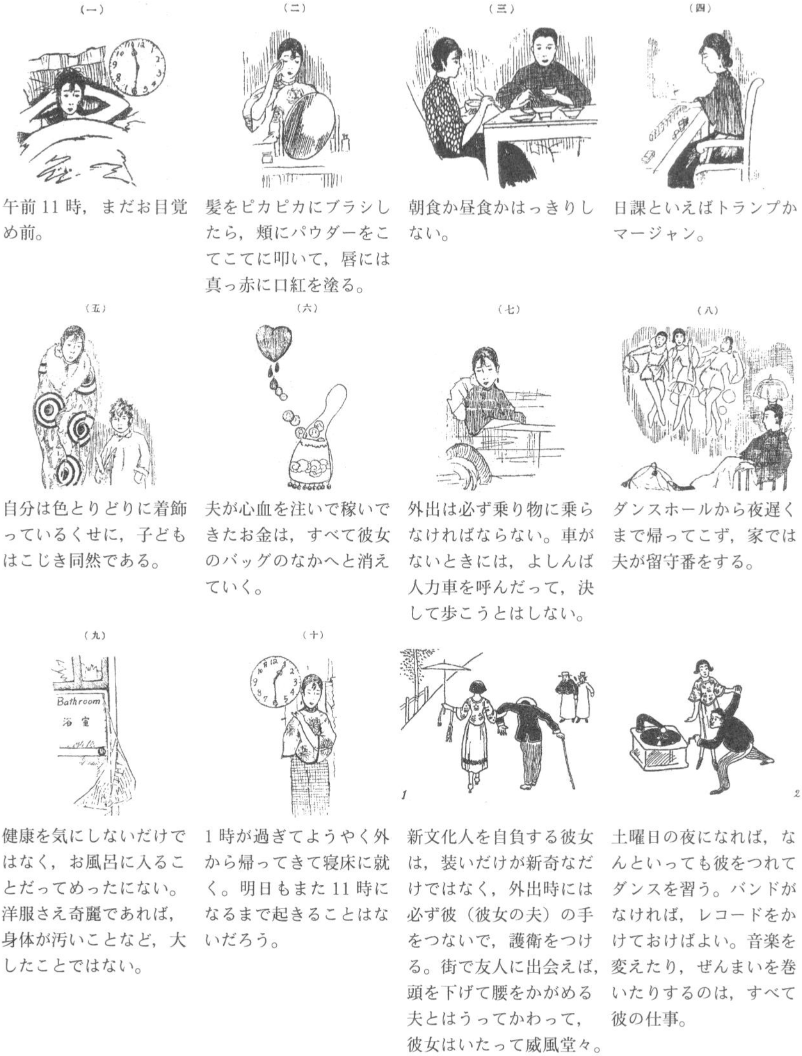

(一) 午前 11 時，まだお目覚め前。

(二) 髪をピカピカにブラシしたら，頬にパウダーをこてこてに叩いて，唇には真っ赤に口紅を塗る。

(三) 朝食か昼食かはっきりしない。

(四) 日課といえばトランプかマージャン。

(五) 自分は色とりどりに着飾っているくせに，子どもはこじき同然である。

(六) 夫が心血を注いで稼いできたお金は，すべて彼女のバッグのなかへと消えていく。

(七) 外出は必ず乗り物に乗らなければならない。車がないときには，よしんば人力車を呼んだって，決して歩こうとはしない。

(八) ダンスホールから夜遅くまで帰ってこず，家では夫が留守番をする。

(九) 健康を気にしないだけではなく，お風呂に入ることだってめったにない。洋服さえ奇麗であれば，身体が汚いことなど，大したことではない。

(十) 1 時が過ぎてようやく外から帰ってきて寝床に就く。明日もまた 11 時になるまで起きることはないだろう。

1 新文化人を自負する彼女は，装いだけが新奇なだけではなく，外出時には必ず彼（彼女の夫）の手をつないで，護衛をつける。街で友人に出会えば，頭を下げて腰をかがめる夫とはうってかわって，彼女はいたって威風堂々。

2 土曜日の夜になれば，なんといっても彼をつれてダンスを習う。バンドがなければ，レコードをかけておけばよい。音楽を変えたり，ぜんまいを巻いたりするのは，すべて彼の仕事。

こしてしまう微生物のように，やがては社会全体を腐敗に陥らせて，男性の負担を増加させかねないと懸念された（王憲煕［1927］；永延［1927］）。男性論者だけではない。訝しげな視線を向けられた女性たちも，おしゃれに走った在り

230

第 7 章 「賢妻良母」の伝統化

新文化の生活を送る夫婦はそれぞれ経済的に独立しなければならない。彼は毎月の収入から生活費を負担しているので、中旬にはタバコ代など残っておらず、彼女がタバコを吸うとなりでその煙を嗅いで満足するしかない。	彼女は外出や帰宅時には必ずキスで彼を迎えたがるが、ただ漬け物や塩辛などの臭いを嫌うので、それが大好物である彼は、あらかじめ壁に向かって口臭を吐き出してから、彼女の要求に応じなければならない。	彼女は日曜日のピクニックを好む。なるほど、家を出るときには彼が一切の食べ物と食器を運ぶ。場所が決まれば、彼女がマットを敷いて一息いれているあいだ、料理をこしらえたりコーヒーを入れたりするのは、もっぱら汗びっしょりとなった彼の仕事。	彼女の就寝時間が過ぎれば、部屋のドアは城郭の門よりも固く閉められる。ちょうど書斎で手紙を書こうとして、便箋と封筒を忘れてしまった彼は、彼女を呼び起こすこともできず、寝室においてある予備のものを取るためには、窓から入って間に合わせるしかない。

出典　吉雲［1928］；中秋生［1927］

し日の己を「見かけ倒し」の「でしゃばり」だったと反省したり（覚時女士［1927］）、ひいては見栄をはるための浪費が家族と社会まで不幸に陥らせたと認めたりする（林文方［1926］）。

　資本家たちによって接収された新女性のイメージは、広告など商業文化を介して、巧みに近代消費文化を先導するシンボルとして作り練られることができた。しかし、マーケティングの最終的に狙う標的が女性そのものであるというより、女性が紐を緩めてくれる男性の財布だったとすれば、そのようなイメージを共有し、その再生産を主導したのも女性自らではない。また、新女性のイメージをくっつけて西欧文明のもたらした各種舶来品を売りさばいて、資本家たちが急速に成長をとげている一方で、より多くの人々は長引く不景気に苦しんでいた。そのような人々の情緒に即してみれば、消費文化と欧化風潮のなかでちやほやされている新女性のイメージこそ、中国の未来建設のために何よりもまず改造しなければならない対象に映る。舶来の嗜好品と贅沢な美容商品を見せびらかして、読者の購買欲を煽りだす広告ページとは裏腹に、『婦女雑誌』の本文ページに充満しているのは、欧化風潮と商業文明を懸念する男性論者と、彼らにつられるまま浪費と奢侈を反省する女性読者たちが醸しだす不協和音の

ほうだった。

　一方，女性たちを肉体的な逸楽と外見的な虚栄という罠にかけた元凶として注目されたのは，欧化風潮である。ただ欧米文明そのものがおしなべて悪いというのではない。女性たちは──家出を選んだのがノラ自らの自由意志だったように，また女招待となることも新女性自身の決定だったように──，欧化風潮の誘惑のもとで一身の安逸を「選択」したのだと考えられた。たとえば，学校で浪費と奢侈だけを学んだ女子学生たちは，数年もかけて身分をずいぶんと高めて卒業さえしてしまえば，環境の誘惑に負けて世間の流れのなかに陥ってしまう（梅儷［1926］；李運文［1926］）。大概が失望的な女子教育の現状は理念や制度そのものが原因であるというより，問題は女子学生のほうにこそあると認められる（梅儷［1926］）。男女共学にいたっては，女子学生たちが男子学生との競争を恐れたあまりに，単位が取れやすい講義ばかりに群がり，授業年限だけ満たして手にした卒業証書は，「男性を呼びつける最高のアクセサリー」と化してしまう（詹渭［1926］）。自由恋愛と自由結婚という理想も，いったん女性の虚栄心と結合してしまえば，男性に媚びて，大官の令息や資本家に嫁いで物質的な安逸を勝ち取る口実を意味してしまう（梁頎［1926］；李運文［1926］）。女性の社会的活動も例外ではなく，真の目的は経済独立から，もはや男性の誘惑と視線に一身をさらすことになった（李寓一［1927］）。

　欧米文明の真髄に気づかず，その虚飾だけをむやみに真似てしまう女性たちの愚かさにこそ罪があると認めてしまえば，欧米文化を責めるより，女性の人格的修養を急ぐほうが肝心になる（王憲煦［1927］；徐学文［1926］）。女性のイメージがモダンな消費文化を先導するあいだ，言説のなかで女性たちは消費文化がもたらした弊害のスケープゴートとなり，質素な服装と勤倹な生活に甘んじることを要求されたり（儲禕［1928］；李傑［1928］；廖国芳［1928］），勤倹節約だけが女性の美徳であるといわれたりする羽目に陥っていた（覚時女士［1927］）。

3　中国の伝統としての「賢妻良母」

　若い女性たちが消費文化に翻弄されてしまう原因が，己の安逸だけを求めて

第7章　「賢妻良母」の伝統化

しまう人格的な未熟さにあるとすれば，一身の享楽ではなく，個人の存在意義を社会へとつなげていくことこそが人生の価値であることを，まず彼女たちに悟らせる必要があろう（呉耀西［1930］）。より具体的には，「人類が社会を組織する起点であり，社会が発展していく中心であり，国家が進化していく基礎である」（梁文俊［1927］）。家庭を介してのみ，女性は社会に貢献できると考えられた。「女性問題は家庭のなかで解決しなければならず，家庭における女性の問題を解決することこそが婦女解放の第一歩」（李聖悦［1925］）であるとみなされ，もはや「家庭」は一切の女性論に再投射させるプリズムとなる。

◆家庭に押しこまれる女性論

　論者たちは，「国民の優良や社会の安全は，すべて母の役割にかかっているから」（渺一［1925］），家庭のなかで母親としての責務に充実し，子どもの教育に専念することこそが女性の天職であると口をそろえる（覚時女士［1927］；沈美鎮［1929］）。まるで10年前の『婦女雑誌』の記事を白話に直して転載したかのようである。しかし必ずしもそうではない。10年前とは違って，論者たちはこのような主張が「時代遅れのような気がしなくもない」（王則李［1929］）とまえもって断ったり，「昨今の女性たちはもはや誰もこのような話を好まない」（渺一［1925］）と嘆いたりするなど，反対の立場に気づいていると同時に，そのような反論に対しても対策を講じなければならなかった。単に女性たちを家庭のなかに居座らせるだけではもはや十分ではなく，すでに家を飛び出してしまったノラたちをも家庭へと呼び戻さなければならなかったのである。

　そこで第一に牽制されるのは独身主義である。独身が貫かれれば，家庭など存在もできないから，とそのままうなずかれるかもしれない。ただそれ以上に，独身主義が歩んできた中国だけの文脈が背後に横たわっている。もっとも女性の独身主義が中国言論界で一世を風靡したのは，五四新文化運動のときに自由恋愛と自由結婚が大いに賞揚されるにつれ，当事者の意思に反する旧式結婚を拒否する動きが注目を浴びてからである（游鑑明［2001：133］）。しかし，一転して女性の見栄と利己心だけに注意が向かわれてしまえば，独身主義とは欧米の学説をむやみに追っかける高学歴青年に煽られて，結婚を個人的な発展の

妨げとだけ考える女性の利己的な心理がむきだしになった結果でしかなくなる（彭道明［1926］）。たとえ「不完全な社会制度のもとで，悲劇や苦痛が生じたり，個人の発展に邪魔になったりすることを恐れるあまりに，独身を固守するしかなかったとしても，それは女性が理不尽と戦っていこうとする勇気をもてず，卑怯である証拠」（小江［1926］）である。女性たちは，国民の結婚率は一国の実業の盛衰にかかわることを認識し，私欲を超越して「無家主義」まがいの独身主義を放棄するように求められる（彭道明［1926］；章縄以［1926］）。ひいては，「長引く禁欲生活は毒性を含むホルモンの分泌を助長するために，オールドミスたちは精神不安やヒステリーなどの病的状態に陥りかねない」という科学的根拠までもちだされ（小江［1926］；徳馨［1927］），独身生活の弊害はあらゆる方面から女性たちを脅かしつづけた。

　このように「家庭」は，その存在意義を揺さぶりかねない数々の論点を避けつつ，もはや女性の行なう一切の活動をとりかこむ確固たる枠を築きあげた。職業問題も例外ではない。もっとも『婦女雑誌』は創刊以来，一貫して女性の職業活動を支持する立場を堅持した。ただ1920年代後半の同誌において，職業とは経済的利益につながる諸生産活動という意味ではあっても，家庭外で行なう社会的活動までは内包しない。

　現に無産階級の主婦たちが旧態依然に男性に養われるまま，自立できないとすれば，その家庭はまもなくして破産宣告に直面するだろう。女性が職業に従事することは，家庭を維持させると同時に，男性の負担を軽減させ家庭の幸福を増進させていくためなのである。……男性が独り身ならまだしも，家族を養うこととなれば，もう大変になる。……女性は家庭のなかで自給生活を図って，男性と負担を分かちあい，破産という羽目にいたらないようにしなければならない。……女性が職業に従事することは，実に家庭福利の保障なのである（顧綺仲［1926］）。

　女性のおしゃれがそのまま男性の経済的負担の同意語だったとすれば，夫に頼って生活している女性たちはみな社会の寄生虫であり，男性の付属品のほかの何者でもない（愛瓊女士［1926］；徐公仁［1926］）。もはや女性の職業活動

第7章　「賢妻良母」の伝統化

のもつ意味は，収入獲得のほかにはありえず，女性が経済的に自立さえできるとすれば，仕事が「家のなかであろうと外であろうと，いちいち秤にかけることはない」（ibid）と断言させられる。子女養育という女性の天職と職業活動との両立というなじみのある無理難題も，いかにも簡単そうに解決策が提示され，「家庭内の職業を提唱して，家庭のなかで女性たちが収入を獲得していけば済む」だけの話となった（ibid）。理想的な女性の職業としてかねてから賞揚されてきた教職ですら，懸念の声が振り立てられ（杜文通［1928］），もっぱら「養蚕，養蜂，果樹栽培，園芸」（徐公仁［1926］；王健勛［1928］）という家内副業だけが勧められる。女性の職業活動は家庭というカテゴリにはめこまれるやいなや，その経済的利点だけが浮き彫りにされ，家事のほかに従事しなければならない副業という意味へシフトされた。

　以上からみるかぎり，『婦女雑誌』の内容は「反動復古主義」と称されるだけあって，たしかに10年前へと引き戻されたかのように見うけられる。しかし，主張される内実が10年前に遡及されたところで，援用されるロジックや学説までが10年前と同一だったわけでもなければ，一世を風靡した数々の新概念や表現がすべて忘れ去られたわけでもない。実際には，五四新文化運動のときに婦女解放をめざして創出されたり，西欧から輸入されてきたりした数々の外来語と概念は，復古反動主義のもとでも論者たちのもっとも好むひっぱりだこでありつづける。では，西欧由来の物質文明によってその科学精神や人文思潮まで飲み込まれてしまう1920年代後半の『婦女雑誌』において，婦女解放のキャッチフレーズと理論はどのように反動復古主義のもとへと収斂されたのだろうか。

◇変形する婦女解放論の内実

　ここでまず1920年代後半の中国において，女性論が織りこまれていたさまざまな文脈を概観しておく必要があろう。1920年代前半に『婦女雑誌』を拠点にして，一世を風靡した進歩的でかつ理論的な婦女解放論は，同誌の改版を機に，商務印書館というお墨つきのメジャーな座からは引き下ろされてしまう。ただし婦女解放論の命脈がここでそのまま尽きたわけではない。『婦女雑誌』から『新女性』へと乗り換えた五四新文化運動の婦女解放論は，3000部から

5000 部の販売部数を上げるほどの影響力を，1920 年代後半を通して維持しえた（Nivard［1984：50］）。

　他方，1920 年代半ばから，女性論は国民党や共産党など政治陣営からも注目されはじめる。『婦女雑誌』や『新女性』の女性論が西欧思潮に傾倒する男性知識人の趣向を反映して，ひたすら理論的な討論を重ねる啓蒙運動だったとすれば，政治陣営の目的はそのような理論的討論の成果をふまえて，実際に女性を政治勢力として結集し，動員することにこそあろう。なるほど，このような政治勢力が 1920 年代半ばから生みだす『婦女周報（民国日報附刊）』（1923 年創刊，邵力子・向警予編集）や『中国婦女』（1926 年創刊，楊之華編集）などの刊行物は，いずれも女性政治家の指導のもとで，中国現実に即した女性問題を取り上げ，その解決策を討論していた（呂芳上［2000：234-239］）。このように，政治化と行動化という流れのもとで，五四新文化運動が生みだした女性論のスローガンとロジックの数々は——たとえその内実まで維持されたわけではなかったにせよ——，さらなる波及力を備えた政治というもう一つのパイプをも獲得して，より効果的に社会全般に浸透しえた。

　むろん一転して「一般女性のための面白いソフトな読み物」を志向する『婦女雑誌』は，理論的な討論の場でもなければ，政治宣伝の場とも一線を画する。しかしながら，女性論がより多様な社会文脈によって包摂され，婦女解放論がより広範囲に流布されつつあった 1920 年代後半において，『婦女雑誌』だけが唯我独尊でいられたわけではない。同誌が呈した反動復古主義は，知識界の言論と政治界の宣伝によって，一般大衆にもポピュラーになってしまった婦女解放論に対する——それが意図的な潤色だったにせよ，あるいは無意識的な誤用だったにせよ——再解釈の過程をも内包していた。

　「破壊あれば，必ず建設あり」や「旧いものが去らなければ，新しいものも訪れない」という五四新文化運動の金科玉条は，もはや復古反動主義に傾いた『婦女雑誌』においてですら誰もが知っている常識である（許伴山［1926］）。一般女性を相手にする『婦女雑誌』でも，陳独秀，胡適，周作人，章錫琛など新文化運動の旗手や，彼らがもちあげたイプセン，エレン・ケイ，ラッセルなどの横文字の人名は，なんの違和感もなく言いまわされていた。おもちゃのようにもてあそばれるノラという，人々の脳裏に焼きつけられたモチーフにいた

っては，もはやそれを抜きにして女性論は語れないかのようである。ただ「欧風を慕って，身につけたのは虚飾だけ」という滑稽な態様は，商業文明に操られる若い女性たちだけに限った話ではない。

　たとえば，「個人として生存するときには幸せに向けて努力し，社会的な存在としては後代の個人もその幸せを享有できるように，永遠に伝えていかなければならない」という陳独秀のことばはその本意とは無関係に，生産活動を通して社会に寄与せず一身の安楽だけに安んじる女性たちを戒める箴言となっている（陳祥雲［1926］）。エレン・ケイの名は，女性が家庭の外で行なう一切の活動に反対したり，独身主義を攻撃したりする主張につける折り紙である（朱錦江［1928］；淡園［1928］；陳光鼎［1928］）。前任編集長の章錫琛の訳著『婦女問題十講』にいたっては，彼の辞職後も読後感がよせられるほど，読者を大いに頷かせつづける。ただその大げさな共鳴を一皮剥いて現れるのは，新文化建設の基礎である心の革命を，物質ばかりを追求する虚栄心の反義語としてうけとめてしまうようなズレと変形である（寧人［1926］）。女性たちの欧化風潮に眉をひそめる論者たちの理解する欧米文明も――異なる立場にたってみれば，「笑い話のネタ」（商務印書館編［1987：117］）同然だったくらい――，同じく「虚飾」にすぎなかった。

　それが誤解だったにせよ，あるいは潤色だったにせよ，このような意味の転換がふまえていたのは，消費文化の最先端に女性を立たせるという商業メディア的な現状認識と同時に，すべての女性論を再度「家庭」のなかへと押しこもうとする未来像にほかならない。そのような再解釈のプリズムさえ通してしまえば，もはやノラをもてあそんでいるのは，男性や旧制度であるというより，物質文明のほうになる。ノラが取り戻さなければならない人格も，家族制度や男性によって奪われた自由意志であるというより，物質文明に遊ばれて忘れかけてしまった家族への思いやりと犠牲の精神である。おもちゃや傀儡の含意が，男性に媚びたり消費文明にもてあそばれたりする女性に対する嘲笑となったとすれば（林雲嫻［1926］；宋化欧［1926］；梁頎［1926］），寄生虫とは男性の恋愛遊びのおもちゃに甘んじて，生産や労働に参加しないまま，いかにも簡単に物質的享楽を手にしてしまう彼女たちを皮肉るあだ名になっている（周振韶［1926］；梁頎［1926］；亜萍女士［1928］）。

少数の知識人から『婦女雑誌』を返してもらった「より多くの一般女性」たちの手中に，このように内実を変質させられた婦女解放論も同時に握られていたことはいうまでもない。そして——たとえば「ぬいぐるみ」という投稿募集のテーマが，一人残らず全員の投稿者をして，贅沢な浪費生活を求めて，おもちゃとして男性に遊ばれることを選んでしまう若い女性たちを連想させたほど（徐鶴林［1926］；豹孫［1926］；陳品娟女士［1926］；陳伯吹［1926］；逸紋［1926］；郭魁武［1926］；趙究齏［1926］；知音［1926］）——，中身を「反動復古主義」に巧妙に詰め替えられた婦女解放論は，確実に読者たちの脳裏へと浸透しえた。
　では，五四新文化運動の量産したノラやおもちゃなどのアイコンが——それで示される女性像の具体的なイメージや含意は切り替えられたとはいえ——もてはやされつづけた1920年代後半において，すでに一度意味の変質を経験した「賢妻良母」はどのような運命に処されたのだろうか。改版当初に宣言されたとおりに，「賢妻良母」ははたして女性の唯一の正道として『婦女雑誌』が養成しようとする理想的な女性像の座へと復位させられたのだろうか。

◇中国の伝統としての「賢妻良母」

　実際には「賢妻良母」は復権はおろか，ほとんど忘れかけられてしまったかのようである。「賢妻良母の養成に専念する」という改版の趣旨とは裏腹に，『婦女雑誌』の誌面上からはそのような表現を見かけることですら，めっきり少なくなった[26]。おもちゃ，寄生虫，花瓶やアクセサリーなど，女性の現状を皮肉ることばの人気ぶりと照らしあわせてみれば，このような現象は当時『婦女雑誌』が将来に向けて模範的な女性像を提示するより，「現在の女性たちの欠点と長所を観察し，対症的に対策を講ずる」（趙棟臣［1925］）方向に傾いたゆえんであると考えられるかもしれない。ところが「賢妻良母」はもはや模範的な女性像ではなくなっている。まれに「超賢妻良母」という但し書きつきで，賢妻良母の部分的な価値が認められることもあったとはいえ（池蕙卿［1927］；少遊・尚木［1927］），それはむしろ「賢妻良母」であるだけでは十分ではないという遠まわしの否定である。
　どちらかといえば，「賢妻良母」は口にすることすら憚られてしまうほど，

第 7 章　「賢妻良母」の伝統化

「既婚未婚を問わず，女性なら誰しもから嫌われたり」，それを「念頭においているだけで後ろめたい気がしたり」するくらい落ちこぼれてしまった（朱秉国［1929］；趙棟臣［1925］）。五四新文化運動から与えられた「自暴自棄になって男性のおもちゃに甘んじる無学な旧式女性」というレッテルは（董純標［1926］），改版宣言だけではもはやくつがえされえないほど「賢妻良母」にぴたりと付着されていた。

　剥がされなかったのは，否定的な女性像としてのレッテルだけではない。五四新文化運動が「賢妻良母」の含意にもたらしたもう一つの変容——つまり，未来から伝統へという時間軸の遡及も揺るがされることはなかった。いや，揺るがされるどころか，むしろ伝統としての確固たる地位と連続性を獲得しつつあったといわなければならない。もはや「賢妻良母」は，数千年間を通じて女性たちを束縛しつづけてきた悪徳な勢力として「三従四徳」と同一視されたり（忠言［1926］），「女性が男性に征服されていた旧時代の性別分業」（彭善彰［1927 a］）や「宗法社会の女性の人生観」（池蕙卿［1927］）として片づけられたりする。さらに，「四千年来の歴史を通して女性を家のなかに押し込めて」（尚木［1927］）きた「賢妻良母」という規範は，婦女解放運動によって克服されたために（彭善彰［1927 a］），もはや今日には「十日の菊であり，古代の化石と化してしまっている」（陳罕敏［1928］）とまで考えられる。では，肯定と否定という価値判断の逆転，そして未来と過去という時間軸の遡及のほかにはどうだろうか。五四新文化運動の「おもちゃ」と 1920 年代後半の「おもちゃ」の意味が完全に一致していなかったとすれば，その延長線上で論じられる「賢妻良母」の含意も互いに連続するわけではないはずである。

　ここで，まず五四新文化運動を機に「賢妻良母」にもたらされた意味変容の構造を再度吟味する必要があろう。「賢妻良母」が理想的な女性像から個人主義の化身であるノラの反義語へと変化されたことは，従来「賢」と「良」に当てられていた意味のスポットライトが，「妻」や「母」へと移動させられたことをも意味する。「わたしは人ですし，それはあなたと一緒です」というノラの叫びに対して，「何と言おうと，君は人の妻だし，ママなのだ」という夫の認識こそが「賢妻良母」の新しい含意となったのである（何覚余女士［1924］）。このように，どのように役割を果たすかではなく，その役割そのものに重点を

置く意味の枠組みは，1920年代後半まで基本的に引き継がれる。ただ変容も同時にここから始まっていた。受けつがれた枠組みのなかには新たな中身が盛られ，「賢妻良母」はここで改めて形象化される。

　社会の一成員として独立している女性に逆照射されて，人の妻であり母親であるという役割だけが注目されたことは（今吾［1923］），「賢妻良母」となるための十分条件が「賢妻」であり「良母」であることから，「母」であり「妻」であることへとシフトされたことをも意味する。第一の変化は，「社会の成員」であることと「母」や「妻」であることの相違が，職業の有無と関連づけられたことであろう。女性の怠惰さを警戒する論調のもとで，「賢妻良母」は社会で専門的な職業をもつ女性とは区別されて（黄俊琬［1928］），家庭という範囲内に活動領域を限定される専業主婦へとシフトさせられた。

　それだけではない。五四新文化運動を機に「賢妻良母」の十分条件から一転して必要条件へと格下げさせられた「賢」と「良」は，1920年代後半の商業文化のもとで逆走しだし，あたかも五四新文化運動の論者たちの危惧が現実となったかのごとく，「賢妻良母」は実質的に「悍妻悪母」「悪母悪妻」「愚母悪妻」「悪母壊妻」へと変わり果てる（屠哲隠［1924］；信庸［1920］；張嫻［1922b］；何覚余女士［1924］）。都市消費文明の誘惑から女性の逸楽と浪費ぶりを警戒しようとする『婦女雑誌』の論調のもとへと引きずりこまれるや，「賢妻良母」は家事をこなす代わりに，「終日オンドルのうえに座りこんで，食べ物を片手にトランプ遊びだけに明け暮れ，家事などはすべて人に任し，お茶がきたら手を伸ばし，ご飯がきたら口を開けて，終日食べて遊んで楽しむ」（顧学苑［1928］）醜態を演じさせられた。

　　上流家庭の女性たちの仕事は出産だけである。ほかに掃除，料理，洗濯などはみなお手伝いさんがやってくれるし，子どもは乳母が預かってくれて，髪の毛は美容師が整理してくれて，彼女たちは終日喜々と遊びくれるだけで，何もしないままに有閑マダムの生活に明け暮れる（黄俊琬［1928］）。

　以上のような変容の方向性を決定したのが，1920年代後半に『婦女雑誌』を接収した都市消費文明であることはいうまでもない。そのなかから諸女性像

を再生産——さらには女性たちを相手に再供給まで——していた1920年代後半の『婦女雑誌』のもとで,「賢妻良母」は模範的ではなくなったことはもちろん,単なる主婦の意味でもなく,奥さま,もしくはお嬢さまスタイルの生活を送る有閑マダムとして新たに形象化された。そして,それこそが「賢妻良母」に下される価値判断の逆転の内実だったことは言うまでもない。

では,このように「賢妻良母」のイメージが理想的とはいえなくなったところで,論者たちはどのような女性像を理想として改めて思い描いていたのだろうか。「賢妻良母」に甘んずることなく理想的な女性像に近づくためには,どのような資質を新たに身につけなければならなくなったのだろうか。

結論からいえば,女性たちに要求される資質は改められたどころか,まるでちょうど10年前へと逆戻りさせられたかのようである。たとえば,旧女性と区別される新時代の家庭主婦になるために学ぶべきものとして取り上げられたのは,「食物の科学」「衛生学」「医薬」「園芸学」「芸術」という五つの常識である(映蟾[1931])。旧式の賢母良妻的な観念を打破するために,女性たちはまず人格を涵養し,学術および技術方面を補い,家政を治めなければならないと想定される(陳光鼎[1928])。また,新時代の女性たちの先決問題として取り上げられるのは,教育を通して知識を培養すること,勤勉誠実の精神を涵養すること,経済的な生産活動に従事すること,社会改良という目的を認識することの四つである(林雲嫻[1926])。都市消費文明に注目して「屈辱極まりない旧式の賢妻良母の生活」を批判した論者たちが,それを克服できる女性像として提示したのは,実際には10年前に創出された「賢妻良母」のシニフィエのままなのである(喬治[1927])。

一方,「賢妻良母」の語意が一転して「愚母悪妻」へと逆走しだしたことは,以上のようなシニフィエを盛るもう一つのことばが代わりに生まれうる余地を示唆する。その新しいシニフィアンとなったのが「超賢妻良母」である。現代女性は旧時代の賢妻良母式の人生観を投げ捨てて,「超賢妻良母」として生まれかわるべきであると考えられ(池蕙卿[1927]),したがって女子教育は「良母賢妻を理想とするべきではなく,視野をより広げて超賢母良妻の女性を育てなければならない」(少遊・尚木[1927])と論じられた。未来の女性像であるという本来のシニフィエに対するシニフィアンまでほかに用意されたことは,

「賢妻良母」はもはや当初のイメージに引きずられることなく、「伝統」の一部として、過去との時間的連続性をいっそう強められたことをも意味する。しかしそれだけではない。

> 日本が中国文化の植民地であることは誰もが知っている。現在の日本人の生活からも、われわれはわが国の古代の生活状況を思い浮かべることができる。一般に日本社会では、男女関係に対して「男尊女卑」「三従四徳」「男は外を治め、女は内を治める」といった旧い思想を維持したままである。純日本式の女性は男性にもっぱら服従するのみで、実に「良妻賢母」と呼ばれるに足る。女性は新しい社会的地位をもたず、女性たちの生活の実状は、単に家事を処理し、子女を養育するだけなのである（賀昌群［1930］）。

なるほど、ここにきて「賢妻良母」は時間的に旧い時代へと遡及させられただけではなく、日本の「良妻賢母」の中国的源流とまでみなされ、空間的にも中国のなかへと引き移されている。未来の女性像としての「賢妻良母」が先進列強の女性たちをモデルにしていたことからも示唆されるように、伝統との連続性を獲得することは、未来から過去への時間軸移動だけではなく、外から内へという空間軸の移動をもともなって完成される。また、「良妻賢母主義」を堅持したままの日本女子教育の現状は——あたかも中国ではすでにそのような状況が克服されているといわんばかりに——、そのまま中国女性に対して日本女性の後進性を裏づける傍証となった（周曙山［1927］）。民国初期の「賢妻良母」が先進列強の女性像としてイメージされ、中国女性の後進性を浮き彫りにしていたとすれば、1920年代後半の「賢妻良母」は、外国女性に向けられるメルクマールとまでなりえたほど、もはや中国固有の伝統として確固不動の地位を獲得していた。

注
1）「デモクラシー」と「サイエンス」の中国語音訳である「徳謨克拉西」と「賽恩斯」を指して、陳独秀が雑誌『新青年』誌上で用いたこの表現は、五四新文化運動のスローガンとして一世を風靡した。
2）梅生「読婦女雑誌的感想」『覚悟（上海民国日報副刊）』、1921年6月5日。

3)「明年婦女雑誌的旨趣(広告)」『婦女雑誌』第25巻第12号, 1925年12月.
4)「章錫琛啓事(広告)」『婦女雑誌』第11巻第8号, 1925年8月.
5)「十二月号徴文(広告)」『婦女雑誌』第11巻第8号, 1925年8月.
6)実際にここで選ばれた7名はいずれも,その後も同誌に繰り返し登場し,読者を代表する.なかでも徐学文,鐘竹友,解世芬,素芬の4名は,読者投稿コーナーの常連として,わずか5年のあいだに,それぞれ20編に近い当選作を掲載されたほどである.
7)もっとも『婦女雑誌』は1920年の改革以降,販売価格を抑えると同時に,より多くの言説を掲載するために,挿画を減らし文字フォントも一段小さくさせ,豪華な表紙と装丁という創刊以来の同誌のセールスポイントから距離をとっていた.「編輯余録」『婦女雑誌』第7巻第2号, 1921年2月.
8)「婦女雑誌新年号『新性道徳号』予告(広告)」『婦女雑誌』第10巻第12号, 1924年12月.
9)「本社特別啓事(広告)」『婦女雑誌』第11巻第8号, 1925年8月.
10)「通訊」『婦女雑誌』第11巻第11号, 1925年11月;「通訊」『婦女雑誌』第11巻第12号, 1925年12月.
11)ちなみに,五四新文化運動時期に男女交際や性的な問題に関する相談にも積極的だった同誌の「医事衛生顧問」コーナーは,程瀚章に担当医師が代わるやいなや,うってかわってきわめて保守的でかつ訓導的な態度が堅持されるようになる(張哲嘉[2005]).程瀚章の保守的趣向は,『婦女雑誌』が停刊された後も, 1935年の「婦女回家」論を支持する言論活動としてつながる(許慧琦[2003: 316]).
12)『婦女雑誌』誌上の社告にしたがえば,同誌の編集委員をつとめていたのは,杜就田と程瀚章のほかにも,蒋英,徐滄仙,万春渠の5名である.「本誌編輯員」『婦女雑誌』第13巻第1号, 1927年1月.しかし,「通訊」コーナーや「編集部便り」コーナーから編集部を代表して読者と関わったり,記事を執筆したりしたのは杜就田と程瀚章のみで,実質的にはこの二人によって編集作業が行なわれていたと考えられる.ちなみに,前任者の王蘊章や章錫琛と同様,杜就田も「撮影術顧問」コーナーを除けば,本名で誌上に登場することはほとんどない.ただし編集長に篆刻の指導を請う読者の答えに対して,「農隠」という署名で返答が行なわれていたことをふまえれば,同誌に美術,科学常識,撮影術などの記事を寄稿したり,「通訊」コーナーに登場していた「農隠」とは,杜就田のペンネームであると考えられる.「通訊」『婦女雑誌』第12巻第4巻, 1926年4月.
13)「明年婦女雑誌的旨趣(広告)」『婦女雑誌』第25巻第12号, 1925年12月.
14)「明年婦女雑誌的旨趣(広告)」『婦女雑誌』第25巻第12号, 1925年12月.
15)左からタバコ(南洋兄弟煙草有限公司,周柏生画, 1927年),洋服生地(義和東新張,鄭曼陀画, 1926年),タバコ(英美煙公司,胡伯翔画, 1930年).
16)一般に「女招待」は日本の女給に値すると考えられるが,実際にはカフェーやレストランでのサービス業種にかぎらず,販売,店員にいたるまで,より広い

範囲の接客業に従事する女性を指す。許慧琦［2005］によれば，1910年代から上海や香港などを中心に現れるようになった女招待は，1920年代前半にはすでに北京や天津まで広まり，中国の都市文明とともに定着していったとされる。

17) 女招待が一般に売春に従事していたかどうかについては，異なる見方が併存する。Henriot［1997＝2004］や Hershatter［1997］が，いずれも女招待を「モダンな娼妓業」として妓女や娼婦の延長線上で把握している反面，許慧琦は「女招待は仕事で売春を強いられることはない。彼女たちは商店や店舗で，程度の差こそはあれ，力仕事やサービスを提供しており，決して身体だけを用いた誘惑で生計を立てていたわけではない」（許慧琦［2005：71］）と強調し，女性が家内だけで行なっていた家事などのサービスが，公共領域へとシフトされていく近代的現象として，女招待の登場と盛衰をとらえている。

18)「玉記飯館対顧客之新設施加聘名厨女招待（広告）」『民国日報』，1931年5月7日。

19)「広東女子職業之大運動」『申報』，1922年3月2日。

20) たとえば，「朱海北君与徐恭如女士儷影」『婦女雑誌』第13巻第9号，1927年9月；「鐘少侃君与李美蘭女士儷影」『婦女雑誌』第13巻第9号，1927年9月；「結婚儷影（一）」『婦女雑誌』第14巻第1号，1928年1月；「結婚儷影（二）」『婦女雑誌』第14巻第1号，1928年1月；「徐作和先生与蒋少英女士結婚儷影」『婦女雑誌』第14巻第7号，1928年7月；「鄒漢明君与関潔瑩女士結婚儷影」『婦女雑誌』第14巻第7号，1928年7月；「黎寛裕君張淑瑤女士結婚撮影」『婦女雑誌』第15巻第6号，1929年6月；「董時厚君与鄧淑芝女士結婚撮影」『婦女雑誌』第15巻第10号，1929年10月；「邵子鳳君与黄定輝女士結婚撮影」『婦女雑誌』第15巻第10号，1929年10月；「延国符君与唐貞素女士結婚撮影」『婦女雑誌』第15巻第10号，1929年10月；「趙孟侯君与鄭文蓮女士結婚撮影」『婦女雑誌』第15巻第10号，1929年10月など。

21)『婦女雑誌』は掲載広告が著しく増えていくや，1928年5月号より本文の目次のほかに，掲載広告の目次も別途に用意する。ただ商務印書館の自社広告は，このリストに含まれない。

22) 実際に『婦女雑誌』に掲載された全広告図面には，かならず「『婦女雑誌』から紹介されましたと申し出てください」というフレーズが添えられ，広告主が広告の効果を直接確認できるように仕組まれていた。このような仕組みのもとで，多くの女性用品の販売商が引き続き『婦女雑誌』に広告を掲載させつづけていた点は，同誌の広告が実際にこのような商品の売り上げに確実に貢献していた点を裏づけるといえよう。

23) ここでまず1925年改版以降の『婦女雑誌』の体裁についてふれておこう。5年のあいだ述べ10回にわたって企画された特集号を除けば（「美術」特集号（第12巻第1号），「愛」特集号（第12巻第7号），「家事研究」特集号（第13巻第1号），「生活」特集号（第14巻第1号・第2号），「婚姻」特集号（第14巻第7号），「浅識薄技」特集号（第15巻第1号），「教育部全国美術展覧会」特

集号（第15巻第7号），「婚前と婚後」特集号（第15巻第10号），「訓政と女性」特集号（第16巻第5号）），当時の『婦女雑誌』は一定の体裁が維持されていた。グラビアページに続けて巻頭記事に当たる論説が数編掲載された後は，編集委員たちが手がける家事，健康，育児など各種情報や奇聞奇談と逸話などのコラムをあいだに挟みつつ，2種から多いときには4種まで投稿特集コーナーが設けられ，毎号あたり20編を上回る投稿記事が読者から募られていた。巻末には連載小説，伝記や戯曲などがきて，最後は「撮影術顧問」と「医事衛生顧問」で締め括られる。

24) 左上から時計回りに，オーダーメード用洋服生地（霍霊斯公司緯也勒（Viyella）），オーダーメード洋服用生地（月光牌英国上等糸光花洋紗 Tobralco），ヘアワックス（上海怡昌洋行司丹康（Stacomb）美髪霜），美容石鹸（洛士利洋行力士（Lux）香皂），（上）魚の目用フットクリーム（加斯血（Gets-It）），（下）白粉（上海華商新華行西蒙（Simon）香粉蜜），リップスティック（勒夫脱公司丹祺（Tangee）点唇管）。

25) むろんこのような西洋式の服装すべてに対して，一律に批判的な眼差しが向けられていたわけではない。旧制度や旧伝統による個性の束縛に反対する五四新文化運動の精神に影響されて，1910年代から中国社会では，断髪，纏足禁止，衣服改良など，旧来の服飾を洋式に改めようとする動きも見られるようになる。なかでも長い髪を束ねる旧式のヘアスタイルは，纏足とともに女性にまつわる中国の旧習の一つとみなされ，ショートカットは纏足禁止運動とともに，社会運動をなしたほどである（江沛［2001］）。『婦女雑誌』誌上の論説も例外ではなく，女性のショートカットについて真正面から攻撃をするものはあまり見られない。

26)『婦女雑誌』全巻から「賢妻良母」「良妻賢母」「賢母良妻」などの用例を整理した陳姃湲［2003b：264-348］によれば，このような表現を含む記事数は1915年から1919年までの5年間が42編，1920年から1925年までの6年間で90編だったが，1926年から1931年停刊までの5年間は27編だけと著しく落ち込む。後になるにつれ，一冊に掲載される記事数が持続的に増えていったことをも考慮すれば，実際の使用頻度はこれよりもさらに大きく落ち込んでいたと考えられる。なかでも，改革直後の1926年の1年間は3編だけに止まっており（忠言［1926］；鐘煥鄰［1926］；董純標［1926］），もっとも少ない使用頻度を記録した。

終　章
「賢妻良母」から編みなおす中国近代史

　1999 年，中国で一冊の中国女性史の入門書が刊行された。「女性と教育」という章には，「賢妻良母」も堂々と見出し語としてラインアップされている。「賢妻良母」はもはや中国女子教育を語るうえで抜きにできないキーワードの一つとなった。では，そのなかで「賢妻良母」はどのように説明されているのだろうか。

　賢妻良母は賢夫良父とあわせて考えてみれば，実は非難するほどのものでもなかろう。ただ伝統的な女子教育が目標としていた賢妻良母とは，男尊女卑という前提のもとで，それだけを究極的な役割とみなす賢妻良母である。ここでいう「賢」と「良」は，女性を従属的でかつ卑しいものとみなす制度と概念に基づく「賢」と「良」だったのである（劉寧元編［1999：227］）。

　このように，今日中国文化のなかで認識される「賢妻良母」は，それが実際に歩んできた 100 年間の歴史過程をそのまま反映するわけではない。近代中国の揺れ動く社会的文脈を渡り歩いて逆転させられた「賢妻良母」の意味は，それに合わせて歴史過程をも想像させ，結果的に本来の歴史の流れは相殺，忘却されたのである。富国強兵の過程に女性をも参画させるという「賢妻良母」の女子教育理念は，共通する時空条件のもとでナショナリズムと一緒に 20 世紀初の東アジアの各国へと流布した。ただし，いったん中国の歴史文脈のなかへと取りこまれるや，「賢妻良母」は五四新文化運動という思想的サイクルのなかで，儒教思想に基づく伝統的な女性像として意味を入れ替えられたまま，人々の脳裏に焼きついた。
　しかし中国史はその後も「賢妻良母」を巻きこみつつ，激動を続ける。1930

年代から数回にわたって繰り返された「婦女回家」論争のなかで，「賢妻良母」は再度熱い脚光を浴びたのである[1]。

1　「婦女回家」論争と「新賢妻良母」

　1929年から中国社会はもう一つの政治的転機を迎える。蒋介石の率いる南京国民政府が1928年6月に北京を占領し全国統一を果たすや，つづく1929年3月にいわゆる「訓政」が宣布されたのである。党内の派閥争い，そして地方軍閥や共産党からの脅威など，内外を問わず各種難題で頭を抱えていた国民党は，「訓政」という名義のもとで厳しい統制政治を行なうと同時に，より積極的には民衆を同質の国民として一党支配のもとへと再統合しようと試みた。むろんこのような状況から女性だけが逃れられたわけではなく，国民統合という射程のもとへと引きずりこまれた女性論のもとで，女子教育の目標は均質な「賢妻良母」を育成することへと再度旋回させられたり（池賢姃［2003］），また婦女解放運動も復古的な社会雰囲気のなかで大きく退歩を強いられたりした（中華全国婦女聯合会編［1989：339-347]）[2]。

　むろん政治だけが女性論に影響したわけではない。より直接的に女性論の退行に拍車をかけていたのは，経済的要因である。1920年代後半から中国全域に暗雲を漂わせていた不景気は，1929年からの世界恐慌と1931年の大洪水による農村経済の破綻によって，内外的に追い討ちをかけられるや，空前の大規模の経済危機をきたした。なかでも相つぐ工場や会社の倒産だけではなく，破綻した農村から流入される労働力まで加わり，深刻さを増していく都市部の失業問題は中国社会を根本から揺さぶる。

　このように萎縮した経済状態のもとで，家庭外で生産活動に従事する女性たちに向けられたのは，男性の雇用機会を横取りしているという批判の眼差しである。たとえば1935年10月23日付の『人報』（無錫）では，全労働者の80％が女性で占められる紡織工場の現状を取り上げ，このような状況は「男は生産を担当し，女性は家事を担当するという中国伝統にもとるだけではなく，多くの男性が失業によって家族を養えなくなれば，家庭における尊厳も危うくなり，ここで男女の役割は厳重な打撃をこうむりかねない」と批判している（趙

美玉［2004］)。

　このような論調に追い討ちをかけてきたのは，同じく経済恐慌という悩みを抱えていた欧米国家の先例である。1933年ドイツの政権を掌握したナチスは，いわゆる「3K主義」[3]を掲げて，女性の就業を制限して男性失業者の労働機会を増やすと同時に，出産と育児を天職とする「完全に女性らしい女性」を育て上げ，軍事力の基盤となる人口を増加させようとした（許慧琦［2003：287-313］)。このようなナチスの女性政策は，国民党の独裁政権のもとでファシズムとともに中国に流入され，各政論誌には「婦女回家の運動」，あるいは「賢妻良母の政策」という表現で，その詳細な成果が頻繁に取り上げられる（夏蓉［2004］)。そして，1935年には各雑誌や日刊紙で競って特集まで組まれ，ここで中国言論界には女性の社会的活動と家庭内での主婦としての役割をめぐって，熱い論争が展開された（王鉄［2003］；趙美玉［2004］；呂美頤［1995］)。いわゆる第1回目の「婦女回家」論争である。

　「賢妻良母」は1930年代には「婦女回家」のスローガンと一体となって，再度言論舞台の前面へと引きだされただけではなく，「賢妻良母主義」とまで格上げさせられ，もはや往年の模範的な女性像としての座を取り戻したかのようである。しかし，テキストそのものにより即していえば，「婦女回家」論のシンボルとなったのは「賢妻良母」や「賢妻良母主義」というより，「新賢妻良母」と「新賢妻良母主義」のほうである。たとえば，国民党の機関紙『中央日報』では，両者の違いについて次のように説く。

「賢妻良母」という四文字や，それを女性に適用することは，原則的になんら問題もない。ただこのことばの解釈には，時代の変遷を経たために異なる意味が発生されている。従来の「賢妻」は「夫の傀儡」の別名にほかならず，かつての「良母」は「子女の奴隷」の異称にすぎなかった。このような「夫の傀儡」式の「賢妻」や，「子女の奴隷」式の「良母」に対しては，われわれもむろん反対する。わたしたちが今提唱し，主張しようとする「賢妻良母」とは，一種の新時代の「賢妻良母」なのである。……「賢妻良母」は相変わらず提唱されなければならない。ただ，ここでいう「賢妻良母」は決して2,30年前のような「賢妻良母」ではなく，「新たな解釈」を加えた「賢妻良母」

でなければならないのである！（志敏［1935］）

このように「婦女回家」論を支持する論者たちは——たとえときには「賢妻良母」という表現をそのまま用いていたとはいえ——，従来からの「賢妻良母」とは差別化を図って，それとは区別される女性像として「新賢妻良母」を提唱していた（池賢娵［2003：2］）。では，「賢妻良母」には果たしてどのような「新たな解釈」が加えられたのだろうか。上記の社説では，「賢妻良母」と区別される「新賢妻良母」の資質について，次のように説明する。

健康な身体をもつと同時に，衛生の重要さを分かっており，最低限の国民教育を受けて，各種常識を備えている。また，夫の愛情に対して忠実で純潔であると同時に，自らの人格をも尊重し，独立自主の精神を備えていて，もっぱら夫に依頼したりはしない。一切の家事管理がきちんとこなせて，また新科学の精神に符合している。さらに，夫の仕事に協力すると同時に，彼にある種の精神的な励ましを提供する一方，機会があれば外で自分の仕事もして，家庭の経済責任を一部分担できる。また，子どもに対しては，新教育の精神にしたがって養育し，衛生の大切さ，愛国の精神，勇敢な気魄，高尚な道徳心のような美徳が教えられる。これこそが，わたしの思いえがく「新賢妻良母」の総括なのである（志敏［1935］）。

なるほど，「新たな解釈」が加えられたはずの「新賢妻良母」の内実は，20，30年前の「賢妻良母」と区別されるどころか——少なくとも本書の5章で見てきたかぎりでは——，ほとんどそのトートロジーにすぎない。つまり，真に改められたのは「新賢妻良母」ではなく，むしろそこから逆照射された伝統的な「賢妻良母」のイメージのほうだったのである。

1930年代の「婦女回家」論と「賢妻良母主義」は，たしかに「中国の伝統文化が社会変遷に対して示した適応であると同時に，外国女性の状況に影響された結果である」（趙美玉［2004］）。しかしそれだけではない。外国の新文物と新しい時代条件の産物として想定される新女性像の裏では，それと対をなす伝統的な女性像も創出される。西欧フェミニズム理論と五四新文化運動が創出

しだしたノラという新女性像によって，旧女性像の役回りを押し付けられた「賢妻良母」は，ファシズムと国民党の独裁政権が宣伝する「新賢妻良母」の裏で，もはや中国伝統としての揺るぎない地位を固めたのである。

では，近代中国史と中国女性を取り巻くさまざまな文脈を再考するうえで，「賢妻良母」がたどってきた変容はどのように吟味されるだろうか。ここでまず近代中国の外延的な文脈から「賢妻良母」を振りかえってみよう。

2 「賢妻良母」でつなぐ近代中国史の外延

漢字文化圏であると同時に儒教文化圏に属する東アジア各国で「賢妻良母」ということばは，いまは伝統的女性像として一般に認識されている。儒教という文化的源流を共有するという認識のもとで，中国語の「賢妻良母」，日本語の「良妻賢母」，そして韓国語の「賢母良妻」という類似することばの存在は，いかにも簡単に儒教経典上の共通するルーツを連想させている。しかし，これらのことばが共有する東アジアという文脈は，「儒教」や「伝統」で示される時間軸におけるそれではない。「賢妻良母」「良妻賢母」そして「賢母良妻」が実際に共有している公分母は，19世紀末20世紀初の東アジアの思想空間全体を覆っていた近代ナショナリズムのほうなのである。

東漸する西欧列強による利権侵奪の状況が深刻さを増していくなかで，東アジア各国では国家と民族の存続に対する危機感が充満し，近代ナショナリズムが澎湃として起こる。富国強兵と近代国家建設という射程から，女性も男性と一緒に近代国家建設に参画することが求められるや，彼女たちが伝統的に営んできたライフサイクルは「分利者」として格下げされてしまう。女性には優秀な未来の国民を産み育てる母体としての役割が振り分けられ，その使命が務まるだけの知識と資質を備えた「生利者」として女性を生まれかわらせるために，女子教育も振興される。数百年も続けて東アジア各国の女性たちを閨房のなかへと押しこんできた儒教規範は，ここでようやく打破される兆しが見えてくる。このような近代女子教育が掲げるスローガンとして東アジアに登場した「良妻賢母」は，儒教的な女性像であるどころか，実際にはそれを克服した女性の象徴であった。

終　章　「賢妻良母」から編みなおす中国近代史

　一方，近代ナショナリズムこそが，東アジア各国に「良妻賢母」の女性像を同時に流布させた要因だったとすれば，それが中国に登場する歴史過程は，近代女子教育が展開されていく道程である以上に，中国が東アジア域内で行なったさまざまなルートとレベルでの思想交流の結果にもなる。「賢妻良母」という手がかりをたどることは，近代女子教育史に横たわる東アジアの全体的な文脈に対する検証である以上に，各国をしてそのような認識の共有を可能にした具体的な交流のチャンネルを吟味させ，異なるレベルとルートにおける東アジア域内交流が現在のわれわれに残した刻印を知ることなのである。

　たとえば，中村正直が創出した西欧的でかつ進歩的な「良妻賢母」像は，彼の啓蒙思想と一緒に中国にも伝わり，女子教育に対する中国知識人たちの認識を高める。ただ中村正直が「良妻賢母」というスローガンで主張していた女子教育の内実までが，中国に直接的に影響力を果たしたわけではない。知識人同士の自由な思想交流のルートを介して，中国人が日本から自発的に受け入れた啓蒙的な「良妻賢母」論が，実際に教育現場に広まるきっかけを掴むことはさほど容易ではなかった。国家権力が関与する制度化の過程を介して，女子教育の内部へとより効果的に浸透できたのは，日本の意志がより強く働きがちな別のチャンネルを経由して伝わったもう一つの「良妻賢母」——つまり，「良妻賢母主義」である。

　正直に代表される明治啓蒙思想の進歩的でかつ西欧的な「良妻賢母」論は，いったん公教育制度のなかで包摂されるや，一転して保守的な「良妻賢母主義」へと変質を余儀なくされる。一方，東アジア各国の教育利権に注目する日本帝国主義は女子教育も見逃してはおらず，下田歌子のもとで「良妻賢母主義」は日本公教育制度が標榜する女子教育の理念から，東アジアの女性たちを西欧文明に対抗させると同時に，日本のもとに団結させる精神的武器として格上げさせられる。日本の諮問のもとで整備された中国の近代女子教育制度が受け入れた「賢妻良母主義」が引き継ぐのは，膨張する日本帝国主義の思惑を反映して内実を変質させられた「良妻賢母主義」の系譜なのである。

　近代中国の女性たちは，東アジアの知識界全体を覆っていたナショナリズム的現状認識のもとで，伝統的なライフサイクルを捨てて進歩的な「賢妻良母」となり，国家建設の行程に参画するように求められた。他方，近代ナショナリ

251

ズムが日本帝国主義へと変質されるや，中国女性たちは同じ「賢妻良母」というスローガンのもとで，今度は「東洋女徳の美」で西欧文明に対応する女性になることを要求されてしまう。東アジアという見地から再考するときに，「賢妻良母」は激動する東アジア近代史のなかで交錯しだす中国知識界の断面を浮き彫りにすると同時に，そのような渦巻きのなかに身をおくしかなかった女性たちの状況をも再現できる手がかりとなるのである。

では，いったん中国史の一部となった「賢妻良母」が，五四新文化運動を経て伝統や過去とのつながりを獲得していく過程は，特に近代の中国女性論を取り巻いていた数々の異なる社会的文脈と関連して，どのように吟味できるだろうか。

3 「賢妻良母」で組みなおす近代中国史の内縁

近代ナショナリズムが「分利者」として家庭のなかに引きこまれている女性たちの存在を発見し，男性と一緒に富国強兵の行程に参画できる「国民の母」という女性像を創出させたとすれば，旧習を破壊し，独立した自主的な個人を基盤に中国を立てなおそうとした五四新文化運動によって青年知識人たちの目の前に現れたのは，旧制度と旧伝統に操られて喘ぎだす「傀儡」としての女性の姿である。近代西欧思潮と一緒に運ばれてきた数々の進歩的なフェミニズムの理論と言説に照らされるや，女性は知識人にとって「建設に先行されねばならない破壊」の対象として改められたのである。このようにして中国の婦女解放論は青年知識人たちに導かれ，ちょうど五四新文化運動の盛衰と合わせて，1920年代前半に飛躍的な成長をなしとげる。

一方，五四新文化運動時期の婦女解放運動に対する評価と関連しては，中国女性論の果たした成長が女性自らによって主導されていたわけではないという主体性の問題が，往々にして提起される。それによれば，男性知識人たちによって主導される婦女解放運動や女性論は，それゆえに女性たちの立場と声を反映したり，徹底的な解決が図られたりはできず，中国の婦女解放運動が真に成果を上げるのは，政治と革命の前線に女性たちが直接進出するときを待たなければならないという。

終　章　「賢妻良母」から編みなおす中国近代史

　ただ，このような問題が同時に示唆しているもう一つの視点は，女性自らが言説を主導できるまで，女性論は女性の外延で異なる社会的文脈を渡り歩いてきたという点であろう。五四新文化運動時期の中国女性論のもう一つの本質は，女性の他方で展開されたゆえに，異なる歴史的文脈をたどりつつ，異なる意図と異なる思惑にさらされるたびに，内実の転換を余儀なくされてきたという多元性にもある。問題を眺める角度を変えれば，五四新文化運動時期における中国女性論は，異なる社会的文脈が交錯しあう結節点ともいえるのである。本書の第Ⅱ部では，このような近代中国女性論が内包する多元的な性格と文脈こそが，「賢妻良母」の含意を変容させた内因であると同時に，「賢妻良母」が歩んできた歴史的道程をたどることでつなぎあわせられる中国近代史の内縁でもあると考える。

　清末中国女子教育が掲げるスローガンとして登場した「賢妻良母」は，五四新文化運動が創出した新女性像の前で，理想的な女性像の座からはたしかに引き降ろされていた。しかし，それは「賢妻良母」が言説の場から完全に淘汰されたという意味ではない。男性知識人たちによって女性の他方で展開されていた新女性像の創出は，それゆえに新女性像と対をなす旧女性像に対する想像によって支えられなければならない。ナショナリズムに裏づけられる女子教育論の陣営から，個人主義に傾倒する青年知識人の手中へと渡された「賢妻良母」は，今度はこのような旧女性の役回りを演じさせられてしまう。新女性が創出される裏で，「賢妻良母」はその時間的含意を過去へと遡及させられただけではなく，空間的にも中国内部へと引きずりこまれたのである。

　一方，五四新文化運動の気運が下り坂をたどりはじめる1920年代後半には，女性論はもはや一部の青年知識人たちの占有物ではいつづけられなくなる。女性論を牛耳っていた知識界内部の軋轢が先鋭化しただけではなく，女性論がかかわる中国社会の文脈も複雑さを増したからである。ただ，ここでも女性自らが女性論を接収したとはかぎらない。青年知識界に代わって新たに女性論の話者となったのは，同じく西欧文明の絶対的な影響のもとに置かれていた近代商業文化——さもなければ，そのような消費文明のプリズムを通して女性論を理解する保守的な男性論者——だった。また商業文化をふまえて展開される女性論は，新女性に批判的な眼差しを向けてはいても，それに代替される新たな女

253

性像を創出させるほど徹底的なものではなく，新女性の時間的含意はむろん，青年知識人によって「賢妻良母」に新たに付与された伝統としての意味あいも，覆されることはなかった。結果的にいえば，商業文化を介することで，伝統的な女性像であるという「賢妻良母」のイメージは社会的文脈を超えて広まり，確固不動の含意として定着した。

「賢妻良母」が中国の伝統とのつながりを獲得していく過程は，進歩的な男性知識人たちが新女性像を創出していく裏側で，それと同時に進められていた。ただ，それだけで完成されたわけではない。知識人たちによっていったん過去へと遡及させられた「賢妻良母」のイメージは，女性論がたどった異なる社会的文脈に沿って，中国伝統との揺るぎないつながりを獲得しつつあったのである。

中国近代女性論は女性自らを言説の主体として展開されてきたとは限らない。いいかえれば，男性と区別されるという意味での女性を考察することだけでは，中国近代女性論が内包しているさまざまな歴史的文脈を再現しかねない。女性を排除したまま女性論が生産され消費されたとすれば，女性史とは女性についての歴史記述をかき集めるものであるというより，女性の他方にあるさまざまな社会的文脈の結節点としてのみ存在しうる。このような観点をふまえるときに，「賢妻良母」が中国伝統としての意味を獲得していく過程は，中国女性論がたどってきた異なる社会的文脈をつなげる手がかりにもなるのである。

最後に「伝統の創出」という問題に戻って，中国の「近代」における「伝統」の意味を，「賢妻良母」が歩んできた変容の道程から吟味してみよう。

4　中国における伝統化と儒教原理の変容

「伝統」を創造されたものであるととらえることは，それがもつ過去との連続性を自明なものではなく，築かれた架空のものとして疑うことから出発する（Hobsbawm ［1983＝1992：10］）。もし創出された「伝統」が，架空性を完全に相殺，忘却させているとすれば，それは「伝統」であると想定されるある過去の時点との連続性が，成功裏に獲得されたからにほかならない。「賢妻良母」が中国伝統である点がほとんど疑われなくなったことは，それが中国に登場し

終　章　「賢妻良母」から編みなおす中国近代史

てからわずか数十年のうちに、「伝統」として認められるある歴史的時点とのつながりを勝ち取ったという意味なのである。では、「伝統」となるうえで「賢妻良母」が手に入れた「過去との連続性」とは、具体的にいつの時点とのつながりなのだろうか。いま「賢妻良母」に盛られている伝統的な女性像とは、果たしていつの時期まで遡れるものなのだろうか。

　ここで、本章の冒頭で挙げた中国女性史の入門書のページを再度開けてみよう。「賢妻良母」が中国伝統の一部であることに一抹の疑いも抱かない同書によれば、「伝統的な中国女子教育」は次のように概観される。

　　伝統的な女子教育とは中国封建社会が女性を対象に2000年あまりを通して押し広めてきた教育を言う。中国封建社会は儒教思想をその思想的基礎としてきたために、伝統的な女子教育の宗旨は常に儒教の宗法倫理観念にあった。男性のもとに従属される家父長制に女性を適応させるべく、伝統的な女子教育はとりわけ徳育を重視し、その反面知育は二の次にされ、後になれば「女は才能がないことが徳」という極端な形へと発展してしまった。いわゆる徳育の内実も、封建礼教に基づいて女性の思想を束縛し、女性の行動を規範化するものにすぎず、もっぱら「内事」だけを背負わせ、「相夫教子」に専念する「賢妻良母」をつくることにほかならない（劉寧元編［1999：226]）。

　なるほど、「賢妻良母」が中国伝統の女性規範となりえたのは、2000年を遡る長い時間性がその意味に加わったからだけではない。中国文化にかぎっていえば、そのような旧い過去との連続性を証明できる十分条件は、儒教理念との関連性なのである。「賢妻良母」が中国の伝統的な女性像とみなされることは、それが儒教経典のなかの女性規範との関連性を獲得したことをも意味する。とはいえ、伝統的な「賢妻良母」と同一視される儒教経典のなかの女性規範とは、果たして2000年前のままだろうか。女性に対する儒教観念は、漢代から2000年ものあいだ永久不変に固定されたまま、現在に至っているのだろうか。「伝統化」されるうえで「賢妻良母」が勝ち取った過去との連続性は、つまり儒教的意味あいは、真に2000年という時間を遡れるものだろうか。

　結論からいえば、家族制度のもとで女性の役割が、夫に従属される妻として、

255

また子どもに従属される母親として,「相夫教子」という規範のなかに限定されてしまったのは, 中国社会に専制王権が確立される明代以降のことである(杜芳琴［1998：95］)。儒教倫理が明代を境にして中国の専制王権を支える統治イデオロギーとなるや, それに合わせて女性に対する儒教規範も家父長制の定める「婦徳」へと変質された。このように改められた婦徳のもとで, 女性は「貞節至上主義」によってその身体を父系社会に帰属させられ, さらには「無学主義」によって公的領域からその活動をすべて排除されたまま, 閨中へと押し込まれていく(権賢珠［2005］)。いまや儒教的な女子教育観を代弁する「女は才能がないことが徳」という字句が人口に膾炙されるようになったのも, 女子用書物の刊行を通してこのような支配イデオロギーとして儒教が積極的に社会へと浸透されていく明末以降である[4]。

　「賢妻良母」だけではなく, 実際には「女は才能がないことが徳」という観念もまた, 2000年どころかそのわずか五分の一ほどの歳月しか経ていない。五四新文化運動によって「賢妻良母」が儒教的伝統として改められたとすれば, 清末民初の女子教育振興運動が押し広める「賢妻良母」の前で, 儒教観念の一部としてしか見られなかった「女は才能がないことが徳」という女子教育理念も, そもそもは専制政権が中国社会に定着していく歴史過程ではじめて儒教と結びつけられたにすぎない。

　もっとも, 儒教思想の性別観念の理論的基礎である陰陽二元論は, それ自体として男尊女卑の概念を内包しないだけではなく(杜芳琴［1988］), それが想定する男女関係も「男女有別」という字句が連想させるような対立や区別よりは, 両者からなる宇宙をめざして相互間の融和と調和を意味する[5]。儒教哲学の陰陽二元論が相互に越境を許さない強固な男女間の境界を正当化する理論的根拠となったのは, それが置かれた歴史的プロセスによって新たに付与された解釈にすぎない。「賢妻良母」は激動する中国近代史の時空のなかで, 実際より何倍もの時間を遡及する過去とのつながりを獲得し, 成功裏に「伝統」として変身することができた。ただ「賢妻良母」が勝ちとった「伝統」としての儒教の含意は永久不変なものではない。「伝統」はたしかに創出されうる。とはいえ「伝統化」とは単にその時間軸を無限大に遡及させることだけで完成されるプロセスではない。伝統化される対象だけではなく, 伝統化の準拠も常に可

終　章　「賢妻良母」から編みなおす中国近代史

変的であり，伝統化のプロセスがめざす志向点は常にそれが行なわれる時空に委ねられるのである。

注
1）「女性は就職の機会を男性に譲って，家庭に戻り『賢妻良母』として料理と家政に専念しなければならない」（呂美頤［1995］）とする「婦女回家」論は，女性の社会的活動を取り巻く中国の政治的，経済的環境の変化に応じて，かつて少なくとも3回の大規模な論争を引き起こしたとされる（邱仁宗・金一虹・王廷光編［1998：72-74］；王鉄［2003］；趙美玉［2004］；夏蓉［2004］；呂美頤［1995］）。ここではその初回目に当たる1930年代半ばの論争に対してのみ概観を行なう。
2）『婦女雑誌』もそのような政治的流れから無関係ではなく，1929年を境に同誌の「賢妻良母」論も再度方向転換を強いられた。たとえば，「嫁いだ後の女性は実質的に「賢妻良母」としての責任を免れることができない」（朱秉国［1929］）と認められたり，女性の就業活動を支持することは女性に過重な責任を負わせることになるか，さもなければ，家事の責任を夫に転嫁してこき使いにしてしまうことになりかねないとみなされたりした（徐亜生［1930］；意紅［1931］）。
3）子ども（Kinder），厨房（Kuchen），教会（Kirche）の頭文字から，女性たちは社会活動から退いて，家庭で育児，家事，宗教に専念するべきと主張するナチスの女性政策を指す。
4）陳東原の考証によれば，「女は才能がないことが徳」という言い回しは，明末に書かれた『温氏母訓』がその最初の典拠で，それ以前にはこのような表現が使われていなかったという（陳東原［1928→1994：187-202］）。
5）陰陽論が本来意味する男女関係に関しては，姚毅［1997：14］が次のように分析を試みる。「易の強調した関係性と両性の補完的特長は，実質的には『個の不在』，つまり全体を越える個人の存在の否定につながる。この原理は男性は女性を存在させ，女性の価値を顕現させる不可欠の前提となり，また，男女は対立の関係ではなく，『人』というカテゴリーの中の陰極と陽極であり，その調和性を失った時，両性の関係の改善を通じて調整すべきだという中国的な考えのもととなっている。したがって，易は陰陽，男女の本質そのものが貴賎尊卑ありと説きながら，陰陽をなす関係の中で，全体の安定性という目的に対して，相対的には両者の補完的関係な面もあることを忘れてはならない」。

参考文献

和文・欧文文献〔著者名のアルファベット順〕

阿部洋・蔭山雅博・稲葉継雄 1982 「東アジアの教育近代化に果たした日本人の役割」『日本比較教育学会紀要』8

秋枝蕭子 2000 「『良妻賢母主義教育』の逸脱と回収——大正・昭和前期を中心に」奥田暁子編『女と男の時空——日本女性史再考：鬩ぎ合う女と男——近代・下』藤原書店

Boles, Janet K.; Hoeveler, Diane Long; Bardwell, Rebecca 1996 *Historical Dictionary of Feminism*, Scarecrow Press＝2000 鵜殿えりか・水田珠枝・安川悦子監訳『フェミニズム歴史事典』明石書店

Chang, Shuei-May 2004 *Casting off the Shackles of Family: Ibsen's Nora Figure in Modern Chinese Literature, 1918-1942*, Peter Lang

Chiang, Yung-Chen 2004 "Performing Masculinity and the Self: Love, Body, and Privacy in Hu Shi", *The Journal of Asian Studies* 63-2

陳暉 1999 『近代化と中国女性の生き方——中国近・現代女性史として』城西国際大学国際文化教育センター

張哲嘉 2005 「『医事衛生顧問』について」村田雄二郎編『『婦女雑誌』からみる近代中国女性』研文出版

Chow, Tse-Tsung 1967 *The May Fourth Movement: Intellectual Revolution in Modern China*, Stanford University Press

中国女性史研究会編 2004 『中国女性の一〇〇年——史料にみる歩み』青木書店

中華全国婦女連合会編 1989 『中国婦女運動史：新民主主義時期』春秋出版社＝1995 中国女性史研究会訳『中国女性運動史 1919～1949』論創社

De Bary, Wm. Theodore 1970 "Individualism and Humanitarianism in Late Ming Thought", De Bary, Wm. Theodore(ed.) *Self and Society in Ming Thought*, Columbia University Press

Don, Stella 2000 *Shanghai: The Rise and Fall of a Decadent City*, Harper Collins
Eide, Elisabeth 1987 *China's Ibsen: from Ibsen to Ibsenism*, Curzon Press
江間政発編　1893　『楽翁公遺書上』八尾書店
Esslin, Martin 1980 "Ibsen and Modern Drama", Durbach, Errol(ed.) *Ibsen and the Theatre: Essays in Celebration of the 150 th Anniversary of Henrik Ibsen's Birth*, Macmillan
深谷昌志　1966　『良妻賢母主義の教育』黎明書房→1998　改版
芳賀登　1990『良妻賢母論』雄山閣
原平三　1992　『幕末洋学史の研究』新人物往来社
服部繁子　1912　「支那婦人の特質」『女学世界』12-7
─────　1914　「卒業式の回顧」『女学世界』14-7
─────　1982　「秋瑾女史の思い出」『季刊東西交渉』1-3
服部宇之吉　1900　『北京籠城日記』博文館
─────　1906a　「清国教育の現況」『教育公報』311
─────　1926　『増訂支那研究』京文社
─────　1936　「服部先生自叙伝」服部先生古稀祝賀記念論文集刊行会編『服部先生古希記念論文集』冨山房
林真理子　1990　『ミカドの淑女（おんな）』新潮社→1993　改版
狭間直樹編　1999　『梁啓超：西洋近代思想受容と明治日本：共同研究』みすず書房
Hershatter, Gail 1997 *Dangerous Pleasure: Prostitution and Modernity in Twentieth-Century Shanghai*, University of California Press
樋口恵子　1968　「賢母と良妻」田中壽美子編『近代日本の女性像』社会思想社
姫岡とし子　2004　「コメントおよび討論」『京都橘女子大学女性歴史文化研究所紀要』13
ひろたまさき　1982　「文明開化と女性解放論」女性史総合研究会編『日本女性史（4）近代編』東京大学出版会
─────　2004　「日本における良妻賢母主義の盛衰」『京都橘女子大学女性歴史文化研究所紀要』13
久木幸男　1980　「良妻賢母論争」久木幸男・鈴木英一・今野喜清編『日本教育論争史録（一）』第一法規
Hobsbawm, Eric J. 1983 "Introduction-Inventing Tradition", Hobsbawm,

　　　　　　　　　　Eric J. ; Ranger, Terence O.(eds.) *The Invention of Tradition*, Cambridge University Press＝1992　前川啓治訳「序論――伝統は創り出される」『創られた伝統』紀伊国屋書店
洪良姫　2004「韓国における賢母良妻の歴史的役割と現在」『京都橘女子大学女性歴史文化研究所紀要』13
堀場清子編　1991『『青鞜』女性解放論集』岩波書店
堀切利高　2000「山本博雄の遺著――妖婦下田歌子――『平民新聞』より」『初期社会主義研究』13
細川順次郎　1895「国力と女子教育との関係」『大日本教育会雑誌』165
Humm, Maggie　1995 *The Dictionary of Feminist Theory*, Ohio State University Press＝1997　木本喜美子・高橋準監訳『フェミニズム理論辞典』明石書店
Ibsen, Henrik　1879 *Et dukkehjem*＝1907 Elias, Julius & Schlenther, Paul(trs.) *Samtliche Werke*, Fischer＝1939　竹山道雄訳『人形の家』岩波書店
飯倉照平　1974「北京週報と順天時報」竹内好・橋川文三編『近代日本と中国（上）』朝日新聞社
石川禎浩　1999「梁啓超と文明の視座」狭間直樹編『梁啓超：西洋近代思想受容と明治日本：共同研究』みすず書房
伊藤博文　1899『伊藤侯演説集』東京日日新聞
陳姃湲　2003a「近代日中間における『賢母良妻』教育思想の伝播と受容――服部宇之吉（1867-1939）の中国女子教育活動およびその女性観を中心に」『中国女性史研究』11
―――　2003b「近代中国における伝統的女性像の変遷――『賢妻良母』論をめぐって」東京大学大学院博士学位論文
―――　2005a「女性に語りかける雑誌，女性を語りあう雑誌――『婦女雑誌』一七年略史」村田雄二郎編『『婦女雑誌』からみる近代中国女性』研文出版
女性史総合研究会編　1983『日本女性史研究文献目録（1）』東京大学出版会
―――――――――　1988『日本女性史研究文献目録（2）』東京大学出版会
―――――――――　1994『日本女性史研究文献目録（3）』東京大学出版会
―――――――――　2003『日本女性史研究文献目録（4）』東京大学出版会
蔭山雅博　1983「清末における教育近代化過程と日本人教習」阿部洋編『日中教

育文化交流と摩擦』第一書房
影山昇　1981　「明治初年の静岡藩お雇い外国人教師 E.W.クラーク」『愛媛大学教育学部紀要・第1部・教育科学』27
夏暁虹　1995　『晩清文人婦女観』作家出版社＝1998　清水賢一郎・星野幸代訳『纏足をほどいた女たち』朝日新聞社
上沼八郎　1983　「下田歌子と中国女子留学生──実践女学校『中国留学生部』を中心として」『実践女子大学文学部紀要』25
金子幸代　1996　「『母性』からの解放──ノラの変容」西田勝退任・退職記念文集編集委員会編『文学・社会へ地球へ』三一書房
金子幸子　1998　「明治期における西欧女性解放論の受容過程──ジョン・スチュアート・ミル　The Subjection of Women（女性の隷従）を中心に」石崎昇子・塩見美奈子編『総合女性史研究会編日本女性史論集（八）；教育と思想』吉川弘文館
鹿野政直・堀場清子　1985　『祖母・母・娘の時代』岩波書店
関西中国女性史研究会編　2005　『中国女性史研究入門──女たちの今と昔』人文書院
金真淑　2003　「日本の『良妻賢母』と韓国の『賢母良妻』にみる女子教育観」氏家幹人・桜井由幾・谷本雅之・長野ひろ子編『日本近代国家の成立とジェンダー』柏書房
木村匡編　1899　『森先生伝』金港堂
Ko, Dorothy　2001　*Every Step a Lotus: Shoes for Bound Feet*, University of California Press＝2005　小野和子・小野啓子訳『纏足の靴──小さな足の文化史』平凡社
胡暁真　2005　「文苑・多羅・華蔓──王薀章主編時期（1915-1920）の『婦女雑誌』における『女性文学』という観念とその実践」村田雄二郎編『『婦女雑誌』からみる近代中国女性』研文出版
小泉仰　1991　『中村敬宇とキリスト教』北樹出版
故下田校長先生伝記編纂所編　1943　『下田歌子先生伝』故下田校長先生伝記編纂所→1989　『下田歌子先生伝：伝記・下田歌子』大空社
江勇振　2005　「男性は『人』，女性は『他者』──『婦女雑誌』におけるジェンダー論」村田雄二郎編『『婦女雑誌』からみる近代中国女性』研文出版
清藤秋子　1906　「清国に於ける女子教育の状態」『教育公報』307
小山静子　1991　『良妻賢母という規範』勁草書房

窪田祥宏　1978　「良妻賢母教育思想の形成とその役割」『日本大学人文科学研究所研究紀要』20
倉橋惣三・新庄よしこ　1956　『日本幼稚園史』フレーベル館
Lien, Ling-ling　2001　"Searching for the 'New Womanhood': Career Women in Shanghai, 1912-1945," Ph.D dissertation for U.C. Irvine
Louie, Kam　2002　*Theorising Chinese Masculinity: Society and Gender in China*, Cambridge University Press
─────　2003　"Chinese, Japanese and Global Masculine Identities", Louie, Kam; Low, Morris(eds.) *Asian Masculinities: the Meaning and Practice of Manhood in China and Japan*, Routledge Curzon
Lovell, Terry; Wolkowitz, Carol; Andermahr, Sonya　1997　*A Concise Glossary of Feminist Theory*, Arnold＝2000　樫村愛子・金子珠理・小松加代子訳『現代フェミニズム思想辞典』明石書店
前山加奈子　1993 a　「林語堂と『婦女回家』論争──1930年代に於ける女性論」柳田節子先生古稀記念論集編集委員会編『中国の伝統社会と家族：柳田節子先生古稀記念』汲古書院
─────　1993 b　「『家を出た娜拉』をめぐる論争について──1930年代中国のフェミニズム」『近きにありて』23
─────　2000　「近代中国女性と国家とのかかわり──ジェンダー的始点からの再検討の試み」井桁碧編『『日本』国家と女』青弓社
─────　2005 a　「女性刊行物全体からみた『婦女雑誌』──近現代中国のジェンダー文化を考える一助として」村田雄二郎編『『婦女雑誌』からみる近代中国女性』研文出版
─────　2005 b　「中国の女性向け定期刊行物の創刊年一覧表──1898年～1949年」『近きにありて』48
Marker, Frederick J. ; Marker, Lise-Lone　1989　*Ibsen's Lively Art: A Performance Study of the Major Plays*, Cambridge University Press
村尾進　1999　「万木森々──『時務報』時期の梁啓超とその周辺」狭間直樹編『梁啓超：西洋近代思想受容と明治日本：共同研究』みすず書房
Meng, Yue 1993 "Female Images and National Myth", Barlow, Tani E.(ed.)

参考文献

Gender Politics in Modern China: Writing and Feminism, Duke University Press

Mill, John Stuart 1870 *On Liberty*, John W. Parker＝1872 中村敬太郎訳『自由之理』同人社

三井為友編 1977 『日本婦人問題資料集成第四巻：教育』ドメス出版

毛利三弥 1984 『イプセンのリアリズム：中期問題劇の研究』白凰社

森有礼 1874 「妻妾論ノ四」『明六雑誌』20

村田雄二郎編 2005 『『婦女雑誌』からみる近代中国女性』研文出版

牟田和恵 1996 『戦略としての女——近代日本の国民国家形成と女性』新曜社

永原和子 1982 「良妻賢母主義教育における『家』と職業」女性史総合研究会編『日本女性史（4）』東京大学出版会

内藤記念くすり博物館編 2003 『くすりの広告文化：看板・錦絵広告・ポスターの世界』内藤記念くすり博物館

中田薫 1943 「唐宋時代の家族共産制」『法制史論集（第3巻）』岩波書店

中嶌邦 1980 「明治前期における賢母論」芳賀幸四郎先生古稀記念論文集編集委員会編『日本文化史研究 芳賀幸四郎先生古稀記念』笠間書院

——— 1981 「日本教育史における女性」女性学研究会編『女性史をつくる』勁草書房

——— 1984 「女子教育の体制化——良妻賢母主義教育の成立とその評価」講座日本教育史編集委員会編『講座日本教育史（3）』第一法規出版

中村正直 1875a 「人民ノ性質ヲ改造スル」『明六雑誌』30

——— 1875b 「善良ナル母ヲ造ル説」『明六雑誌』33

——— 1884 「人ノ一生ハ幼児ノ教育ニ在ルヲ論ズ」『大日本教育会雑誌』14

——— 1887 「母親の感化」『日本之女学』4

——— 1903a 『敬宇文集　第二巻』吉川弘文館

——— 1903b 『敬宇文集　第三巻』吉川弘文館

——— 1903c 『敬宇文集　第五巻』吉川弘文館

——— 1903d 『敬宇文集　第六巻』吉川弘文館

——— 1903e 『敬宇文集　第九巻』吉川弘文館

中村都史子 1997 『日本のイプセン現象：1906—1910年』九州大学出版会

Nivard, Jacqueline 1984 "Women and the Women's Press: the Case of the *Ladies' Journal(Fünu Zazhi)*, 1915-1931", *Republican China Min kuo* 10-1 b

野口伐名　1975　「明治幼児教育史に関する一考察——中村正直の幼児教育観」『弘前大学教育学部紀要』33
小川澄江　1982　「中村正直の女子教育観」『関東教育学会紀要』9
───　2004　『中村正直の教育思想』小川澄江
岡本洋之　1990　「中村正直における西洋思想受容についての一考察——その導入と変容をめぐって」『比較教育学研究』16
奥武則　2000　「『国民国家』の中の女性——明治期を中心に」奥田暁子編『女と男の時空——日本女性史再考：闘ぎ合う女と男——近代・下』藤原書店
小野和子　1974　「下田歌子と服部宇之吉」竹内好・橋川文三編『近代日本と中国（上）』朝日新聞社
大久保利謙　1966　「中村敬宇の初期洋学思想と『西国立志編』の訳述及び刊行について——若干の新史料の紹介とその検討」『史苑』26-2
大久保利謙編　1967　『明治文学全集三：明治啓蒙思想集』筑摩書房
大塚勝美　1985　『中国家族法論——歴史と現状』御茶の水書房
大塚豊　1987　「中国近代高等師範教育の萌芽と服部宇之吉」『国立教育研究所紀要；お雇い日本人教習の研究——アジアの教育近代化と日本人』115
大関啓子　1994　「『まよひなき道』——下田歌子英国女子教育視察の軌跡」『実践女子大学文学部紀要』36
朴慶植　1973　『日本帝国主義の朝鮮支配』青木書店
朴宣美　2004　「植民地朝鮮における『良妻賢母』というジェンダー規範——女性知識人の議論の分析を中心として」『女性史学』14
───　2005　『朝鮮女性の知の回遊——植民地文化支配と日本留学』山川出版社
Purvis, June　1991　*A History of Women's Education in England*, Open University Press＝1999　香川せつ子訳『ヴィクトリア時代の女性と教育：社会階級とジェンダー』ミネルヴァ書房
李卓　2002　「学と不学のちがい——近代中日女子教育の比較」『日本研究』24
───　2003　「中国の賢妻良母観および日本の良妻賢母観との比較」河合隼雄編『「個人」の探求——日本文化のなかで』日本放送出版協会
劉肖雲　2001　「イデオロギーとしての良妻賢母観の中日比較——その形成過程と内実」『山梨学院大学一般教育部論集』23
阪口直樹　2004　『中国現代文学の系譜：革命と通俗をめぐって』東方書店
実藤恵秀　1939　『中国人日本留学史稿』日華学会

Scott, Joan Wallach 1996 *Only Paradoxes to Offer : French Feminists and the Rights of Man*, Harvard University Press
瀬地山角・木原葉子 1989 「東アジアにおける良妻賢母主義——近代社会のプロジェクトとして」『中国——社会と文化』4
瀬地山角 1996 『東アジアの家父長制：ジェンダーの比較社会学』勁草書房
千住克己 1967 「明治期女子教育の諸問題——官公立を中心として」日本女子大学女子教育研究所編『明治の女子教育』国土社
滋賀秀三 1967 『中国家族法の原理』創文社
清水賢一郎 1995 「革命と恋愛のユートピア——胡適の『イプセン主義』と工読互助団」『中国研究月報』573
清水直義 1887 「女子ノ教育ヲ改良スルノ一方」『大日本教育会雑誌』55
清水やすし 1996 「日清・日露期の『家』意識——婦人雑誌『女鑑』を中心にして」『法政史学』48
下田歌子 1901 『泰西所見家庭教育』博文館
秦玲子 1990 「中国前近代女性史研究のための覚え書」『中国女性史研究』2
Smiles, Samuel 1871 *Character*, John Murray＝1878 中村正直訳述『西洋品行論第二編』中村正直
曾我部静雄 1981 「法制史家としての服部宇之吉博士」『文化』45-1・2
総合女性史研究会編 2000 『史料にみる日本女性のあゆみ』吉川弘文館
Soper, Kate 1990 *Troubled Pleasures: Writings on Politics, Gender and Hedonism*, Verso
須藤瑞代 2001 「梁啓超の民権・人権・女権——1922年『人権と女権』講演を中心に」『中国研究月報』55-5
———— 2003 「消えていく李宝玉：1903年『人類館』事件にみる新旧女性像の同時形成」『中国女性史研究』12
———— 2005 「近代中国の『女権』概念——人権とジェンダー」東京大学大学院博士学位論文
末次玲子 1999 「新文化運動以降の儒学の女性論」中国女性史研究会編『論集中国女性史』吉川弘文館
舘かおる 1984 「良妻賢母」女性学研究会編『女のイメージ』勁草書房
高橋昌郎 1966 『中村敬宇』吉川弘文館
Tam, Kwok-Kan 2001 *Ibsen in China 1908-1997: A Critical Annotated Bibliography of Criticism, Translation and Performance*, The Chinese University Press

程郁　2004　「近代中国における賢妻良母主義——その歴史と現在」『京都橘女子大学女性歴史文化研究所紀要』13
友野清文　1993　「良妻賢母思想の変遷とその評価——近年の研究をめぐって」『歴史評論』517
東亜同文会編　1941　『続対支回顧録（下）』大日本教化図書
東方学会編　2000　『東方学回想Ⅰ　先学を語る(1)』刀水書房
東京都編　1961　『東京の女子教育』東京都
土屋英雄　1999　「梁啓超の『西洋』摂取と権利・自由論」狭間直樹編『梁啓超：西洋近代思想受容と明治日本：共同研究』みすず書房
津田茂麿　1928　『明治聖上と臣高行』自笑会→1970　原書房
常見育男　1971　『家政学成立史』光生館
宇野精一　1992　「服部宇之吉」江上波夫編『東洋学の系譜』大修館書店
若林正丈　1978　「近代中国における総合雑誌——『東方雑誌』解題」『外国語科研究紀要（東京大学教養学部）』26-4
脇田晴子・林玲子・永原和子　1987　『日本女性史』吉川弘文館
Wang, Zheng 1999 *Women in the Chinese Enlightenment: Oral and Textual Histories*, University of California Press
渡部学・阿部洋編　1987　『日本植民地教育政策史料集成：朝鮮篇』龍溪書舎
山川菊栄　1956　『女二代の記——わが半自叙伝』日本評論新社→1972　『おんな二代の記』平凡社
山本幸規　1981　「静岡藩お雇い外国人教師 E.W.クラーク——静岡バンド成立の背景」『キリスト教社会問題研究』29
山根幸夫　1994　『近代中国の中の日本人』研文出版
———　2005　『東方文化事業の歴史——昭和前期における日中文化交流』汲古書院
山崎純一　2002　『女四書・新婦譜三部書全釈』明治書院
吉澤誠一郎　2003　『愛国主義の創生——ナショナリズムから近代中国をみる』岩波書店
姚毅　1997　「近代以後の中国における理想の女性像の変容」東京大学大学院修士学位論文
———　1999　「中国に於ける賢妻良母言説と女性観の形成」　中国女性史研究会編『論集中国女性史』吉川弘文館
———　2005　「「被害者」というレトリック——『婦女雑誌』の娼婦像」村田雄二郎編『『婦女雑誌』からみる近代中国女性』研文出版

楊志　1995　「当代中国女性角色衝突的現状，原因及改善提案」中国人民大学女性研究中心編『中国女性角色発展与角色衝突』民族出版社＝1998　秋山洋子訳「現代中国女性の役割矛盾」秋山洋子・江上幸子・田畑佐和子・前山加奈子編『中国の女性学──平等思想に挑む』勁草書房

游鑑明　2005　「『婦女雑誌』から近代家政知識の構築を見る──食・衣・住を例として」村田雄二郎編『『婦女雑誌』からみる近代中国女性』研文出版

中国語文献（著者名の字画順）

Drege, Jean-Pierre 1978 *La Commercial Press de Shanghai, 1897-1949*, College de France＝2000　李桐実訳『上海商務印書館 1897-1949』商務印書館

Henriot, Christian 1997 *Belles de Shanghai: Prostitution et Sexualite en Chine aux XIXe-XXe Siècles*, Editions du CNRS＝2004　袁燮銘・夏俊霞訳『上海妓女：19-20 世紀中国的売淫与性』上海古籍出版社

Ip, Manying 1985 *The Life and Times of Zhang Yuanji 1867-1959 : From Qing Reformer to Twentieth-Century*, The Commercial Press＝1992　張人鳳・鄒振環訳『従翰林到出版家：張元済的生平与事業』商務印書館

Lee, Leo Ou-Fan 1999 *Shanghai Modern: the Flowering of a New Urban Culture in China, 1930-1945*, Harvard University Press＝2000　毛尖訳『上海摩登：一種新都市文化在中国 1930-1945』牛津大学出版社

Schwarcz, Vera 1986 *The Chinese Enlightenment: Intellectuals and the Legacy of the May Fourth Movement of 1919*, University of California Press＝1989　李国英訳『中国的啓蒙運動：知識分子与五四遺産』山西人民出版社

丁鳳珠　1915　「振興女学之功効」『婦女雑誌』1-7

上海市医薬公司・上海市工商行政管理局・上海社会科学院経済研究所編　1988　『上海近代西薬行業史』上海社会科学出版社

上海婦女志編纂委員会編　2000　『上海婦女志』上海社会科学院出版社

小江　1926　「女子独身生活的研究」『婦女雑誌』12-11

中共中央馬克思恩格斯列寧斯大林著作編訳局研究室編　1979　『五四時期期刊介紹第一集（上）』三聯書局
中国人民政治協商会議全国委員会文史資料研究委員会編　1983　『文化史料叢刊（五）』文史資料出版社
中国出版工作者協会編　1985　『我与開明』中国青年出版社
中国社会科学院近代史研究所中華民国史研究室編　1985　『胡適的日記』中華書局
中国社会科学院近代史研究所編　1979a　『五四運動回憶録（下）』中国社会科学出版社
─────　1979b　『五四運動回憶録（続）』中国社会科学出版社
中秋生　1927　「新時代的主婦」『婦女雑誌』13-1
中華全国婦女聯合会編　1989　『中国婦女運動史』春秋出版社
中華全国婦女聯合会婦女運動歴史研究室編　1981　『五四時期婦女問題文選』中国婦女出版社
今吾　1923　「我之理想的配偶（19）」『婦女雑誌』9-11
少遊・尚木　1927　「関於婦女界的私議」『婦女雑誌』13-5
方民耘　1923　「我国目前婦女運動応取的方針」『婦女雑誌』9-1
方秀貞　1915　「雛鶏飼育法之大概」『婦女雑誌』1-4
王三　1915　「婦女職業論」『婦女雑誌』1-4
王平陵　1921　「新婦女的人格問題」『婦女雑誌』7-10
─────　1927　「現代婦女対於審美観念的誤解」『婦女雑誌』13-7
王廷　1917　「物価騰貴与中等之家庭」『婦女雑誌』3-6
王卓民　1918a　「網辺誌略」『婦女雑誌』4-2
─────　1918b　「網辺誌略続」『婦女雑誌』4-3
─────　1918c　「論吾国大学尚不宜男女同校」『婦女雑誌』4-5
─────　1918d　「吾国大学尚不宜男女同校商兌之駁議」『婦女雑誌』4-12
─────　1919　「吾国大学男女尚不宜同校商兌之駁議（続四巻十二号）」『婦女雑誌』5-1
王金玲・徐嗣蓀　1997　「新生売淫女性構成，身心特徴与行為之縁起──389名新生売淫女性析」李小江・朱虹・董秀玉編『平等与発展』生活・読書・新知三聯書店
王則李　1929　「従現代女権運動説到賢母良妻」『婦女雑誌』15-4
王建輝　2000　『文化的商務：王雲五専題研究』商務印書館
王飛仙　2004　『期刊，出版与社会文化変遷──五四前後的商務印書館与『学生雑

誌』』国立政治大学歴史学系
王庭　1917　「物価騰貴与中流之家庭」『婦女雑誌』3-6
王健勛　1928　「婦女与園芸」『婦女雑誌』14-3
王崇人編　2002　『中国書画芸術辞典（篆刻巻）』陝西人民美術出版社
王雲五　1967　『岫廬八十自述』台湾商務印書館
王鉄　2003　「対性別歧視的理性思考——譲『婦女回家』論生成原因及負面影響探析」『通化師範学院学報』24-1
王煥琛編　1980　『留学教育——中国留学教育史料』国立編訳館
王憲煦　1927　「悪習歧応当鏟除的」『婦女雑誌』13-11
王暁秋　1997　『近代中日関係史研究』中国社会科学出版社
王会吾　1919　「中国婦女問題——圏套——解放」『少年中国』4
王徳瓊編　1959　『家政学』正中書局
北京大学校史研究室編　1993　『北京大学史料第一巻　1898-1911』北京大学出版社
北京大学堂編　1903　『北京大学堂同学録』北京大学堂
台湾省雑誌事業協会雑誌年鑑編集委員会編　1954　『中華民国雑誌年鑑』台湾省雑誌事業協会
左企　1925　「対於本誌的意見（6）」『婦女雑誌』11-12
本間久雄　1923　『婦人問題十講』東京堂書店＝1924　章錫琛訳『婦人問題十講』婦女問題研究会
本間久雄　章錫琛(訳)　1924　「婦人問題十講序」『婦女雑誌』10-8
永延　1927　「謬誤観念的糾正」『婦女雑誌』13-11
甘乃光　1920　「嶺南大学男女同学之歴程」『少年世界』1-8
伍加倫　1995　「康白情——中国新詩壇上的一顆流星」『西南民族学院学報（哲学社会科学版）』1995-2
吉雲　1928　「嬌惰的生活」『婦女雑誌』14-1
朱有瓛編　1983　『中国近代学制史料　第三輯　民国初年学制』華東師範大学出版社
朱周国真　1915　「女学生自習用書之研究」『婦女雑誌』1-5
朱秉国　1929　「嫁前与嫁後応有的認識」『婦女雑誌』15-10
朱胡彬夏　1916　「二十世紀之新女子」『婦女雑誌』2-1
朱涼月女士　1925　「高跟鞋子」『婦女雑誌』11-10
朱錦江　1928　「婦女与文化」『婦女雑誌』14-10
江沛　2001　「二十世紀一二十年代沿海城市社会文化観念変動評析」『史学月刊』

　　　　　　　　2001-4
江素涵　1924　「翦刀何漿糊的工作」『婦女雑誌』10-6
池蕙卿　1927　「新旧思潮衝突下之婦女」『婦女雑誌』13-4
竹友　1925　「対於本誌的意見（2）」『婦女雑誌』11-12
西神　1917　「提唱家庭副業説」『婦女雑誌』3-12
──　1919　「家庭副業養鯉談」『婦女雑誌』5-9
何黎萍　2000　「中国近代婦女教育平等権的演進」『社会科学輯刊』2000-6
何覚余女士　1924　「婦女運動的錯路及正軌」『婦女雑誌』10-4
余芳珍　2005　「閲書消永日：良友図書与近代中国的消閑閲読習慣」『思与言』43-3
克士　1922　「性的新道徳之建設」『婦女雑誌』8-7
──　1923　「婦女発展的両個途径」『婦女雑誌』9-10
呂芳上　2000　「五四時期的婦女運動」陳三井編『近代中国婦女運動史』近代中国
　　　　　　　出版社
呂美頤　1995　「評中国近代関于賢妻良母主義的論争」『天津社会科学』1995-5
───　2002　「抗日戦争時期華北淪陥区関於賢妻良母主義的論争」李小江編『歴
　　　　　　　史，史学与性別』江蘇人民出版社
呂美頤・呉効馬　1988　「婦女解放思潮的興起与発展」呉雁南・馮祖貽・蘇中立・
　　　　　　　郭漢民編『中国近代社会思潮 1840-1949　第二巻』湖南教育
　　　　　　　出版社
宋化欧　1926　「北京婦女之生活」『婦女雑誌』12-10
宋恕　1909　「論女子教育之賢母良妻主義与男女平権主義不相反而相成」『浙江教
　　　　　　　育官報』16
宋素紅　2003　「簡論中国婦女報刊的生産与発展（1898─1949）」『鄭州大学学報
　　　　　　　（哲学社会科学版）』36-5
宋雲彬　2001　「開明旧事──我所知道的開明書店」民進中央会史工作委員会編
　　　　　　　『民進会史資料選輯（第二輯）』民進中央会史工作委員会
志希　1919　「今日中国之雑誌界」『新潮』1-3
志敏　1935　「新賢妻良母論」『婦女周刊（中央日報副刊）』4
李一粟　1931　「従金蓮説到高跟鞋」『婦女雑誌』17-5
李立明　1977　『中国現代六百作家小伝』波文書局
李克強　2000　「『玲瓏』雑誌建構的摩登女性形象」『二十一世紀』60
李淑珩女士　1917　「家庭栽花利益談」『婦女雑誌』3-11
李傑　1928　「我国婦女的優点及劣点（二）」『婦女雑誌』14-11
李寓一　1927　「装飾之単純美」『婦女雑誌』13-3

李聖悦　　1925　「現代婦女与現代家庭制度」『婦女雑誌』11-12
李運文　　1926　「男女応同在水平線上的我見」『婦女雑誌』12-12
李沢厚　　1991　『中国現代思想史論』風雲時代
杜文通　　1928　「対於女教員的感想」『婦女雑誌』14-6
杜芳琴　　1988　『女性観念的衍変』河南人民出版社
─────　1998　『中国社会性別的歴史文化尋蹤』天津社会科学院出版社
杜就田編　　1913　『新編摂影術』商務印書館
杜学元　　1995　『中国女子教育通史』貴州教育出版社
亜萍女士　　1928　「我們対於生活的態度（其二）」『婦女雑誌』14-1
呉文星　　1978　「順天時報──日本在華宣伝機構研究之一」『国立台湾師範大学歴史学報』6
呉鳳洲　　1916　「孟母断機教子論」『婦女雑誌』2-1
呉闓生編　　1969　『桐城呉先生（汝綸）日記　第二巻』文海出版社
呉耀西　　1930　「現今女子思想上応有的改進」『婦女雑誌』16-4
沈芳女士　　1915　「婦女衛生談」『婦女雑誌』1-1
沈美鎮　　1929　「新女性与幼稚教育」『婦女雑誌』15-11
沈夏雲・杜就田　　1923　『柯達克摂影術』商務印書館
沈清松　　1999　『陳大済・太虚・戴季陶』台湾商務印書館
沈雁冰　　1922　「離婚与道徳問題」『婦女雑誌』8-4
沈維楨　　1915　「論小半臂与女子体育」『婦女雑誌』1-1
沈静　　1915　「世界小家庭主義観」『婦女雑誌』1-8
汪汝幹　　1924　「対於中国婦女的新忠告」『婦女雑誌』10-4
汪兵　　2001　「陰陽和合──論中国婦女社会性別角色及其社会地位的特殊性」『中共寧波市委党校学報』23-6
京報出版部編　　1925　『京報副刊青年愛読書特刊』京報出版部
佩韋　　1919　「解放的婦女与婦女的解放」『婦女雑誌』5-11
─────　1920　「婦女解放問題的建設方面」『婦女雑誌』6-1
周石華・朱文叔　　1924　「今後婦女教育的改造」『婦女雑誌』10-1
周昌竜　　1995　『新思潮与伝統──五四思想史論集』時報出版
周武　　1998　「張元済与五四新文化運動」『史林』1998-2
周恩来　　1942　「論『賢妻良母』与母職」『婦女之路（新華日報副刊）』38
周振韶　　1926　「読『梧桐葉落的秋夜』書後」『婦女雑誌』12-4
─────　1931　「女学生愛読的書籍」『婦女雑誌』17-2
周海　　1915　「家庭簿記」『婦女雑誌』1-4

周叙琪　1996　『一九一〇～一九二〇年代都会新婦女生活風貌──以『婦女雑誌』為分析実例』国立台湾大学文史叢刊
─────　2005　「閲読与生活──惲代英的家庭生活与『婦女雑誌』之関係」『思与言』43-3
周閔　1915　「祭汪母葛恭人文」『婦女雑誌』1-9
周曙山　1927　「日本婦女運動述要」『婦女雑誌』13-9
孟森　1919　「蔡母楊太夫人誄」『婦女雑誌』5-12
孟悦・戴錦華　1993　『浮出歴史地表──中国現代女性文学研究』時報文化出版
宗良　1917a　「少年夫婦破産之危険」『婦女雑誌』3-9
──　1917b　「養老費之予備」『婦女雑誌』3-3
──　1918　「主婦之治家法」『婦女雑誌』4-6
尚一　1923　「婦女運動与社会的建設」『婦女雑誌』9-1
尚木　1927　「新婦女与政治的訓練」『婦女雑誌』13-3
忠言　1926　「女学生有這種流行病麼」『婦女雑誌』12-11
服部宇之吉　1906b　「女学伝習所開学演説」『学部官報』4
服部宇之吉編　1908　『北京誌』博文館＝1994　張宗平・呂永和訳　『清末北京志資料』北京燕山出版社
服部繁子　陸紹治（訳）　1908　『清国家庭及学堂用家政学』冨山房
林文方　1926　「虚栄与虚偽的結果」『婦女雑誌』12-2
林吉玲　2001a　「中国賢妻良母内涵的歴史変遷」『社会科学輯刊』2001-4
─────　2001b　『二十世紀中国女性発展史論』山東人民出版社
林伝甲　1918　「浙江玉環賢母曹府陳太孺人墓表」『婦女雑誌』4-7
林崗　1989　「民族主義，個人主義与五四運動」中国社会科学院科研局『中国社会科学』雑誌社編『五四運動与中国文化建設──五四運動七十周年学術討論会討論文選（上）』社会科学文献出版社
林雲嫻　1926　「新時代女子的幾件先決問題」『婦女雑誌』12-10
林震編　1918　『上海商業名録』商務印書館
林燦霞　1933　「使牠在文化史上得佔光栄燦爛的一頁」『女子月刊』1-5
知音　1926　「我的感想如是」『婦女雑誌』12-12
邱仁宗・金一虹・王廷光編　1998　『中国婦女和女性主義思想』中国社会科学出版社
金以林　2000　『近代中国大学研究』中央文献出版社
金祖沢　1915　「陳君佩忍母夫人五十寿序」『婦女雑誌』1-12
学部総務司編　1907　『光緒三十三年分学部第一次教育統計図表』学部総務司

参考文献

芮和師　1994　「以詞章擅場的小説名家──王西神評伝」欒梅健編『哀情巨子──鴛蝴派開山祖──徐枕亜』南京出版社
信庸　1920　「新婦女的人生観」『婦女雑誌』6-10
俞奇凡　1921　「恋愛和性欲的関係」『婦女雑誌』7-6
俞淑媛　1915　「婦人治家譚」『婦女雑誌』1-10
姚黄心勉　1933　「女子書店的第一年」『女子月刊』1-2
春城(訳)　1915　「美容術」『婦女雑誌』1-2
映蟾　1931　「新家庭主婦応有的幾種常識」『婦女雑誌』17-5
荘瑛　1915　「家事経済談（続）」『婦女雑誌』1-7
柳亜子　1936 a　「関於婦女問題的我見」『婦女専刊（申報副刊）』1
──　1936 b　「関於婦女問題的両大営壘」『婦女専刊（申報副刊）』4
胡品原　1919　「治家四要」『婦女雑誌』5-1
胡彬夏　1915　「美国胡桃山女塾之校長」『女子雑誌』1-1
──　1916　「節録；復施淑儀女士来書」『婦女雑誌』2-4
胡愈之　1990　『我的回憶』江蘇人民出版社
胡澎　2002　「従賢妻良母到新女性──19世紀末20世紀初中日婦女解放運動的一個側面」『日本学刊』2002-6
胡適　1918　「易卜生主義」『新青年』4-6
──　1930　「介紹我自己的思想」『新月』3-4
胡韞玉　1916　「陳母沈太君誄」『婦女雑誌』2-1
致堂　1921　「婦女思想的改造与文芸」『婦女雑誌』7-5
范姚倚雲　1915　「論為継母之義」『婦女雑誌』1-9
范尭生　1919　「本誌今後方針之研究」『学生雑誌』6-7
茅盾　1981　『我走過的道路』生活・読書・新知三聯書店
──　1990　『茅盾全集（二〇）』人民文学出版社
恒三　1926　「応具有幾個条件」『婦女雑誌』12-5
倪邦文　1997　『自由者尋夢──「現代評論派」総論』上海文芸出版社
唐力行　1999　『明清以来徽州区域社会経済研究』安徽大学出版社
唐華甫　1927　「束胸的患害」『婦女雑誌』13-7
唐鉞・朱経農・高覚敷編　1933　『教育大辞書』商務印書館
夏克培　1927　「論婦女束胸的謬誤」『婦女雑誌』13-7
夏東元編　1982　『鄭観応集（上）』上海人民出版社
夏蓉　2004　「20世紀30年代中期関于『婦女回家』与『賢妻良母』的論争」『華南師範大学学報（社会科学版）』2004-6

273

夏暁虹　1991　『覚世与伝世：梁啓超的文学道路』上海人民出版社
─────　2004　『晩清女性与近代中国』北京大学出版社
徐公仁　1926　「婦女職業問題」『婦女雑誌』12-6
徐松石　1919　「実用牝雛鶏困畜法」『婦女雑誌』5-8
徐楚影・陳新段　1987　「婦女雑誌」丁守和編『辛亥革命時期期刊介紹（五）』人民出版社
徐楚影・焦立芝　1984　「中国近代婦女期刊簡介(1898年～1918年)」丁守和編『辛亥革命時期期刊介紹（四）』人民出版社
徐鶴林　1926　「天性上的欠点」『婦女雑誌』12-12
徐亜生　1930　「訓政与婦女」『婦女雑誌』16-5
徐学文　1925　「対於本誌的意見（1）」『婦女雑誌』11-12
─────　1926　「応当防漸杜微」『婦女雑誌』12-2
晏始　1923　「重男軽女与重女軽男」『婦女雑誌』9-10
素芬　1925　「対於本誌的意見（4）」『婦女雑誌』11-12
荒林・大浜慶子・杉本文子　2004　「『賢妻良母主義』与中日婦女現状」『中国女性主義』2004-3
豹孫　1926　「一双呆鳥」『婦女雑誌』12-12
馬竜麦爾柯　調均（訳述）　1915　「女子発育時代之運動」『婦女雑誌』1-1
高山　1923　「新人的産生」『婦女雑誌』9-10
──　1924　「評女性中心説」『婦女雑誌』10-3
高郁雅　1999　「従『良友画報』封面女郎看近代上海的摩登狗児（Modern Girl）」『国史館館刊』復刊26
高翰卿・張蟾芬（口述）　氷厳（筆記）　1923　「本館創業史」『同舟』2-10
商務印書館編　1987　『商務印書館九十年（1897-1987）──我和商務印書館』商務印書館
─────────　1990　『最近三十五年之中国教育』上海書店
─────────　1992　『商務印書館九十五年（1897-1992）──我和商務印書館』商務印書館
屠哲隠　1924　「賢妻良母的正義：為『賢妻良母』四字弁護」『婦女雑誌』10-2
康白情　1918　「読王卓民君大学不宜男女同校商兌原論載本雑誌本年巻五号」『婦女雑誌』4-11
─────　1919a　「答難質論吾国大学尚不宜男女同校商兌之駁議有引」『婦女雑誌』5-4
─────　1919b　「絶対的男女同校」『少年中国』1-4

| | 1919 c | 「人権之賊」『少年中国』1-4 |
| 　　　　 | 1919 d | 「女界之打破」『少年中国』1-4 |

張元済　1981 a　『張元済日記（上）』商務印書館
　　　　1981 b　『張元済日記（下）』商務印書館
　　　　1997　『張元済書札』商務印書館
張友鸞・陳東原　1922　「女子問題（一）胡適之先生講演」『婦女雑誌』8-5
張玉法　2000　「近代中国婦女史研究的回顧」陳三井編『近代中国婦女運動史』近代中国出版社
張希遠　1921　「従実際上観察中国旧婦女的弱点」『婦女雑誌』7-8
張喜梅　2001　「王雲五対図書館事業的貢献」『国家図書館学刊』2001-3
張登仁　宋国枢（訳）　1919　「説女子教育」『婦女雑誌』5-5
張嫻　1922 a　「婦女自身的覚醒——日本有島武郎著」『婦女雑誌』8-7
　　　1922 b　「賢母良妻与愚母悪妻——日本中村吉蔵著」『婦女雑誌』8-7
張暁麗　1998　「『新青年』的女権思想及其影響」『史学月刊』1998-4
張樹年・張人鳳編　1992　『張元済蔡元培往来書信選集』台湾商務印書館
張燕風　1994 a　『老月份牌広告画（上）論述篇』漢声雑誌社
　　　　1994 b　『老月份牌広告画（下）図像篇』漢声雑誌社
張静廬編　1959　『中国現代出版史料（甲）』中華書局
張恵芝　1997　「試探早期的中国学生運動」『河北師院学報（社会科学版）』1997-1
彬夏　1916 a　「美国少年」『婦女雑誌』2-2
　　　1916 b　「美国家庭」『婦女雑誌』2-2
患生　1926　「女子剪髪」『婦女雑誌』12-19
教育部教育年鑑編纂委員会編　1934　『第一次中国教育年鑑（丁）』開明書店
曹楊廉蔭　1918　「治家之経験談」『婦女雑誌』4-1
梁文俊　1927　「我国家庭的黒暗急宜改良的意見」『婦女雑誌』13-1
梁令嫻　1915　「敬述吾家旧道徳為婦女雑誌祝」『婦女雑誌』1-1
梁頎　1926　「婦女解放与職業問題」『婦女雑誌』12-12
梁甌第・梁甌霓　1936　『近代中国女子教育』正中書局
梁啓超　1897 a　「変法通議・論女学」『時務報』23・24
　　　　1897 b　「倡設女学堂啓」『時務報』45
　　　　1926　『飲氷室文集（三）』中華書局
　　　　1936　『飲氷室専集（二）』中華書局
梅　1920　「解放与建設」『婦女雑誌』6-1
梅儷　1926　「我国婦女教育今後的趨勢」『婦女雑誌』12-11

淡園　　　1928　「母教的勢力」『婦女雑誌』14-10
許伴山　　1926　「鬱結時的我所思」『婦女雑誌』12-5
許慧琦　　2002　「去性化的『娜拉』——五四新女性形象的論述策略」『近代中国婦女史研究』10
―――　　2003　『「娜拉」在中国——新女性形象的塑造及其演変（1900 s-1930 s）』国立政治大学歴史学系
―――　　2005　「訓政時期的北平女招待(1928-1937)——関於都市消費与女性職業的探討」『中央研究院近代史研究所集刊』48
郭沫若　　1937　「旋乾転坤論——由賢妻良母説到賢夫良父」『婦女生活』4-1
郭魁武　　1926　「覚的太無知識了」『婦女雑誌』12-12
陳友琴　　1924　「中国商業女子的現状」『婦女雑誌』10-6
陳以益　　1909　「男尊女卑与賢母良妻」『女報』1-2
陳以愛　　2002　「学術与時代——整理国故運動的興起，発展与流衍」国立政治大学歴史学系博士学位論文
陳代光　　1997　『広州城市発展史』暨南大学出版社
陳玉堂編　1993　『中国近現代人物名号大辞典』浙江古籍出版社
陳光鼎　　1928　「婦女運動与婦女今後所当注意的」『婦女雑誌』14-9
陳百年　　1925　「一夫多妻的新護符」『現代評論』1-14
陳伯吹　　1926　「覚悟後的懺悔」『婦女雑誌』12-12
陳罕敏　　1928　「離婚与家庭及道徳問題」『婦女雑誌』14-8
陳其善　　1921　「女子在改造時代的自覚」『婦女雑誌』7-4
陳周碧霞　1933　「希望你們照著発刊宗旨去做」『女子月刊』1-2
陳明遠　　2001　『文化人与銭』百花文芸出版社
陳東原　　1928　『中国婦女生活史』上海商務印書館→1994　台湾商務印書館　複刻
陳姃湲　　2002 a　「近代中国「賢妻良母」論之多樣化——以『婦女雑誌』上的賢妻良母言論為分析」『中国史研究』20
―――　　2002 b　「簡介近代亜洲的「賢妻良母」思想——従回顧日本・韓国・中国的研究成果談起」『近代中国婦女史研究』10
―――　　2003 c　「江亢虎社会主義思想的形成過程——従興女学到鼓吹社会主義」『思与言』41-2
―――　　2004　「『婦女雑誌』(1915-1931)十七年簡史——『婦女雑誌』何以名為婦女」『近代中国婦女史研究』12
―――　　2005 b　『従東亜看近代中国婦女教育——知識份子対「賢妻良母」的改造』

稲郷出版社
陳品娟女士　1926　「受婦女的賞賜」『婦女雑誌』12-12
陳培愛　2001　『中外広告史：站在当代視角的全面回顧』中国物価出版社
陳祥雲　1926　「中国婦女与経済」『婦女雑誌』12-12
陳澔　1987　『礼記集説』上海古籍出版社
陳德軍　2002　「南京政府初期的「青年問題」――従国民識字率角度的一個分析」
　　　　　　　『江蘇社会科学』2002-1
陳德徴　1922　「性愛的価値」『婦女雑誌』8-9
陳独秀　1916　「一九一六年」『新青年』1-5
黄克武　1988　「従申報医薬広告看民初上海医療文化与社会生活（1912～1926）」
　　　　　　　『中央研究院近代史研究所集刊』17（下）
黄河済　1920　「新婦女応有的覚悟」『婦女雑誌』6-10
黄俊琬　1928　「黔陽婦女的生活状況」『婦女雑誌』14-1
黄菊艷編　1995　『近代広東教育与嶺南大学』商務印書館
黄裔　1991　「追本溯源――重談『現代評論』」『中国文学研究』1991-4
章元善　1916　「居家房屋之構造」『婦女雑誌』2-4
章錫琛　1925 a　「国民会議与女国民」『婦女雑誌』11-5
――――　1925 b　「女学生的人生観」『婦女雑誌』11-6
――――　1931　「従商人到商人」『中学生』11
章縄以　1926　「為姉妹們進一忠告」『婦女雑誌』12-5
喬治　1927　「新女子応具的条件」『婦女雑誌』13-2
喬峯　1923　「廃娼的根本問題」『婦女雑誌』9-3
彭季能　1920　「今日中国女子応覚悟的一点――自己的責任」『婦女雑誌』6-6
彭善彰　1927 a　「解決婦女職業的幾個問題」『婦女雑誌』13-5
――――　1927 b　「輓近婦女運動的失敗及其救済」『婦女雑誌』13-10
彭道明　1926　「非独身主義」『婦女雑誌』12-2
覚時女士　1927　「瞌睡十八年」『婦女雑誌』13-2
景蔵　1919　「今後雑誌界之職務」『東方雑誌』16-7
曾健戎・劉耀華編　1986　『中国現代文壇筆名録』重慶出版社
游桂芬　1915　「論女子教育当注重道徳」『婦女雑誌』1-6
游鑑明　2001　「千山我独行？――廿世紀前半期中国有関女性独身的言論」『近代
　　　　　　　中国婦女史研究』9
渺一　1925　「理想上応有的条件」『婦女雑誌』11-11
無競　1923　「女性之建設的生活与性的道徳」『婦女雑誌』9-10

277

程謫凡　1934　『中国現代女子教育史』中華書局
童貞　1915　「養魚術」『婦女雑誌』1-6
舒新城編　1933　『近代中国留学史』中華書局
────　1961　『中国近代教育史資料』人民教育出版社
華君　1931　「西洋婦女束胸与束腰的起源」『婦女雑誌』17-1
賀昌群　1930　「日本的一般社会和婦女生活」『婦女雑誌』16-7
貴志浩　2000　「発見与逃離──『娜拉現象』之女性意識透析」『浙江師大学報・社会科学版』25-3
逸紋　1926　「只為了一些虚栄」『婦女雑誌』12-12
雁冰　1920　「我們該怎樣予備了去譚婦女解放問題」『婦女雑誌』6-3
雲舫　1920　「改造時代的婦女応具什麼資格」『婦女雑誌』6-6
雲鶴　1922　「性的新道徳之基礎」『婦女雑誌』8-5
斌　1925　「対於本誌的意見（5）」『婦女雑誌』11-12
甯菱秋　1928　「這是我限制婦女剪髪的意見」『婦女雑誌』14-6
意紅　1931　「作了母親連帯想到作了妻子」『婦女雑誌』17-1
蒋純焦　1999　「五四前後教育論争述論」『河北師範大学学報（教育科学版）』1999-3
愛瓊女士　1926　「近年来我所注意的事」『婦女雑誌』12-5
楊干青　1923　「対於婦女運動的幾個意見」『婦女雑誌』9-5
楊長陞　1923　「対於学校限制閲読婦女雑誌的憤慨」『婦女雑誌』9-11
楊英杰　1991　『清代満族風俗史』遼寧人民出版社
楊揚　2000　『商務印書館：民間出版業的興衰』上海教育出版社
楊興梅　1998　「南京国民政府禁止婦女纏足的努力及其成効」『歴史研究』3
瑟　1922　「恋愛与性慾」『婦女雑誌』8-8
瑟廬　1919　「婦女之解放与改造」『婦女雑誌』5-12
────　1920a　「近代思想家的性欲観与恋愛観」『婦女雑誌』6-10
────　1920b　「性的道徳底新傾向」『婦女雑誌』6-11
────　1921　「到婦女解放的途径」『婦女雑誌』7-1
────　1923a　「婦女運動的新傾向」『婦女雑誌』9-1
────　1923b　「現代青年男女配偶選択的傾向」『婦女雑誌』9-11
────　1924　「最近十年内的婦女界」『婦女雑誌』10-1
董純標　1926　「我所望於現代新婦女者」『婦女雑誌』12-8
董錦瑞　2004　「胡愈之与百年『東方』」『編輯学刊』2004-4
解世芬女士　1925　「対於本誌的意見（3）」『婦女雑誌』11-12

詹渭　　1926　「男女同学中女性的観察及批評」『婦女雑誌』12-12
賈植芳編　　1990　『中国現代文学辞典』上海辞典出版社
雷良波・陳陽鳳・熊賢軍　1993　『中国女子教育史』武漢出版社
寧人　　1926　「読婦女問題十講」『婦女雑誌』12-3
廖久明　　2005　「救亡再次圧倒啓蒙──『五卅運動』与第二次思想革命的夭折」
　　　　　　　　『二十一世紀』2005-12
廖国芳　　1928　「我国婦女的優点及劣点（三）」『婦女雑誌』14-11
碧遥　　1935　「廿四年来中国婦女運動走過的路程」『婦女生活』1-4
臧建　　1994　「婦女職業角色衝突的歴史回顧──関于婦女回家的三次論争」『北京
　　　　　　　　党史研究』1994-2
裴毅然　　2000　『二〇世紀中国文学人性史論』上海書店出版社
趙究龘　　1926　「陳二小姐」『婦女雑誌』12-12
趙美玉　　2004　「抗戦前『婦女回家』論興起的原因」『哈爾浜学院学報』25-2
趙家璧編　　1935　『郁達夫散文二集』上海良友図書印刷公司
趙淑萍　　1996　「民国初年的女学生（1912～1928）」国立台湾師範大学歴史研究所
　　　　　　　　碩士学位論文
趙棟臣　　1925　「対於本誌的意見（7）」『婦女雑誌』11-12
徳恩　　1928　「今後我国婦女応有的覚悟」『婦女雑誌』14-6
徳馨　　1927　「処女的疑竇与難関」『婦女雑誌』13-7
銭基博　　1915　「呉江麗則女中学国文教授宣言書」『婦女雑誌』1-11
劉人鵬　　2000　『近代中国女権論述──国族，翻訳与性別政治』台湾学生書局
劉大杰　　1935　『易卜生』商務印書館
劉瑥　　1915　「発刊詞（二）」『婦女雑誌』1-1
劉巨才　　1989　『中国近代婦女運動史』中国婦女出版社
劉再復　　1997　「百年来中国三大意識的覚醒及今日的課題」『歴史月刊』110
劉志琴編　　1998　『近代中国社会変遷録（三）』浙江人民出版社
劉長飛・王紅坤　　2001　「中国第一代女大学生的産生」『中華女子学院山東分院学
　　　　　　　　報』2001-3
劉洪権　　2004　「王雲五与商務印書館的古籍出版」『出版科学』2004-2
劉晶輝　　2002　「論中国東北淪陥時期対賢妻良母主義的倡導」李小江他『歴史，史
　　　　　　　　学与性別』江蘇人民出版社
劉曾兆　　1997　「清末民初的商務印書館──以編訳所為中心之研究（1912-1932）」
　　　　　　　　国立政治大学歴史学系碩士学位論文
劉寧元編　　1999　『中国女性史類編』北京師範大学出版社

劉慧英　2006a　「従女権主義到無政府主義——関於何震与『天義』」『中国現代文学叢刊』2006-2
――――　2006b　「被遮蔽的婦女浮出歴史叙述——簡述初期的『婦女雑誌』」『上海文学』2006-3
劉濤・王玉海　2003　「日本実践女学校対近代中国女子教育的影響」『内蒙古社会科学（漢文版）』24-3
潘云唐　2003　「杜氏三傑——我国科技述語工作的先駆」『科技述語研究』5-3
魯迅　1925　「編完写起」『莽原』4
――――　1958a　『魯迅全集（九）』人民文学出版社
――――　1958b　『魯迅全集（七）』人民文学出版社
――――　1982　『魯迅全集（三）』人民文学出版社
――――　1989　『魯迅全集（一三）』人民文学出版社
盧効彭　1918a　「物価騰貴与家庭養鶏」『婦女雑誌』4-7
――――　1918b　「美国家庭可供取法之優点」『婦女雑誌』4-10
盧燕貞　1989　『中国近代女子教育史（1895〜1945）』文史哲出版社
頼恵敏　1994　「清代皇族婦女的家庭地位」『近代中国婦女史研究』2
鮑家麟　2000　「晩晴及辛亥革命時期」陳三井編『近代中国婦女運動史』近代中国出版社
鴛湖寄生　1918　「家庭園芸談」『婦女雑誌』3-12
儲禕　1928　「我国婦女的優点及劣点（一）」『婦女雑誌』14-11
濱下武志　2004　「全球化中的東亜地縁文化——「日本与亜洲」和「亜洲中的日本」的自他認識的異同」中国社会科学研究会編『中国与日本的他者認識』社会科学文献出版社
謝長法　1995　「清末的留日女学生」『近代史研究』1995-2
――――　1996　「清末的留日女学生及其活動与影響」『近代中国婦女史研究』4
謝菊曾　1983　『十里洋場的側影』花城出版社
謝遠定　1924　「対於青年婦女的静言」『婦女雑誌』11-4
謝暁霞　2002a　「商業与文化的同構『小説月報』創刊的前前後後」『中国現代文学研究叢刊』2002-4
――――　2002b　「過渡時期的雑誌：1910年—1920年的『小説月報』」『寧夏大学学報（人文社会科学版）』2002-4
藎珍　1915　「余之忠告於女学生」『婦女雑誌』1-4
瞿兌之　1995　『椿廬所聞録・故都聞見録』山西古籍出版社
瞿宣穎　1919　「共同教育論之弁護」『婦女雑誌』5-3

聶管臣　　1918「儲蓄談」『婦女雑誌』4-6
顔筠　　　1924　「今日婦女的二難」『婦女雑誌』10-3
鵑儂　　　1915　「家庭蔬菜園芸学」『婦女雑誌』1-3
羅家倫・胡適　1918　「娜拉（A Doll's House)」『新青年』4-6
羅澍偉編　　1993　『近代天津城市史』中国社会科学出版社
羅蘇文　　1996　『女性与近代中国社会』人民出版社
蘋実　　　1927　「唐朝婦女的化粧」『婦女雑誌』13-3
鐘煥鄴　　1926　「女子教育的責任問題」『婦女雑誌』12-3
鐘詳財　　1997　「鄭氏規範的家政管理思想」『社会科学』1997-11
飄萍　　　1915 a　「実用一家経済法」『婦女雑誌』1-8
──　　　1915 b　「実用一家経済法（続）」『婦女雑誌』1-9
飄萍女士　1915　「理想之女学生」『婦女雑誌』1-3
顧綺仲　　1926　「婦女与職業的関係性」『婦女雑誌』12-12
顧学苑　　1928　「奉天的婦女」『婦女雑誌』14-1
鶯儀　　　1917　「理想之模範家庭」『婦女雑誌』3-7

韓国語文献（著者名のハングル語順）

金景姫　　1985　「韓国近代女性私学의展開過程에関한研究」『誠信研究論文集』21
金仁子　　1973　「韓国女性의教育의人間像의変遷過程」『亜細亜女性研究』12
金恵水　　2000　「1950年代韓国女性의地位와賢母良妻論」『蘭谷李銀順教授停年記念史学論文集』論文執行委員会
権賢珠　　2005　「女性의能力을排除한明代의女性観」梨花女子大学校中国女性史研究室編『中国女性，神話에서革命까지』西海文集
다니에다가코　2003　「韓国의規範的女性像에関한考察──賢母良妻이데올로기를中心으로」高麗大学校碩士学位論文
文玉杓　　2003　『新女性』青年社
朴容玉　　1984　『韓国近代女性運動史研究』韓国精神文化研究院
孫仁鉄　　1977　『韓国女性教育史』延世大学校出版部
申栄淑　　2000　「日帝時期賢母良妻論과그実状研究」『서울女子大学校女性研究所女性学論叢』14
안미영　　2003　「韓国近代小説에서헨릭입센의『人形의家』受容」『比較文学』30
李能和　　1927　『朝鮮女俗考』東洋書院
李東二　　2000　「『現代評論派』와『語糸派』의論争研究──『改良主義』와『革命主義』의対立構図를中心으로」延世大学校碩士学位論文

梨花女子大学校韓国女性史編纂委員会編　1972　『韓国女性史・附録』梨花女子大学校出版部
李効再　1987　「女性運動」　大韓民国文教部国史編纂委員会編『韓民族独立運動史第二国権守護運動Ⅱ』大韓民国文教部国史編纂委員会
趙恵貞　1988　『韓国의女性과男性』　文学과知性社
池賢淑　2000　「北平市의中学男女分校令（1935年）実施를통해본賢母良妻教育」『東洋史学研究』72
──　2003　『南京国民政府（1928-1937）의国民統合과女性──新賢母良妻教育을中心으로』梨花女子大学校博士学位論文
川本綾　1999 a　「韓国과日本의賢母良妻思想，開化期로부터1940年代前半」沈英姫・鄭鎮星・尹浄老編『母性의談論과現実──어머니의性，삶，正体性』나남出版
──　1999 b　『朝鮮과日本에서의賢母良妻思想에관한比較研究──開化期로무부터 1940年代前半을中心으로』서울大学校碩士学位論文
최지영　1992　「헨릭입센의『人形의집』이近代韓国의女性解放運動과演劇에끼친 影響」中央大学校碩士学位論文
최혜실　2000　『新女性들은무엇을꿈꾸었는가』생각의나무
河炫綱　1976　「朝鮮後期의社会와女性観의変動」『梨花史学研究』9
韓国女性研究会女性史分科編　1992　『韓国女性史・近代編』풀빛
洪淳淑　1985　「旧韓末女性教育機関設立者의教育観에関한研究──1880年부터1910年까지」梨花女子大学校碩士学位論文
洪良姫　1997　「日帝時期朝鮮의賢母良妻女性観의研究」漢陽大学校碩士学位論文
──　2000　「韓国賢母良妻論과植民地『国民』만들기」『歴史批評』52
──　2001　「日帝時期朝鮮의女性教育──賢母良妻教育을中心으로」『韓国学論集』35

あとがき

　本書を手にとった読者たちは，果たしてどのような期待と予測を抱いて，ページを開けるのだろうか。『列女伝』の「良妻賢母」バージョンを想像する読者もいるだろうし，東アジア各国で微妙に異なる「良妻賢母」の役割が比較考察されることを期待する読者もいるだろう。なかには，近代日本の良妻賢母主義を連想して手を伸ばす女性史研究者がいるかもしれない。しかし，本書の取り上げる「良妻賢母」は，おそらくそのいずれにもぴたりとは当てはまらない。「良妻賢母」と呼ぶに相応しい女性たちも登場しなければ，良妻賢母主義という——あたかもそれぞれの女性たちに内在化されているような——規範がテーマであるわけでもなく，さらには女性に対する歴史という意味での女性史とも言いがたい。

　「良妻賢母」は女性そのものを指す代名詞である以上に，彼女たちを囲む社会的条件と歴史的文脈の結晶として，妻であり母であるという役割をもって，女性たちの本来の体温と表情を打ち消してきた鎧と兜でもある。本書はそのような兜と鎧の裏に隠れた一人一人の女性ではなく，その社会的役割の内容を形づくってきた外部的条件により注目する。つまり，「良妻賢母」の内容を決定してきたさまざまな歴史的文脈を再現させると同時に，それらをつなぎあわせることで，いまや忘れられてしまった近代東アジア各国史のあいだのつながりを，さらには近代中国史の異なる社会文脈のあいだの有機的関係を，再度組み立ててみることこそが本書の試みなのである。

　これまで女性史研究をとりまく環境には，他の歴史研究分野とのより緊密な交流と対話を難しくするさまざまな要因が存在してきたように思う。ただ，女性史は女性——男性と区別される意味での——にまつわる歴史である以上に，そのような性別区分をフィルターにして，再度濾過された歴史記述の方法でもある。このような理解をふまえれば，あえて「女性」という枠組みから一歩は

ずれて，女性史を記述する本書の試みも有効なのではなかろうか。

　女性史をめぐるこのような私の態度は，研究者としての生い立ちとも無関係ではない。私は二人の師をもつ。龍谷大学の濱下武志先生と台湾中央研究院の劉素芬先生である。関連してまわりからもっともよく聞かれることは，お二人の専門領域と私のそれとのズレである。沖縄や華僑研究で知られる濱下先生や，中国と台湾の近現代経済史を専門とする劉先生の門下から，女性史の専攻者が育つとは誰もが首をかしげてしまうかもしれない。本書はそのような疑問に対する答えであると同時に，ご専門とは言いがたい女性史に対して——研究対象としてだけではなく，研究の方法としてまで——，常に強い関心と篤い期待をもちつづけるお二人によって，私の研究が導かれてきた印ではなかろうか。

　本書は私が東京大学大学院に提出した博士論文がもととなっている。最初のひらめきは，瀬地山角先生の力作，『東アジアの家父長制』（勁草書房，1996年）を読んだことによる。博士課程に進学してまもなく，濱下先生から教えていただいた同書には，日本語の「良妻賢母」や韓国語の「賢母良妻」だけではなく，「賢妻良母」という中国語もあると書かれてあった。さらにそのいずれも，儒教とも古代とも関係がないという。1999年真冬のことである。ちょうど4年半が過ぎた2003年6月の論文審査では，並木頼壽先生，村田雄二郎先生，黒田明伸先生および吉澤誠一郎先生から，示唆に富む数あるご指摘をいただけたので，意気衝天に張り切って修正にとりかかった。しかし，思いのほか難航を重ねてしまった修正作業は3年を軽く超え，諦めようと考えたことも1，2回ではなかった。

　第I部の構想は，濱下武志先生の東アジア歴史に対する数ある論著に大きく導かれている。より具体的にいえば，いままでナショナル・ヒストリーという枠組みのなかに閉じこまれてきた嫌いのある歴史記述を解き放し，国境を超えて東アジアという域内から歴史事象を還元させるという構想である。その実践的な試みの道具となったのが，日本，中国，韓国という国境を超えて，東アジア全域を覆う網目としてとらえられた「良妻賢母」である。ただ，すでにナショナル・ヒストリーの文脈のなかに織りこまれている「良妻賢母」を解きだすためには，それらが交錯しあう結び目に存在する具体的な歴史的事実を見いださせなければならない。なかでも日中関係史の文脈に注意する本書では，近代中

国女性史研究の先駆的な存在である小野和子先生に多くの示唆をいただいている。それだけではない。女性としての一般的なライフサイクルとはかなりかけ離れてしまったかもしれない私にとって，先生とのふれあいは学問としての女性史そのものが経てきた歴史的，社会的文脈をも吟味する大事なきっかけとなった。心よりお礼を申し上げます。

　第Ⅱ部は問題意識と分析対象がすべてがらりと入れ替わるだけあって，全体の構想を暖めるためにとりわけ長い時間がかかった。メディア史には常に興味をもってきたが，それを女性史や思想史の前提として融合させることは決して容易ではなかったためである。解決の兆しが見えてきたのは，劉素芬先生から「方法としての女性史」であると勧められて，岸本美緒先生の『明清交替と江南社会』（東京大学出版会，1999年）を読んでからである。なるほど，「神の如き高みに立った超然たる観察」によってではなく，「社会の片隅で選択する個々の人々の行動，その集合」としてとらえられる社会像は，伝統的に「片隅」に処されがちだった女性たちの目線から眺められた世界像にも一脈相通じるものではなかろうか。そのような「片隅」で起きた小さな変容が，たとえば「バタフライ効果」のように全体に波及されていく様子を，メディアをとりまいて有機的につながっている社会の生態から検証してみたいと思った。

　それは伝統や権力の抑圧から女性が解放されていく過程を重視する女性史記述に対して，女性側からも起こりうる変化の可能性をより期待する見方であり，数人の先覚者によって新思潮が翻訳紹介された「始点」に重きをおく思想史記述に対して，いったん輸入された新思潮がどのようにして個々の人々の脳裏へと滲んでいったかという問題により注目する立場である。このような構想を中国近代史のカテゴリーのなかで実践するうえでは，二人の若手研究者の力作に大きく導かれた。一人は『学生雑誌』に関する詳細でかつ気鋭な著書を記した王飛仙さんであり，もう一人は都市文明のなかで可変的に変容されてきた中国女性の役割を考察してきた許慧琦さんである。彼女たちの真摯な仕事には，深く感謝してやまない。

　しかし，以上のような構想と先行研究を土台にして，そのまま本書ができあがったわけではない。歴史研究は資料の収集と解釈だけで完成されるわけではなく，執筆とはすでにできあがった研究結果を整理する段階にとどまらない。

自らと異なる立場に立っているかもしれない読者が想定されるときに，執筆はあえていったん自分のスタンスを離れてみることを前提にしなければならない。韓国人である私が，日本語読者のために中国史を書き上げることは，そのような境界を吟味しつつ，自分の思考を絶えず他者化，社会化させていく過程でもあった。国境で区切られるそれにかぎらず，あらゆるレベルで異なる理解と解釈の可能性を認識したことこそが，本書の起点となったのである。そして出版は，次なる研究の起点としての読者との出会いとなってくれるだろう。

　改めていうこともないが，本書の試みはまだ完成されたわけではない。第一に，ナショナル・ヒストリーを克服する道具として，「良妻賢母」が孕む問題がある。「良妻賢母」「賢妻良母」「賢母良妻」という語形が国ごとに定着したのは，もうひとつのナショナリズムの産物である「近代国語」体系が確立したことと無関係ではない。いいかえれば，真にナショナル・ヒストリーを超えるためには，台湾語，うちなんちゅーなど，「近代国語」体系の外へと追い出されてしまった言語体系にも視野を広げなければならない。第二に，メディア史記述と関連して，どのようにして執筆者や編集者など発信者ではなく，読者という受信者をその生態サイクルの起点にとらえなおしうるかという問題がある。公共領域が形成されつつある近代社会のメディアを対象に，読者の具体的な全貌を浮かび上がらせるためには，より広い範囲における資料発掘と同時に，研究方法に対するさらなる検討を待たなければならないだろう。以上で指摘した二点をも含めて，読者のみなさんの厳しい叱責と豊富な意見によって，より完成された次なる研究が導かれることを期待してやまない。

　最後に，本書ができあがるまで，近くで，また遠くから応援を続けてくださった多くの方々に感謝します。なかでも，私のような無名の若手研究者のために，快く出版の機会を与えてくださっただけではなく，3年を超える長い時間を根気よく見守ってくださった，勁草書房編集部の町田民世子さんに深くお礼を申し上げます。

　　　台北にて　　2006 年 9 月

陳　姃湲

人名索引 日本語読みの五十音順

ア 行

アダム・スミス　Smith, Adam　213
阿部吉雄　101
郁達夫　167, 194
伊藤博文　89, 116, 126
イプセン　Ibsen, Henrik　14, 146, 193-196, 198, 212, 236
巌谷孫蔵　97
エレン・ケイ　Key, Ellen　7, 146, 236
王雲五　149-150, 152-153, 163, 167-168
王蘊章　140, 144, 160, 165-166, 174, 243
王世杰　167
王卓民　208-210, 216
尾崎行雄　56
小野和子　91, 93, 103, 108, 113, 117-118, 120-121, 285

カ 行

夏丐尊　166
郭沫若　4, 14
カックラン　Cochran, George　84
桂川甫周　63
樺山資紀　77, 84, 124
神尾光臣　98, 122
加美田操子　125
亀田操子　125
川本綾　40-44, 57-58
カント　Kant, Immanuel　213
菊池大麓　31, 56, 78, 84
許慧琦　6, 14-15, 193, 197-198, 200, 204, 212-214, 223-226, 243-244, 248
金雲谷　55
瞿宣穎　208, 210, 216
クラーク　Clark, Edward Warren　84

倪文宙　166
黄惟志　166
高一涵　167
向警予　236
江亢虎　114, 125-126
康白情　208-211, 216
康有為　80-82
江勇振　203-204, 214
洪良姬　14, 25, 35, 39-44, 54-58
顧炎武（亭林）　187
胡学之　166
呉覚農　166
顧頡剛　167, 216
呉汝綸　98
胡適　149, 152-153, 167-168, 194-196, 202, 212, 236
胡敦復　174
胡彬夏　96, 160, 164-165, 174-177, 182, 189-190
小山静子　19, 26, 28-30, 32-34, 52, 56-57, 61-62, 67, 109
胡愈之　136, 153, 166

サ 行

蔡元培　132, 149
佐伯園子　125
佐藤一斎　63
施淑儀　189
島田重礼　102
下田歌子　10-11, 86-98, 102-103, 110-111, 116-123, 177, 251
下田猛雄　89
周恩来　4
秋瑾　102, 123
周建人（高山, 克士）　145-146, 150-153, 166-

287

	167, 202, 214, 218
周作人	166, 194, 236
戢翼翬	121-122
蒋英	243
蒋介石	247
昭恵王后	55
蒋経国	18
章錫琛（瑟盧）	143-147, 149-158, 160, 165-169, 201-202, 204-205, 216, 218, 220, 236-237, 243
章太炎	194
蒋鳳子	166
蒋方良	18, 53
邵力子	236
徐志摩	167
徐枕亜	165
徐澹仙	243
申栄淑	43, 57
秦学新	55
秦学冑	55
スペンサー Spencer, Herbert	56
スマイルズ Smiles, Samuel	72, 75, 83-85
西太后	88, 97-98, 101-103, 111, 114, 116, 118, 122
瀬地山角	14, 34-35, 54, 56-57, 59, 173, 284
銭豊保	121
宋時烈	55
孫文（孫逸仙）	106, 121

タ 行

戴鴻慈	126
舘かおる	26-27, 32
田中不二麿	66
端方	125-126
池賢娀	15, 50, 58-59, 247, 249
張近芬	166
趙恵貞	13, 38, 57
張継	121
張元済	132, 141-144, 149, 163-164, 168, 192

張梓生	166
張百熙	101, 122
沈鈞	112-116, 124, 126
陳彦安	121
陳源	167-168
沈従文	167
陳大斉（陳百年）	150-151, 167
陳東原	45-46, 81, 168, 202, 205, 257
陳独秀	194, 198, 236-237, 242
陳徳徴	166-167
陳友琴	166, 215
坪内逍遥	212
程婉珍	166
程瀚章	220, 243
鄭振鐸	153
ティモシー・リチャード Timothy, Richard	190
杜亜泉	154
唐景崇	125-126
陶孟和	167
杜就田（農隠）	154-155, 157, 159-160, 168, 218, 220, 243

ナ 行

中村正直	10, 29, 54, 60-77, 79-86, 89-90, 251
ナポレオン Napoleon, Bonaparte	84
ニーチェ Nietzsche, Friedrich Wilhelm	213
ニヴァール Nivard, Jacqueline	159, 163, 165, 174, 198, 217, 221, 236
西周	82

ハ 行

服部宇之吉	10-11, 54, 86-88, 97-120, 122-126
服部繁子	98-99, 102, 113, 123, 125
万春渠	243
平尾鉾蔵	89
ひろたまさき	28, 57

288

索　引

深間内基　56
深谷昌志　26-28, 30, 32, 34, 54, 56, 61, 71-72, 77-78, 88-89, 109
福沢諭吉　82, 84, 86
藤田駒子　125
傅斯年　216
フレベール　Frobel, Friedrich　84
聞一多　167
ベーベル　Bebel, August　7, 146
茅盾（沈雁冰）　144, 149, 166, 194, 196, 201
葆淑舫　126
ホブズボーム　Hobsbawm, Eric　1, 2, 13, 254

マ　行

マーチン　Martin, William A. P.　122
松平定信　55, 124
マドレーヌ・ペルティエ　Pelletier, Madeleine　213
ミル　Mill, John S.　54, 56, 61, 71, 75, 77, 79, 84-85, 213
森有礼　29, 54-55, 75-76, 84, 86
森田千世　61-62, 70, 73-75, 77, 84
モンテスキュー　Montesquieu, Charles de Secondat baron de　213

ヤ　行

山川菊栄　54, 61, 63, 65, 68, 70-75, 77, 83

俞平伯　216
姚毅　6, 14-15, 21, 35, 50, 54, 58-59, 88, 173, 225, 257
楊賢江　166
楊之華　236
楊潤余　160, 168
楊振声　167, 216
葉聖陶　153, 160, 168

ラ　行

羅家倫（志希）　142-143, 165, 212, 216
ラッセル（Russell, Bertrand）　236
李済貞　125
李宗武　166
李能和　57
柳亜子　4, 14
劉肖雲　54, 58, 61
梁啓超　21-22, 45-46, 62, 79-82, 85, 189, 194
梁就明　215
梁令嫻　171, 189
林吉玲　48-50, 58
林語堂　4, 14
連玲玲　Lien, Lingling　50-51, 58-59, 173
魯迅　149, 151-152, 165, 167-168, 195, 212
呂美頤　13-14, 47-50, 54, 58-59, 146, 171, 248, 257

289

事項索引 日本語読みの五十音順

ア 行

愛国女学校　124
「医事衛生顧問」220, 243, 245
陰陽五行説　24-25
ウェルズリー大学　Wellesley College　174
『英文雑誌』　163-164
鴛鴦蝴蝶派　140, 165
大阪内国勧業博覧会　215
『温氏母訓』　257
『女四書』　24, 55, 89
『女大学宝箱』　24, 84
「女は才能がないことが徳」22, 55, 60, 79, 81, 86, 255-256

カ 行

『戒女書』　24, 55
開明書店　157-158
『傀儡家庭』　212
『鑑草』　24
学習院　89
『学生雑誌』　140, 142, 163-165, 285
家政　31, 122, 137-138, 170, 178-179, 181-185, 188-190, 241, 257
華族女学校　89, 92
花瓶　15, 217, 223, 225, 238
漢城高等女学校　36
『玩物之家』　212
『教育雑誌』　164
共産党　158, 236, 247
京都橘女子大学　57
『狂飆』　151
『京報』　147
『儀礼』　104, 123
義和団　96-97, 99, 122

「欽定学堂章程」59, 101
訓政　247
『恵興女学報』　133
『経済雑誌』　164
京師大学堂　10, 87-88, 97-101, 109, 122-123, 125-126
京師同文館　122
京城帝国大学　99
経正女塾　163
『現代評論』　150-152, 167
現代評論派　151-154, 167-168
『現代婦女』　166
『権理提綱』　56
広益書局　133
「高等女学校規定」　30
「高等女学校施行規則」　57
「高等女学校令施行規則」　56, 76
「高等女学校令」(朝鮮)　36, 57
「高等女学校令」(日本)　29-30, 57, 76-77, 84, 87, 109, 124
『紅楼夢』　156
国民党　4, 15, 50, 158, 236, 247-248, 250
滬江大学　215
五・三〇事件　153, 169
『語糸』　151
語糸派　151-154
『古文観止』　156

サ 行

『西国立志篇』　65, 72, 83-85
作新社　121
三一独立運動　37
3K主義　248
『時事新報』　166
静岡学問所　84

290

索引

『自然界』　153, 164, 166
実践女学校　87, 93-94, 96-98, 102, 110, 120-121, 123, 174
『児童雑誌』　164
『時務報』　80, 85
上海学術団体対外連合会　153
『自由書』　85
『自由之理』　54, 61, 65, 83, 85
『周礼』　104, 123
『自由論』On Libery　54, 61, 85
『順天時報』　54-55, 87, 120-121, 123-126
『小説月報』　140, 142-144, 146-147, 163-165
『少年雑誌』　164
『少年中国』　143, 216
少年中国学会　216
昌平学問所　63
昌平黌　63-64
商務印書館　131-132, 134-146, 148-166, 168, 174, 189, 218, 227, 235, 237, 244
女学伝習所　114, 118, 125-126
『女学報』　131, 163
『女鑑』　20-21, 54
女強人　6, 14
『女訓抄』　24
女紅　126
女国民会　124
女子教育会　21, 55
『女子訓』　24
女子後援会　124
女子工芸学校　93
女子高等普通学校　37, 57
『女子雑誌』　133, 189
女子参政同志会　124
女子参政同盟会　106, 124
「女子師範学堂章程」　21, 59, 87-88, 101, 119
「女子小学堂章程」　21, 59, 87-88, 101, 119, 126
女子尚武会　124
『女子世界』　133, 165, 189

女子同盟会　124
女招待　224-225, 232, 243-244
『女範捷録』　55, 190
『女論語』　55, 190
辛亥革命　185, 194, 213
『新女性』　156-159, 169, 235-236
新生活運動　4
「新性道徳」論争　150-152, 167
『新青年』　14, 141-142, 147, 149, 167, 169, 193, 195, 212-213, 242
『新潮』　142-143, 216
『新婦譜補』　190
『人報』　247
申報社　134
清快丸　171-172, 189
清華学校　122
成城学校　122
『青鞜』　212
成立学舎　102
「善良ナル母ヲ造ル説」　29, 54, 66, 69, 84
「奏定学堂章程」　59, 101
「奏定蒙養院章程及家庭教育法章程」　122

タ　行

対華文化事業　100, 122
『大漢和辞典』　10, 98
『大公報』　125-126
「第三次朝鮮教育令」　37
『大中華』　165
『大同書』　80
大同大学　174
「第二次朝鮮教育令」　36-37
竹橋女学校　102
高橋盛大堂薬局　189
男女共学　3, 130, 208, 211, 215-216, 232
『男女同権論』　56, 71, 77, 79
男女同権　25, 71, 76, 106
中央研究院漢籍電子文献　13, 53
『中央日報』　248
『中学生』　158

291

中華書局　133, 165
中華図書館　133
『中華婦女界』　133, 140-141, 164-165
「中華民国臨時約法」124
中国社会党　125
『中国女報』　123, 133
『中国婦女』　236
『中国婦女生活史』　45
「朝鮮教育令」36, 57
『朝鮮女俗考』　57
帝国学士院　99
帝国婦人協会　90, 92, 98, 121
鉄姑娘　6, 14-15
『天義』　133
纏足　3, 86, 101, 130, 146, 185, 190, 229, 245
東学農民運動　36
東京女子高等師範学校　65-66, 71-72, 74, 83-84
東京専門学校　122
東京大学東洋文化研究所　100
東京帝国大学　99, 106, 167
東京府立第二高等女学校　74
同人社　65-66, 70-72, 74
『東方雑誌』　59, 119, 121, 124-125, 132, 135, 140-144, 146-147, 164-165
東方文化事業総委員会　100
桃夭女塾　89
独身主義　150, 154, 221-222, 233-234, 237
『努力』　164

ナ行

『内訓』　24, 55, 190
南京国民政府　247
「日韓協商条約」　22
「日韓併合条約」　36
日信大薬房　189
日本人教習　87, 96-97, 113, 120, 123
『人形の家』　14, 193-194, 212-213
『農学雑誌』　164

ノラ　6, 14, 193-198, 207, 212-213, 217, 223, 226, 232-233, 236, 240, 250

ハ行

貝満書院　124
万有文庫　150, 153
「婦女回家」　4, 7, 14-15, 243, 247-249, 257
『婦女共鳴』　158
『婦女雑誌』　11-12, 119, 121, 130-133, 135-141, 143-174, 176, 178-183, 185, 189-190, 192, 199-200, 203-204, 207-208, 212, 214-223, 226-231, 233-236, 238, 240-245, 257
『婦女時報』　133-134, 164-165
『婦女周報』　236
『婦女生活』　158
婦女問題研究会　145, 153, 157, 166, 169
『婦人世界』　173
武昌蜂起　106, 123
『平民新聞』　89
『北京大学月刊』　164
北京大学　97, 125, 134, 149-150, 152, 167-168, 215-216, 218
「変法通議」45, 80-81, 84
編訳所　132, 145, 148-149, 153, 157, 164, 166, 168
『法政雑誌』　164
戊戌変法　185
母性主義　42, 44
慕貞書院　124
『本朝列女伝』　89

マ行

『無錫競志女学雑誌』　133
明道女子師範学堂　166
『明六雑誌』　54, 61, 65, 84
『莽原』　151-152, 167
『猛進』　151

ユ 行

有正書局　133
養閨義塾　22, 54-55
予教女学堂　10-11, 54, 98, 102-103, 110-113, 115-118, 120, 123-126

ラ 行

梨花学堂　36
梨花女子大学校　36, 57
『劉向列女伝』　89
『良妻賢母主義の教育』　26-27
『良妻賢母という規範』　32
両班　54
『礼記』　104-105, 107, 123
嶺南大学　215

著者略歴

1972年　ソウルに生まれる
2003年　東京大学大学院人文社会系研究科博士課程修了　文学博士
現　在　台湾中央研究院台湾史研究所　助研究員
専　攻　東アジア文化交流史
主論文　「女性に語りかける雑誌，女性を語りあう雑誌──『婦女雑誌』一七年略史」（村田雄二郎編『『婦女雑誌』からみる近代中国女性』研文出版，2005 年）ほか

東アジアの良妻賢母論──創られた伝統
双書　ジェンダー分析12

2006年11月20日　第1版第1刷発行

著者　陳　姃　湲
発行者　井村　寿人
発行所　株式会社　勁草書房
112-0005　東京都文京区水道2-1-1　振替　00150-2-175253
（編集）電話　03-3815-5277／FAX 03-3814-6968
（営業）電話　03-3814-6861／FAX 03-3814-6854
日本フィニッシュ・牧製本

©JIN Jungwon 2006

ISBN4-326-64873-2　Printed in Japan

JCLS　＜㈱日本著作出版権管理システム委託出版物＞
本書の無断複写は著作権法上での例外を除き禁じられています。
複写される場合は、そのつど事前に㈱日本著作出版権管理システム
（電話03-3817-5670、FAX03-3815-8199）の許諾を得てください。

＊落丁本・乱丁本はお取替いたします。
http：//www.keisoshobo.co.jp

小山静子	良妻賢母という規範	2730円
小山静子	家庭の生成と女性の国民化	3150円
瀬地山 角	東アジアの家父長制	3360円
洪 郁如	近代台湾女性史	9975円
秋山洋子他編訳	中国の女性学	3465円
木本喜美子	女性労働とマネジメント	3675円
矢澤澄子他	都市環境と子育て	2940円
首藤若菜	統合される男女の職場	5670円
目黒依子他編	少子化のジェンダー分析	3675円
杉本貴代栄	福祉社会のジェンダー構造	2835円
本田由紀編	女性の就業と親子関係	3255円
浅倉むつ子	労働法とジェンダー	3675円
堀江孝司	現代政治と女性政策	4935円
武石恵美子	雇用システムと女性のキャリア	3360円
山下泰子	女性差別撤廃条約の展開	3675円
舩橋惠子	育児のジェンダー・ポリティクス	3465円
赤松良子	均等法をつくる	2520円
横山文野	戦後日本の女性政策	6300円
江原由美子	ジェンダー秩序	3675円
山田昌弘	家族というリスク	2520円
瀬地山 角	お笑いジェンダー論	1890円

＊表示価格は2006年11月現在。消費税が含まれております。